新世纪高职高专实用规划教材 经管系列

外贸单证制作实务(第 2 版)

广银芳 主 编
朱玉赢 王红梅 谢海燕 副主编

清华大学出版社
北 京

内 容 简 介

本书以我国进出口贸易中流行的单证格式作范例，系统阐述了外贸单证的基本业务知识和操作程序，立足于理论的实用性，强调知识的应用性，侧重于各种单证的制作技巧。其主要内容包括进出口单证操作程序，托收和信用证支付方式介绍，信用证分析，发票与包装单据、运输单据、保险单据、产地证书、商检证单、汇票、出口收汇核销单、出口货物报关单等外贸单证的作用、格式、内容及制作方法，同时还针对单证工作中存在的常见风险进行了分析。本书内容简练，实用性强，在讲授外贸单证制作方法的同时，还配有适当的实践操作训练。

本书可作为本科、高职高专以及成人高校国际经济与贸易类专业的教材，还可以作为国际商务单证员、报关员、报检员、国际货代等考试的参考用书，也可以供外贸单位工作人员参考。

本书封面贴有清华大学出版社防伪标签，无标签者不得销售。
版权所有，侵权必究。举报：010-62782989，beiqinquan@tup.tsinghua.edu.cn。

图书在版编目(CIP)数据

外贸单证制作实务/广银芳主编. —2版. —北京：清华大学出版社，2014（2024.1重印）
（新世纪高职高专实用规划教材　经管系列）
ISBN 978-7-302-34706-4

Ⅰ. ①外… Ⅱ. ①广… Ⅲ. ①进出口贸易—原始凭证—高等职业教育—教材 Ⅳ. ①F740.44

中国版本图书馆 CIP 数据核字(2013)第 292379 号

责任编辑：	孙兴芳
装帧设计：	刘孝琼
责任校对：	周剑云
责任印制：	沈　露
出版发行：	清华大学出版社
网　　址：	https://www.tup.com.cn，https://www.wqxuetang.com
地　　址：	北京清华大学学研大厦 A 座　　邮　编：100084
社 总 机：	010-83470000　　邮　购：010-62786544
投稿与读者服务：	010-62776969，c-service@tup.tsinghua.edu.cn
质量反馈：	010-62772015，zhiliang@tup.tsinghua.edu.cn
课件下载：	https://www.tup.com.cn，010-62791865
印 装 者：	天津鑫丰华印务有限公司
经　　销：	全国新华书店
开　　本：	185mm×260mm　　印 张：16　　字 数：345 千字
版　　次：	2007 年 2 月第 1 版　2014 年 1 月第 2 版　　印 次：2024 年 1 月第 9 次印刷
定　　价：	29.00 元

产品编号：054108-01

再 版 前 言

随着国际贸易的发展和我国对外贸易政策的调整，很多新的贸易做法和贸易规则不断涌现，国际商会对其出版物《跟单信用证统一惯例》(UCP)、《审核信用证项下单据的国际标准银行实务》(ISBP)等都进行了相应的调整，并于 2007 年 7 月 1 日正式施行《UCP600》，于 2013 年 4 月定稿《ISBP 745》，这些新惯例的颁布与实施，使银行对国际贸易单证的制作要求和审核标准发生了新变化。另外，随着我国对外贸易的发展，国家在出口收汇核销制度、原产地证书的签发、报关单的填制等方面也进行了相应的改革和创新，为实施贸易便利化做出了种种努力，对外贸易的单证操作也因此发生了变化。

为适应新的国际贸易惯例和我国外贸政策的调整，尽可能反映当前国际贸易单证工作的最新成果，我们对教材内容进行了修订。本次修订主要体现在以下三个方面。

(1) 根据《UCP600》和《ISBP 745》的内容，结合当前国际贸易发展的最新情况，我们对信用证的概念、信用证的种类、运输单据的种类、海运提单的分类等内容进行了更新和补充，使教材内容能够充分反映最新的国际贸易惯例和国际贸易发展新趋势，富有时代性。

(2) 充分考虑到我国外贸政策的新变化和外贸业务发展的新动向，删除了原教材中"出口收汇核销与退税管理"部分的内容，更新了有关出口配额与许可证、出口报关单、原产地证书、商检证单等部分的内容，新增了 FORM E 原产地证书的填制说明，强化了审单付汇的要点。这些内容的变化，是因为进出口收汇核销单的取消使用、出口配额和许可证管理的商品种类的调整、FORM E 原产地证书的扩大使用、进出口货物报关单的填制变化以及国家对出口退税的弱化、对进口的加强等政策的变化。

(3) 考虑到教材内容的完备性和结构的严谨性，对教材内容精益求精，除对原教材内容进行了相应补充之外，还适当地增加了原产地证书的申领程序等内容，并将原教材中个别章节的先后顺序进行了调整，使教材的结构更加清晰，文字描述更加规范和准确。

本次教材的修订，由南京工业职业技术学院广银芳负责，并进行总纂和最后定稿。参加修订工作的还有南京工业职业技术学院的郭晓晶、南京工业职业技术学院的朱玉赢、南京信息职业技术学院的王红梅、南京应天职业技术学院的谢海燕。其中，广银芳负责编写并修订第一章、第二章、第十章、第十一章，朱玉赢负责编写和修订第三章、第五章、第八章，王红梅负责编写和修订第四章、第七章，谢海燕负责编写和修订第六章、第九章，郭晓晶负责主审。

  本次教材的修订，得到了兄弟院校同行的大力支持，以及中国银行江苏省分行张乐先生的鼎力相助，在此一并表示感谢。

编 者

第1版前言

经济全球化使中国同世界各国的经济往来越来越密切，对外贸易的发展也取得了令人瞩目的成就，进出口额连年攀升，对世界贸易增长的贡献达到了12%左右，对外贸易的发展给中国很多企业带来了实惠。

随着我国加入WTO时所作承诺的逐步兑现，一大批私营、股份制企业也获得了出口经营权，它们成为我国出口快速增长的主力军。与此相呼应，对业务人才尤其是技能型外贸人才的需求也日益增多。由于缺乏有经验的专业从事对外贸易的人才，导致我国很多出口企业的坏账率居高不下，严重影响了对外贸易的发展。

一笔国际贸易业务，从签订合同、报检、报关、保险、装运，直到银行结汇的各个环节，需要多方当事人的参与才能实现，这些当事人之间的关系无一不是通过各种国际贸易单证来维系的，单证制作技能的高低直接影响到各方当事人的权利能否顺利实现，也关系到外贸业务的成败。因此，作为外贸从业人员的基本功——外贸单证操作能力，其对外销、货代、报关、报检等工作来说显得格外重要。各种外贸单证如何制作、如何签证和认证，都需要相应的专业知识和能力。为培养一线的、具有实际操作能力且能够直接进入业务状态的应用型外贸单证操作人员，我们编写了这本书。书中主要介绍了我国进出口业务中各种常用单据的种类、作用、内容、制作方法及其业务流程，使用了当前外贸业务中流行的单证格式作范例，并适当配备了实际操作训练，有利于教与学。

本书由南京工业职业技术学院广银芳担任主编(负责编写第一、二、九、十一、十二章)，郭晓晶担任主审。参加编写的还有南京工业职业技术学院朱玉赢(负责编写第三、四、八章)、南京信息职业技术学院王红梅(负责编写第五、七章)、南京外贸学校谢海燕(负责编写第六、十章)。本书在编写过程中，尽可能地吸收了国际商务单证理论与实务的最新发展成果，并得到了有关领导及同行的大力支持，特别是中国银行江苏省分行国际结算处张乐的鼎力相助，在此一并表示衷心的感谢。

由于编者水平有限，加之外贸政策的不断变化，本书编写难免有不足之处，敬请广大读者批评指正。

编　者

目　录

第一章　绪论 ... 1

第一节　外贸单证的概念及作用 ... 1
一、外贸单证的概念 ... 1
二、外贸单证的作用 ... 1

第二节　单证的分类 ... 3
一、根据单证所涉及的贸易方分类 ... 3
二、根据单证的作用分类 ... 4
三、根据单证在外贸业务中的地位分类 ... 4
四、根据单证在结汇时的需要分类 ... 4

第三节　外贸单证工作的基本要求 ... 5
一、单据制作的要求 ... 5
二、单证工作人员的素质要求 ... 7
三、单据协调的要求 ... 7

第四节　外贸单证工作的发展 ... 8
一、单证格式趋向规范化 ... 8
二、单证内容趋向标准化 ... 9
三、制单技术趋向电子化 ... 10

思考题 ... 10

第二章　托收与信用证 ... 11

第一节　托收 ... 11
一、托收的概念 ... 11
二、托收方式的当事人 ... 12
三、跟单托收的种类 ... 12
四、托收统一规则 ... 13
五、托收委托书 ... 14
六、使用托收方式应注意的问题 ... 16

第二节　信用证 ... 17
一、信用证概述 ... 17
二、信用证的内容 ... 23
三、信用证的审核与修改 ... 28
四、跟单信用证的处理 ... 34

思考题 ... 38
操作题 ... 38

第三章　发票与包装单据 ... 43

第一节　商业发票 ... 43
一、商业发票的含义 ... 43
二、商业发票的作用 ... 43
三、商业发票的内容与缮制方法 ... 44
四、信用证发票条款举例 ... 50

第二节　其他类型的发票 ... 51
一、海关发票 ... 51
二、形式发票 ... 52
三、领事发票 ... 52
四、厂商发票 ... 53
五、加拿大海关发票的内容与缮制要求 ... 53

第三节　包装单据 ... 56
一、包装单据的概念 ... 56
二、包装单据的种类 ... 57
三、装箱单的内容与缮制方法 ... 58
四、信用证中包装单据条款举例 ... 60

思考题 ... 61
操作题 ... 62

第四章　运输单据 ... 65

第一节　出口货物运输概述 ... 65
一、出口货物运输的有关概念 ... 65
二、运输单据的概念和性质 ... 66
三、运输单据的种类 ... 66
四、集装箱货物的交接方式 ... 71

第二节　海运出口货物托运与单据............72
　　一、海运出口货物托运单及其
　　　　流程............................72
　　二、海运出口货物托运单的内容及
　　　　缮制方法........................73
　　三、海运提单的内容及缮制方法......78
　　四、信用证中提单条款举例..........83
第三节　航空货物运输托运与单据........84
　　一、航空货物运输的总运单与
　　　　分运单..........................84
　　二、航空货物运输的主要流程........85
　　三、国际货物托运委托书的内容及
　　　　缮制方法........................85
　　四、航空运单的内容及缮制要求......88
思考题..................................93
操作题..................................93

第五章　保险单据............................97

第一节　我国进出口业务中的保险
　　　　条款与险别......................97
　　一、中国保险条款..................97
　　二、英国协会货物险条款............98
第二节　保险单据的种类................98
第三节　国际货物运输保险投保单........99
第四节　保险单的内容及缮制方法......101
第五节　信用证中有关保险条款举例....105
思考题................................106
操作题................................107

第六章　公务证书..........................108

第一节　出口配额与出口许可证........108
　　一、货物进出口配额管理..........108
　　二、货物进出口许可证管理........109
　　三、我国实行出口许可证管理的
　　　　货物..........................110

　　四、出口配额和出口许可证的
　　　　申领与使用....................111
　　五、出口许可证申请表的内容及其
　　　　填写规范......................115
第二节　商品检验检疫证书............117
　　一、出入境检验检疫证单及其
　　　　作用..........................117
　　二、出境货物检验检疫的
　　　　工作程序......................117
　　三、报检时应提供的单证..........118
　　四、出境货物报检单的内容与
　　　　缮制方法......................120
　　五、商检证书的种类..............121
　　六、商检证书的内容..............122
第三节　原产地证明书................124
　　一、原产地证明书的概念..........124
　　二、原产地证明书的作用..........125
　　三、我国原产地证明书的种类......125
　　四、我国原产地证书的申领程序....127
　　五、一般原产地证的内容及其
　　　　缮制要求......................128
　　六、普惠制产地证书表格 A 的
　　　　内容及其缮制要求..............132
　　七、中国-东盟自由贸易区原产地
　　　　证书表格 E 的内容及
　　　　缮制要求......................137
思考题................................140
操作题................................141

第七章　其他单据..........................147

第一节　装运通知....................147
　　一、装运通知概述................147
　　二、装运通知发送的时间及方式....148
　　三、装运通知的内容与缮制方法....148
　　四、信用证中装运通知条款举例....149

第二节 各种证明 152
   一、出口商证明 152
   二、船公司证明 153
   三、寄单证明 156
   四、其他 157
思考题 157
操作题 157

第八章 汇票 160

第一节 汇票的概念 160
第二节 汇票在国际贸易中的使用 160
第三节 汇票的份数 161
第四节 汇票的内容与缮制方法 161
第五节 信用证中汇票条款举例 166
思考题 167
操作题 167

第九章 出口货物通关与单据 171

第一节 进出口货物通关概述 171
第二节 出口通关的程序 173
第三节 进出口货物报关单 174
第四节 出口货物报关时应提交的单据 176
第五节 出口货物报关单的内容及缮制方法 176
思考题 187
操作题 187

第十章 进出口单证工作程序 194

第一节 出口单证工作的一般程序 194
   一、备货 194
   二、催证、审证与改证 194
   三、申请出口许可手续 195
   四、缮制商业发票和装箱单 195
   五、办理出口货物托运手续 196
   六、办理出口签证和认证手续 198
   七、办理出口货运险 199
   八、办理出口报关手续 199
   九、取得运输单据并发送装运通知 200
   十、综合审单并交单 200
第二节 进口单证工作的程序 201
   一、办理进口许可手续 202
   二、办理进口付汇备案手续 207
   三、申请开立信用证 207
   四、修改信用证 210
   五、租船订舱与投保 210
   六、审单付汇 211
   七、货物的报检与通关 212
   八、进口商提货 214
思考题 214
操作题 215

第十一章 信用证单证风险及其防范 223

第一节 单证制作上的瑕疵 223
第二节 几种主要单据的风险 226
   一、发票 226
   二、提单 226
   三、航空运单 226
   四、保险单据 227
   五、汇票 227
   六、其他 227
第三节 单证风险的防范措施 227

附录 跟单信用证统一惯例 229

参考文献 245

第一章 绪 论

学习目标

了解外贸单证的种类、外贸单证工作的作用及其发展过程；掌握外贸单证的基本概念及外贸单证工作的基本要求。

在国际贸易的发展过程中，由于买卖双方所处的地理位置相对比较遥远，买方不太可能对卖方的履约情况进行实际的监视与控制，而卖方也不太可能将货物面对面地交给买方，这就需要使用一套以提单、发票和装箱单为核心的单证文件来代表货物进行交易：谁持有单证，谁就等于拿到了货物，即所谓的象征性交货。由于国际贸易是凭单证而不是实物进行交易的，因此即使货物本身完美无缺，如果单证有瑕疵，也很可能导致交易失败；反之，即使货物有问题，如果单证齐全，仍可以顺利交易。因此，从某种意义上来讲，一个外贸业务员经手买卖的并不是实实在在的货物，而是一叠纸片，从贸易磋商、签订合同，直到一方交货装货、另一方提货缴款的整个过程中，只要处理好这叠纸片，就可以顺利地完成一笔进出口交易。所以，外贸单证是所有国际贸易交易的核心，是买卖双方在交易过程中使用的必不可少的凭证，外贸单证工作则是企业进行对外贸易业务的一个重要组成部分，它和企业完成进出口业务、获取一定的经济效益有着密切的关系。

第一节 外贸单证的概念及作用

一、外贸单证的概念

单证(DOCUMENT)一词来源于拉丁语 DOCUMENTUM，意为"官方文件"，该词还有"证明"、"证据"的意思。因此，外贸单证是指外贸结算中应用的各种单据、证书与文件，包括信用证和国际结算中的其他有关单据和证书，用以处理货物的交付、保险、运输、商检、结汇等工作，一般简称为单证或单据。

二、外贸单证的作用

根据国际商会第 600 号出版物《跟单信用证统一惯例》(以下简称《UCP600》)的规定：银行处理的是单据，而不是单据可能涉及的货物、服务或履约行为。《UCP600》同时还规定：只要规定的单据提交给指定银行或开证行，并且构成相符交单，则开证行必须承付。单据表面上与信用证不符，付款行可以拒绝付款，由此可以看出单证在国际贸易中所处的地位。

外贸单证的作用主要表现在以下几个方面。

1. 单证是外贸结算的基本工具

国际贸易中,货物的单据化使货物的买卖需要通过单据的买卖来实现。卖方交单意味着交付了货物,而买方付款赎单则代表着买到了商品,双方的结算是以单据为依据的。尤其是以 CIF 术语成交的合同,卖方交单就意味着交货(注:CIF 术语中,C 代表 Cost,即成本;I 代表 Insurance,即保险费;F 代表 Freight,即运费)。

《UCP600》规定:在信用证业务中,各有关当事人所处理的只是单据,而不是单据所涉及的货物、服务或其他行为。当开证行或其指定的银行收到单据时,必须仅以单据为依据,确定单据表面上是否与信用证条款相符,如果单据表面与信用证条款不符,银行可以拒绝接受并拒付货款。因此,银行是否付款完全取决于出口商提供的单据,也可以说,单证质量的好坏是决定出口方能否顺利结汇的前提条件。

国际商会第 522 号出版物《托收统一规则》(以下简称《URC522》)指出:托收是指银行根据所收到的指示处理金融单据和/或商业单据,以便于取得付款和/或承兑。为此,银行必须确定它所收到的单据应与托收指示书中所列表面相符,如果发现单据有任何短缺,或者这些单据并非托收指示书所列的单据,都必须通知指示方,不得延误。

可见,单证是外贸结算的基本工具,在国际贸易中占有非常重要的地位。一整套正确、完整的单据是买卖双方及时取得物权凭证和货款的保证,单证工作中的任何失误都会造成单证差错,会给买卖双方带来不同程度的经济损失,甚至影响企业乃至国家的声誉。

2. 单证是出口方履约的凭据

每一种单据都各有其特定的作用,它们的签发、处理、流转、交接和应用,反映了买卖合同履行的整个过程,同时也反映了买卖双方权责的发生、转移和终止。按照 1980 年《国际货物买卖合同公约》的规定,出口商除了要承担交付货物的义务之外,同时还应有向买方移交代表货物所有权的单据的义务。

在外贸实务中,无论使用信用证,还是使用其他如托收、汇付等支付方式,当合同签订以后,随之而来的备货、装运、收取款项等各个环节都有相应的单证需要缮制、交接和传递,以满足有关贸易各方的要求。这些单据就是卖方提供的履约证明,以证明其是否履行了合同的义务以及履行的程度。比如:从商业发票可以看出卖方交货的货名、规格、数量以及价格条件等内容是否与合同规定相符;取得了提单,就可以证明合同项下的货物已经装运出口,谁持有提单就说明货物的物权由谁控制;产地证则可以证明货物的原产地国别是否符合要求等。

3．单证工作是外贸企业经营管理的重要标志

单证工作贯穿于整个外贸合同的履行过程当中。从合同的签订、信用证的审核、货源的安排到签证认证、投保、运输、交单议付等，每个环节都会在单证工作中反映出来。而且还涉及海关、商检、保险、运输、银行等多个部门，任何一个环节、一个部门出错，都可能会影响相应单证的及时出具，从而影响其他单证的顺利签发。比如：商检部门工作做不好，就会影响货物的报关出口；报关部门工作的失误将会影响货物的及时装运；托运单的缮制错误则直接影响着提单的正常签发等，而单证本身的差错又会影响企业及时交单结汇。因此，单证工作不仅仅是某几种单证的缮制和简单组合，它需要企业内部各个业务部门之间的协作配合，以及与银行、海关、交通运输部门、保险公司、商检机构以及相关行政管理机关的多方联系，环环相扣、互为条件。

外贸企业各部门之间的工作人员若能与海关、银行、商检、运输等机构互相协调配合，共同提高单证的制作质量及流转效率，企业就能更早地收回外汇资金，从而加速资金回笼，提高经济效益。因此，从这个角度讲，单证就是外汇。也正因为如此，出口企业的单证做得是否符合信用证或买卖合同的要求，是否及时、准确、完整，都反映了企业内部的经营管理水平，也就成了衡量进出口企业经营管理的重要标志。

因此，加强单证管理工作，提高单证的质量，不但可以弥补企业经营管理上的缺陷，还可以节约各种费用，无形中为国家和企业创造了更多的经济效益。

4．单证可以作为融资的手段

单证是对货物的详细描述，单证中往往都有凭以提取货物的物权凭证，谁控制了单据就等于取得了货物。进口方也是凭出口方提交的单证来了解货物，判断货物是否符合合同的要求，从而决定是否支付货款。如果进出口双方资金紧张，就可以通过一定的方法出让手中的单据，以取得资金上的融通。比如，进口方可以通过背书转让的方法，将持有的提单及汇票等单据进行贴现，提前取得资金，解决资金周转困难。

第二节　单证的分类

国际贸易业务中涉及的单证很多，根据不同的分类标准，主要有以下几种类别。

一、根据单证所涉及的贸易方分类

根据单证所涉及的贸易方，单证可分为进口单证和出口单证。

(1) 进口单证即进口国的企业及有关部门所涉及的单证，包括进口许可证、信用证、进口报关单、FOB 项下的保单等。

(2) 出口单证即出口国的企业及有关主管部门所涉及的单证，包括出口配额及许可证、商品检验检疫证明、出口报关单、商业发票、包装单据、出口货运单据、保险单、原产地证明、汇票等。

出口国的企业为了货物能够顺利出口而制作的全套单证为出口单证，当这些单证提交给进口国的企业时，就成了进口单证。

二、根据单证的作用分类

根据单证的不同作用，单证可分为金融单据、商业单据、货运单据、保险单据、官方单据和附属单据。

(1) 金融单据即汇票、本票、支票或其他类似用以取得款项的凭证。

(2) 商业单据即出口商签发的单据，包括商业发票、形式发票、装箱单、重量单等。

(3) 货运单据即海运提单、不可转让的海运单、租船合约提单、多式联运单据、空运单、公路铁路内河运输单据、邮政收据等。

(4) 保险单据即与国际货物运输保险有关的单据，主要有保险单、预保单、保险证明、投保单等。

(5) 官方单据即由有关的政府职能部门或外国驻中国使领馆签发的单据，如出口许可证、商检证明、原产地证明、海关发票、领事发票等。

(6) 附属单据包括受益人证明、寄单证明、寄样证明、装运通知、航程证明等。

三、根据单证在外贸业务中的地位分类

根据单证在外贸业务中所处的地位不同，单证可分为基本单据和附属单据。

(1) 基本单据是指国际货物贸易中必不可少的单据，一般包括商业发票、运输单据和保险单据等。

(2) 附属单据是指在国际贸易中根据不同业务需要或规定，要求出口方特别提供的单据。这些单据一般因进口国家或地区、产品性质、产品数量、运输方式的不同而异，主要包括装箱单、海关发票、领事发票、产地证、检验证、受益人证明等。

随着国际贸易的发展和各种支付方法的灵活运用，一些传统的基本单据在实际业务中已经不是必不可少的单据了，有时可以被省略，有时可以被替代，如以发票代替汇票等。

四、根据单证在结汇时的需要分类

根据单证在结汇时的需要不同，单证分为结汇单证和非结汇单证。

(1) 结汇单证是指在国际贸易结算中所使用的各种票据、单据和证明的统称，一般为买方要求的单证，如商业发票、装箱单、运输单据、原产地证明书、汇票、保险单等。

(2) 非结汇单证是指出口商为了获取进口商所要求的各种结汇单证，在办理相关出口手续时所使用的各种单据、证书和文件，如出口许可证、配额证明、出口报关单、托运

单、货物运输保险投保单等。

除上述分类之外，单证还有多种分类方法，如《URC522》将单证归为两类：金融单据和商业单据。汇票、本票、支票或其他类似用以取得款项的凭证称为金融单据，其他所有单据则统一归为商业单据。

第三节　外贸单证工作的基本要求

外贸单证作为一种涉外商务文件，常常是处理争议的依据，也必然体现了国家的对外政策，同时还要与有关国际贸易惯例的规定相适应。而单证质量的高低，又直接关系到出口企业能否及时和安全收汇，也反映了一个国家对外贸易工作的水平。因此，外贸单证绝不是随意缮制出来的，它必须符合有关的国际商业惯例以及国内法律法规的规定，是一项技术性、法律性和政策性都很强的工作，必须要认真对待。

一、单据制作的要求

单据制作是单证工作的重点环节，"正确、完整、及时、简洁和清晰"是对制单工作的基本要求。

1. 正确

正确是制单工作的基本要求，也是单证工作的前提条件。

正确包括两方面的含义。一方面，出口商提交的单据应该能够真实、准确地反映国外买方对货物的要求，单据与单据之间、单据与合同规定、单据与所装运货物都要保持完全一致。在信用证支付方式下，单据还应与信用证要求完全一致，甚至要求精确到不能有一字之差。跟单托收业务对单证的正确性要求虽不如信用证那样严格，但单据如果不符合买卖合同的规定，也可能被进口商找到拒付或延迟付款的理由。并且，错误的单据往往造成错装错运，从而影响安全和及时收汇，这是显而易见的事实。

另一方面，正确是指单据的缮制要符合有关国际贸易惯例和进口国的法律法规。目前，在以信用证作为支付方式时，各国银行一般都是以《UCP600》和《关于审核跟单信用证项下单据的国际标准银行实务》(以下简称《ISBP》)为审单依据的，因此单据的缮制应注意不能与《UCP600》和《ISBP》的规定有抵触，否则就会被银行退回或拒付；同时很多国家对单据的缮制还有一些特殊规定，如许多国家的《票据法》都规定，汇票大小写不一致就是无效票据等，因此单据在缮制过程中应注意符合有关国际贸易惯例以及进口国法律法规的规定。

2. 完整

完整是构成单证合法性的重要条件之一，具体包括三个方面的要求。

一是单据的内容要完整。任何单证都有其特定的作用，这种作用是通过单据本身的格式、项目、文字、签章等来体现的。因此，要求制单时对单据的内容描述、应列项目、文字拼写、语句表达、签章及背书等内容都要按要求列齐，否则就不能构成有效文件，也就不能被银行接受。

二是单证的种类要齐备。出口商提交给买方的单证类别，一般都是买方要求的类别，或者是合同或信用证规定的类别。比如，以 CIF 术语成交的合同，出口商向进口商提交的单据至少应该包括发票、提单和保单三种。单证在通过银行议付或托收时，一般都是成套、齐全的，而不是单一的，遗漏一种，单据就不成套，就可能给出口或进口工作造成影响，银行和进口商也不可能履行议付、承兑或付款的责任。

三是每一种单证的份数要齐全，即要求卖方提交的单证必须按规定成套、份数齐全。比如，信用证要求"全套(FULL SET)"提单时，卖方应提交船公司签发的全部的正本提单，而不是其中的一份正本。若信用证要求提交"一式三份(IN TRIPLICATE)"、"三张(THREE COPIES/THREE FOLDS)"单据时，受益人可以只交一份正本，其余份数则用副本。

3. 及时

及时反映了外贸单证工作的时效性要求，包括以下两个方面。

一是出单要及时。由于发货装运和制单结汇是多环节的综合性工作，每一环节都紧密相连，这就决定了每一种单据的出单日期一定要及时。比如，保险单的出单日期不得迟于提单的签发日期，提单的签发日期必须在装运期限之内，商检证书必须在报关之前取得等。在信用证支付方式下，所有单证的出单日期还必须在信用证的有效期之内。如果制单工作不及时，或者各种单据的出单日期前后颠倒，将会影响运输、商检、海关监管、港口作业等多部门的工作，轻则打乱了工作秩序，重则造成巨大的经济损失。

二是交单要及时。出口方及时取得各种必要的单证，经审核无误后，应尽早向银行交单，以便早日收汇。尤其是在信用证支付方式下，更应注意交单议付日期不得超过信用证规定的日期和信用证有效期，如信用证没有规定交单议付期，按《UCP600》的规定，受益人应于运输单据出单日期之后的 21 天内向银行提交单据，并不得迟于信用证的有效期，否则提单应视为过期提单，过期提单将遭拒付或造成货款损失。

4. 简洁

简洁是单证外观质量的反映。要求单证的内容简单明了，布局合理，格式设计力求标准化和规范化，避免复杂和烦琐，尽量减少差错和涂改，让人一目了然。

比如，单据上的商品名称，除了发票、产地证等单据必须要列明货物的详细名称及规格型号之外，其他所有单据只需使用货物的统称，这样就避免了烦琐。再如，单证上的更改，必须加盖"校正"章或进行简签，即使这样，一般最多也只允许更改三处，如果更改过多，即使内容正确，也会影响美观。而有些特殊单证，如普惠制产地证书表格 A，是不允许有任何更改的，否则就是无效单据。

5．清晰

清晰也是单证外观质量的反映。

清晰是指单据的表面字迹清楚，内容排列整齐、层次分明、重点项目醒目、突出。单证的各项内容安排应按主次顺序排列，不喧宾夺主，各项内容编排合理，不能互相混合。对于重点项目，应以黑体字注明。单据打印应清楚。

总之，单证工作是一项极其细致、烦琐又非常重要的工作，技术性又强，这就要求单证员必须一丝不苟、仔细认真地制单，否则一单之差甚至一字之差，都可能会给整个业务的进行造成障碍和困难，直接影响收汇，进而给国家和企业造成损失。随着计算机技术的广泛应用和电子商务的发展，单证工作将逐渐变得更加简单、迅速，单证设计也更加标准化、规范化。但无论国际贸易方式或单证工作有何变革，对制单的基本要求，即"正确、完整、及时、简洁和清晰"，是不会改变的。对于制单人员来说，理解并掌握这些基本要求十分重要。

二、单证工作人员的素质要求

目前，我国外贸从业人员有跟单员、外贸业务员、单证员、报关员、国际货运代理和报检员等，这些外贸从业人员在工作中所应具备的基本工作能力，就是能够熟练掌握外贸业务各个环节中的单证的管理和操作技能。

由于单证工作在外贸业务中的重要作用，所以要求单证工作人员除了应具备较高的政治和文化素养之外，还应具有相关的专业知识和能力。对单证工作人员的素质要求主要包括：了解我国对外贸易的有关法律、政策和方针；掌握有关的国际贸易基本理论与实务知识；懂得现行的有关贸易术语、信用证和托收业务的国际贸易惯例；熟悉有关运输、保险、商检、海关、银行等部门的工作要求和业务流程；能够读懂英文信用证，熟练使用计算机办公软件独立缮制各种外贸单证，并会对外拟发英文函电、出具证明等。

三、单据协调的要求

在国际贸易业务中，一般出口方收到信用证后，经审核无误即备货发运，并依照合同或信用证要求缮制全套单据交银行议付。在制单过程中，为保证所有单据的正确、完整、及时、简洁和清晰，单证工作人员应以发票为中心，对单据进行严格仔细的预审。预审无误后才能在合同或信用证规定的期限之内，及时将单据送交银行收取货款。同时，为防止交单后国外买方退单、索赔等事项的发生，出口方还应保留一份完整的副本单据归档，以备查阅。

相对进口方来说，出口方的单证工作更多、更集中，从签订合同至交易完成，涉及审证、制单、审单、交单、归档等多个环节。因此，单证工作不仅要求各种单证文件要制作完备，同时还要求单证工作人员和有关业务人员的密切配合、协同工作，及时了解有关信息的变化，只有这样，才能共同做好整个出口工作。

单据协调的要求主要表现在以下三个方面。

第一，单证员应了解各种外贸方针政策、法律法规以及国际惯例对各种单据的要求，掌握本行业外贸进出口业务的内容、特点及对单证工作的要求，了解有关运输、保险、商检、银行等部门的工作程序和要求，以便协调工作，提高履约水平及经济效益，保证及时并安全地收到货款，为以后业务的拓展打下坚实的基础。

第二，制单员、业务员要有良好的群体合作意识和全局意识，密切合作、互通信息，能自觉维护国家和企业利益，避免出现由于理解、作业不一致而造成的各种差错。

第三，出口企业要有健全的单证审核制度。制单员制作的单据要由他人进行复核，出单以后应经常同银行联系，以便发现错误能够及时更正。

总之，单证工作是进出口贸易中的一项重要工作，每个进出口企业都应充分重视，不断提高单证工作人员的素质，提高单证工作的质量。"单同相符、单货相符、单证相符、单单相符"这16个字是企业单据工作的协调准则。

第四节　外贸单证工作的发展

第二次世界大战结束后，各国均把重点转移到经济发展上来，世界贸易随之迅速发展。1950年，世界商品出口额为607亿美元，到2004年，仅货物出口就达到9万多亿美元。随着贸易额的增加和科学技术的进步，很多新的贸易做法和先进的科技工具被逐步运用于贸易领域。这些贸易的增长和创新，对单证工作提出了新的更高的要求，使单证工作的工作量不断增加。由于外贸业务中使用的各种单据极为复杂，不但单证的种类繁多，而且同一种单证往往格式各异，在实际业务操作中经常出错，给国家和企业均造成了不小的损失，因此传统的单证格式及其制单方式已不能适应国际贸易发展的需要，且成为影响一个国家对外贸易发展的障碍。为此，各国及各种国际贸易组织一直在不断地探索，对传统的单证进行改革，为简化单证工作手续、统一单证格式和规范单证内容做出了很大努力。

一、单证格式趋向规范化

传统的国际贸易程序十分繁杂，这也给国际贸易单证工作带来了很大压力，而且传统的制单都是手工操作，费时又费力，一旦出现错误，就要对所有单证逐一更正。为了提高工作效率，减少差错，1957年，瑞典首先出现了"套合一致"的单据形式。这种套合一致的单据形式，将各种单据中相同的项目进行集中，放在同一位置，并将这些内容用打字机打在一张总单据上，同时还统一了单据的大小，利用复印和影印技术，制出了各种各样需要的单据，大大降低了差错率，节省了时间和人力。

1973 年，联合国欧洲经济委员会将套合式单证拟制成《欧洲经济委员会单据设计样式》，作为国际贸易单据的标准格式向全世界各国推荐。1978 年又更名为《联合国贸易单证设计样式》，并由联合国贸易简化程序委员会出版，向全世界发行和推广。为了适应这种套合一致的标准单据格式的制单方法，国际商会 1983 年修订《跟单信用证统一惯例》时，专门增列了接受复印、影印技术和自动处理方法制作的单据，并对这种单据的正本做出了规定。另外，联合国还推出了《套合式国际贸易发票设计样式》、《简化运输标志》等多项措施。

为统一信用证格式，国际商会也做了大量工作，推出了一批有关跟单信用证的标准格式供各国银行采用。

这些举措都使单证的格式趋向规范化，但是由于各国贸易做法和文化背景的差异，至今，有许多国家的众多企业仍然各行其是。

二、单证内容趋向标准化

由于各国文化背景以及商业习惯的差异，导致很多国家在文字使用和贸易做法等很多方面都极不统一。比如，用数字表示的日期，英国和美国就有差别，很容易产生误解，这给各国或地区之间在贸易上的顺利交流或沟通造成了极大障碍。为了减少国际间在单证工作方面的争执，提高工作效率，同时也为计算机制单创造条件，国际商会和联合国等国际组织在进出口单证的国际化和规范化方面做了大量工作，使单证的内容趋向标准化。其中推广使用国际标准代号或代码就是一个非常重要的举措。其推广使用的国际标准代号或代码主要包括如下内容。

(1) 运输标志代码。运输标志也称为唛头。一个标准的运输标志应包括 4 个内容，即收货人简称、目的地、参考号和件号，不能使用符号或图形。

(2) 国家和地区代码。由两个英文字母组成，如中国为 CN、美国为 US、英国为 GB、日本为 JP 等。

(3) 货币代码。由三个英文字母组成，前两位代表国家，第三位代表货币单位，如人民币为 CNY、美元为 USD、英镑为 GBP、欧元为 EUR 等。

(4) 地名代码。由 5 个英文字母组成，其中前两位代表国家，后三位代表城市名称，如上海为 CNSHG、伦敦为 GBLON、纽约为 USNYC 等。

(5) 用数字表示的日期代码。由 8 位数字组成，年份为 4 位数字，月份和日期分别为两位数字，如 2014 年 3 月 5 日，表示为 2014-03-05。

三、制单技术趋向电子化

单证工作的现代化是科学技术发展的必然结果。

随着科学技术的发展，复写、电报、复印、影印、传真、计算机打印以及电子邮件等科学技术不断地应用到外贸单证工作中来，引起了外贸单证工作的重大改革，而单证制作的规范化和国际化，又为单证制作及传递的电子化奠定了基础。

传统的外贸单证都是手工制作的，一笔业务通常要有数十种单据。各种单据的内容繁杂、缮制要求高且流转环节多，任何一个差错都可能造成重复工作和经济损失，而随着打印机、计算机的发展和应用，利用计算机技术来制作并打印单证，不但清晰、整齐，而且节省成本。这种做法已经被迅速推广，并得到普及。目前，我国外贸企业都已经采用计算机技术来制作单证。

随着计算机信息技术的发展，电子数据交换(EDI)也被应用到国际贸易中来。这种方法是利用网络和计算机软件技术，将单证内容的各项资料编成程序，在局域网内部，进行交换和自动处理。这样，数据只要一次输入，核对正确，便可自动生成多种单证，节约了制单和审单的时间，减少了人工制单造成的各种差错，减轻了劳动强度，提高了工作效率，便于单证的归档和管理，加速了贸易进程。

电子数据交换的产生及在国际贸易中的应用，使整个贸易过程包括卖方交货和买方付款的各项数据，可以不用纸张单据传来传去，而是通过计算机在进出口商、海关、银行、船公司、航空公司、运输公司以及政府有关机构之间进行传递和处理，使全球之间的"无纸贸易"有了实现的可能。

思 考 题

1. 什么是外贸单证？外贸单证在国际贸易中的作用是什么？
2. 在外贸单证工作中，对单据制作的要求有哪些？
3. 简述国际贸易单证工作的改革和发展过程。

第二章 托收与信用证

学习目标

了解托收和信用证的特点及其在国际贸易中的运用；了解承兑交单、付款交单和信用证的一般业务流程；掌握托收在使用中应注意的问题；掌握信用证的种类；能够分析、翻译信用证，并能对信用证进行审核和修改。

国际贸易中，由于货款的收付直接关系到买卖双方的资金周转和融通，以及各种金融风险和费用的负担问题，因此，采用何种支付方式就成为买卖双方十分关注的问题。在长期的国际贸易结算实践中，最常见的有汇款、托收和信用证。

汇款，特别是电汇，是一种速度快、手续简便的结算方式。近年来，以汇款作为国际结算方式的贸易占整个国际贸易总量的50%以上，并有逐年上升的趋势。

托收也是国际贸易结算中常用的方式之一。它有利于出口商推销库存积压商品，或者进行新产品促销，手续也比较简便，而且相对汇款而言，具有更高的安全性。在国际贸易中，有相当部分交易的货款是采用托收方式进行收取的。

信用证作为国际贸易中重要的结算方式之一，将结算与融资融为一体，有着其他结算方式无法替代的功能，因此尽管国际贸易结算方式不断有新品涌现，但信用证结算在国际结算中仍占据着重要地位。

在以上三种常见的国际货款结算方式中，信用证是一种单据的买卖，它将买方对货物的要求转化为单据条款，并强调单单、单证的表面相符，这种结算方式对单据的要求最为复杂。托收方式下，出口方的交单是以进口方的付款或承兑为条件的，当进口方不想付款时就会从单据上找问题，这种结算方式对单据制作要求相对较高。汇款方式并不以交单为条件，相对信用证与托收方式来说，对单证的要求最为简单，故本章仅介绍托收和信用证这两种支付方式。

第一节 托 收

一、托收的概念

托收(COLLECTION)是出口商通过出具汇票，委托银行向进口商收取货款的支付方式。托收业务本身是利用银行间的关系和资金划拨渠道，依靠委托人与付款人之间的信用以完成偿债关系。银行参与其间，仅仅是提供完善的服务，并不承担付款责任，也不保证一定要收妥款项，故托收是建立在商业信用基础上的一种结算方式，属于商业信用。

在托收方式中，资金流向与支付工具流向相反，属于逆汇，是货物买卖中较为常用的结算方式之一。

托收分为光票托收(CLEAN COLLECTION)和跟单托收(DOCUMENTARY COLLECTION)两种方式。

光票托收是指银行仅凭汇票向付款人收取款项的托收，主要用于货款的尾数、贸易从属费用(佣金、样品费)、索赔款和超付款项的收取。

跟单托收是指银行凭汇票和商业单据或只用商业单据向付款人收取款项的托收。国际贸易中的货款结算在多数情况下都采用跟单托收方式。

二、托收方式的当事人

托收方式的基本当事人主要有4个：委托人、付款人、代收行和托收行。

(1) 委托人(PRINCIPAL)：是委托银行办理托收的债权人。在国际贸易业务中，是开立汇票委托银行代收货款的人，通常是出口商。

(2) 付款人(DRAWEE / PAYER)：是承担付款责任的人，也是汇票的受票人，通常是进口商。

(3) 代收行(COLLECTING BANK)：接受托收行的委托，向进口商收款的银行，是托收行在国外的联行或代理行，由委托人或托收行指定，通常是进口地银行。

(4) 托收行(REMITTING BANK)：又称寄单行，是接受委托人的委托，代收款项的银行，通常是出口地银行。

在托收业务中，当代收行与付款人不在一地，或因无往来关系而处理不便时，需要有提示行(PRESENTING BANK)向付款人提示收款。为防止买方拒付时出现已运至目的地的货物无法处理的情况，委托人通常会在付款地事先指定代理人，委托其对出口商品进行存储、转售或运回等。这个代理人即为需要时的代理(PRINCIPAL'S REPRESENTATIVE IN CASE OF NEED)。

通常情况下提示行就是代收行。

三、跟单托收的种类

根据交单条件的不同，跟单托收分为付款交单和承兑交单。

(1) 付款交单(DOCUMENTS AGAINST PAYMENT，简称 D/P)，是指代收行以进口商的付款为条件向进口商交单。办理付款交单业务时，委托人(出口商)必须在托收委托书中指示托收行，只有在进口商付清货款的条件下，才能向其交单。采用付款交单托收时，要在汇票上注明"D/P"字样。

付款交单根据付款时间的不同，又可分为即期付款交单和远期付款交单。

即期付款交单(D/P AT SIGHT)，是指当代收行向进口商提示汇票和单据时，进口商立即付款，代收行在收到货款后将单据交付进口商的托收方式。

远期付款交单(D/P AFTER SIGHT)，是指代收行向进口商提示远期汇票和单据，进口商承兑后将汇票及单据退还给代收行，待汇票到期时再向进口商提示付款，代收行在收到货款后将单据交付进口商的托收方式。

(2) 承兑交单(DOCUMENTS AGAINST ACCEPTANCE，简称 D/A)，是指代收行以进口商的承兑为条件向进口商交单。进口商承兑汇票后即可向代收行索取全部单据，待汇票到期时再进行付款。

远期付款交单和承兑交单都使用远期汇票，但在远期付款交单的情况下，进口商只有在汇票到期并支付货款后才能得到单据，而在承兑交单情况下，进口商只要承兑，即可得到全套单据。

在远期付款交单方式下，若货物到达日期与汇票的付款日期一致，则买方不占用资金，对买方有利。若货物到达日期早于汇票的付款日期，买方若要提前提货，就得提前付款；在代收行受到委托时，买方也可以出具信托收据(TRUST RECEIPT，简称 T/R)借单提货，此时付款交单极易转变为承兑交单，对卖方不利，《URC 522》不提倡使用，因此在实务中这种货款支付方式应少用为佳。

四、托收统一规则

国际商会为了协调各有关当事人在托收业务中发生的矛盾，以利于业务的开展，于 1967 年出版公布了《商业单据托收统一规则》，经过多次修改后，形成了现行的第 522 号出版物，即《托收统一规则》(UNIFORM RULES FOR COLLECTIONS，简称《URC 522》)。《URC 522》明确规定：凡在托收指示书中规定适用本规则，除非另有约定或与某国、某地区法律法规有抵触，本规则对有关当事人均有约束力，银行应严格按托收指示书及《URC 522》办理托收业务，若不受理收到的托收或其指示时，须用最快捷的方式通知发出托收指示的一方。其主要规定如下。

(1) 银行必须确认所收到的单据与托收指示书所列的表面上是否完全一致，发现单据缺少或与托收指示所列单据不一致时，必须立即通知发出托收指示的一方。除此之外，银行没有进一步审核单据的义务。

(2) 除非事先经得银行同意，货物不应直接运交银行，或以银行为收货人，否则银行无提货义务，货物的风险和责任由发货人承担。

(3) 跟单托收中如果使用远期汇票，托收指示书中应列明是否凭承兑或凭付款向付款人交出商业单据，如未列明，则作为付款交单，代收行对交单延误而产生的后果不负责任。

（4）委托人如指定了需要时的代理，托收指示书中应明确注明该代理人的权限，否则银行将不接受该代理人的任何指示。

（5）托收如被拒绝付款或拒绝承兑，提示行必须毫不迟延地向发出指示书的银行送交拒绝通知，托收行在收到"汇票被拒付"的通知后，应在60天内对单据处理给以相应的指示，否则代收行可将单据退回并不再承担责任。

五、托收委托书

出口商按合同规定备货发运，备齐全套单据，在委托银行办理托收业务时，必须填写银行提供的托收委托书，并将单据一并交银行办理托收手续。若银行接受了出口商的申请，则出口商与该银行之间即构成了委托代理关系：出口商为委托人；接受出口商的委托代其收取款项的银行为托收行，负有按委托书处理事务的义务；托收委托书便成为委托代理合同，是以后托收行制作托收指标书的依据。因此，托收委托书应按合同或其他约定，全面而准确地填列，若因托收措施不清或与合同不符而引发的所有损失，均由委托人承担。

"托收委托书"一般由银行提供，出口商填写。

出口商填写托收委托书，应一式两份，一份在办理托收时交托收行，一份留底。

按《URC522》规定，托收委托书应适当地载有下列事项。

（1）代收行、委托人、付款人等的全称、详细地址以及电话、传真等。

（2）托收的金额和货币。

（3）所寄单据的清单，包括单据名称及份数。

（4）交单条件，即要明确是 D/P AT SIGHT、D/P AFTER SIGHT、D/A 中的哪一种。

（5）应承担的费用，同时注明该费用是否可以放弃。

（6）如有应收利息，应注明利率、付款期限及所适用的计息基础(一年 360 天还是 365 天)。

（7）发生付款人不付款、不承兑或其他与委托不符时的指示。

一笔特定的托收业务，托收委托书还可能有上述事项之外的其他内容，如委托人需指定一名需要时的代理，处理在遭到拒付时的善后工作时，还应同时明确该代理的权限；如委托人不指定代收行时，应授权托收行代为选择，等等。

在实际业务中，托收委托书的内容和格式因银行而异，并没有固定的形式(参见样单2-1)。

样单 2-1　托收委托书

中国银行扬州分行
BANK OF CHINA, YANGZHOU BRANCH

TEL: 7361056/57/60
FAX: 7361057
SWIFT: BCHCNBJ95H

托 收 委 托 书

致：中国银行扬州分行

现我司委托贵行办理托收出口交单结汇事宜，兹附上下列单据，请贵行依下列条款办理：

1. 除特别约定，该托收依据《国际商会托收统一规则(URC522)》办理；
2. 我司确保提供清楚完整的托收指示，任何由于指示不清所产生的后果由我司＿＿＿承担；
3. 如我司未能提供确定的代收行，我司授权贵行代为选择代收行和提示行。

发票号＿＿＿＿＿＿＿＿　金额＿＿＿＿＿＿＿＿＿　核销单号码＿＿＿＿＿＿＿

```
代收行＿＿＿＿＿＿＿＿＿＿＿＿＿＿＿＿＿＿＿＿＿＿＿＿＿
付款人＿＿＿＿＿＿＿＿＿＿＿＿＿＿＿＿＿＿＿＿＿＿＿＿＿
交单条件　□付款交单(D/P AT＿＿＿＿＿＿＿＿＿＿＿SIGHT)
　　　　　□承兑交单(D/A AT＿＿＿＿＿＿＿＿＿＿＿SIGHT)
　　　　　□其他
银行费用　□国外银行费用向付款人收取
　　　　　□所有银行费用向付款人收取
　　　　　□上述费用不得弃收
```

一、所附单据名称及份数

汇票	发票	装箱单	产地证	普惠制证明	检验证	保单	提单	空运单	货物收据	证明	装运通知		

二、货款处理(请务必填写，以免进账错误)
□结汇入我司人民币账号＿＿＿＿＿＿＿＿　□原币入我司外汇账户账号＿＿＿＿＿＿＿＿

三、特别指示

四、银行签收人
＿＿＿＿＿＿＿＿日期＿＿＿＿＿＿＿＿＿＿＿＿＿　　公司联系人：
　　　　　　　　　　　　　　　　　　　　　　　　＿＿＿＿＿＿＿联系电话＿＿＿＿＿＿＿

五、银行处理意见(仅供银行内部使用)

六、使用托收方式应注意的问题

国际贸易中采用托收方式结算货款，实质上是出口商利用对进口商的资金融通以促进成交，扩大出口，但是托收方式属于商业信用，出口商需承担较大的商业风险，若遇到进口商拒付时，虽然可以按合同规定或凭进口商承兑的汇票提起法律诉讼，或者要求仲裁，但是这种跨国官司费时又费力，出口商即使胜诉也可能招致"钱货两空"，甚至倒贴各种费用，得不偿失。

但是，相对汇款而言，托收的安全性更高，出口商只要能够正确对待托收中的风险，在交易对方的信用程度之内成交，就可以抓住有利商机，扩大出口。

因此，在我国外贸业务中，如采用托收方式结算货款，出口商除了应充分了解进口商的资信情况、经营能力和经营作风，掌握有关商品的市场信息等情况之外，还应注意以下几点。

(1) 熟悉进口国的商业惯例及贸易政策，如外汇管制法令、海关规定等，以免货到后不准进口、不准付汇或因对托收的特殊习惯做法而造成损失。比如，对于进口需要领取许可证的商品和实行外汇管制的国家，在成交时应规定进口商将许可证或批汇证明在发运前寄达，否则不予发运。巴基斯坦实行外汇管制，且其进口许可证号须刷制在唛头上，否则海关不予放行。有些国家通常是货到后看货付款，故对其报价要高，防止对方看货后由于货损要求降价而遭受损失。欧洲一些国家认为 D/P 远期就是 D/A，因此使用远期付款交单时要特别注意托收委托书的填写。

(2) 托收属商业信用，银行不承担付款责任。如果买方不付款赎单，卖方可能钱货两空，因此出口合同应尽量争取以 CIF 或 CIP 术语成交，由卖方办理保险；采用 D/A 时，投保出口信用险(在买方不知晓的情况下投保，以防止买方拒付时得到赔偿)；如果进口国禁用 CIF 等术语进口，保险由买方办理，此时卖方可投保卖方利益险，以防货物遇险，买方漏保而又不付款时的货损，通常保费比一般险种较低。

(3) 缮制运输单据时，收货人一般应做成空白抬头，以防买方拒付时无法就地处理货物。如需做成代收行抬头时，应先与银行联系并经其同意后方可办理。被通知人栏仍应详细列明进口商的名称和地址，以便货到后承运人及时通知进口商。

(4) 当买方不想付款时，就会从单据上找麻烦，因此，从某种程度上说，跟单托收对单据的要求要比信用证更严格，这就要求出口商严格按照合同规定装运货物、制作单据应特别仔细，以防被买方找到借口拒付货款。

(5) 出口商尽可能在进口地有需要时的代理，以尽快地处理货物，国外代收行的费用必须由付款人支付。

(6) 要建立健全管理和检查制度，加强催收工作，定期检查，及时清理货款。一方面要主动与买方联系，要其向指定的代收行付款赎单；另一方面通过托收行催收。

第二节 信 用 证

一、信用证概述

1. 信用证的概念

按照《UCP600》的规定,信用证(LETTER OF CREDIT,L/C)是指一项不可撤销的安排,无论其名称或描述如何,该项安排构成开证行对相符交单予以承付的确定承诺。

其中,相符交单是指与信用证条款、《UCP600》的相关条款和《ISBP》一致的交单。承付是指:如果信用证为即期付款信用证,则即期付款;如果信用证为延期付款信用证,则承诺延期付款并在付款到期日付款;如果信用证为承兑信用证,则承兑受益人开出的汇票并在汇票到期日付款。

使用信用证进行交易,由银行做出书面付款承诺,而银行只处于买卖双方之间,并不参与货物的买卖,这样就解决了进出口商互不信任的矛盾,同时还为进出口双方提供了资金融通的便利,因此信用证在进出口业务中被广泛使用。

作为国际货物贸易中经常使用的一种结算方式,信用证一般都随附有商业单据,如发票、装箱单、提单等,属于跟单信用证(DOCUMENTARY CREDIT,简称DC)。通常,国际贸易中所讲的信用证,都是指跟单信用证,其核心是单据,银行也是通过单据来掌握货权、提供信贷的。

2. 信用证的特点

信用证具有三个重要特点。

(1) 信用证是一种银行信用,开证行承担第一性付款责任。信用证尽管是应证申请人的要求开立的,但一经开立,开证银行就不可撤销地承担了付款责任,即以其自身的信用对有关当事人做出付款承诺,只要规定的单据提交给开证行,并且构成相符交单,则开证行必须承付,即使事后申请人发生了破产、倒闭等情况而无力付款,开证行也不得逃避其第一性的付款责任。因此,信用证是一种银行信用。

(2) 信用证是独立的文件,不受买卖合同的约束。信用证是依照买卖合同开立的,但信用证一经开出,就成为独立于合同之外的文件,不受买卖合同的约束。银行也只按信用证规定办事,即使信用证中提及该合同,银行与该合同无关,且不受其约束。开证行应劝阻申请人试图将合同、形式发票等文件作为信用证组成部分的做法。

(3) 信用证处理的是单据。《UCP600》第五条明确规定:"银行处理的是单据,而不是单据可能涉及的货物、服务或履约行为",明确了信用证交易的标的是单据。所以当受益人根据信用证规定向银行提交单据及汇票时,银行仅凭单据及汇票决定是否承付,而不考虑受益人交货的品质、数量等如何。对于进口商而言,只要开证行转来的单据符合信用证的规定，就应该付款。可见信用证买卖的只是单据而不是货物。

在信用证方式下，银行虽然有义务合理、小心地审核一切单据，但这种审核只是用以确定单据在表面上是否符合信用证条款的规定，开证行也只根据表面上是否符合信用证条款的单据来付款，对于任何单据的真实性以及法律效力等概不负责。因此，信用证业务是一种纯粹的单据业务。

3. 信用证的当事人

信用证涉及的当事人很多，通常有6个，即申请人、开证行、通知行、受益人、议付行、付款行，现简要介绍如下。

(1) 申请人(APPLICANT，OPENER)：是指要求开立信用证的人，一般为进口商或实际买主。

(2) 开证行(ISSUING BANK，OPENING BANK)：是指应申请人要求或者代表自己，开出信用证的银行，通常是进口商所在地的银行。信用证开出后，开证行即承担第一性的付款责任。

(3) 通知行(ADVISING BANK，NOTIFYING BANK)：是指应开证行的要求通知信用证的银行，通常是开证行在出口商所在地的分行或代理行。通知行应合理、审慎地核验所通知信用证的表面真实性，即负责辨别信用证的真伪。

(4) 受益人(BENEFICIARY)：是指接受信用证并享受其利益的人，一般为出口商，即合同的卖方或实际供货商。受益人往往也是运输单据的发货人、汇票的出票人。

(5) 议付行(NEGOTIATING BANK)：又称押汇银行，是指愿意有追索权地买入受益人的汇票和/或单据的银行。议付行可以是开证行在信用证条款中指定的银行，也可以是非指定的银行。议付行买入汇票和/或单据后，即成为该汇票的善意持票人，对开证行或付款行享有请求权。

(6) 付款行(PAYING BANK，DRAWEE BANK)：即信用证指定的按规定条件向受益人履行付款义务的银行，通常是开证行或者开证行指定的某一家银行，也可以是保兑行。

除了上述6个当事人之外，有时信用证还可能涉及偿付行和保兑行。

偿付行(REIMBURSING BANK)：是指接受开证行的委托和要求，为开证行偿还议付行索偿款项的银行，也称清算银行(CLEARING BANK)。偿付行可以是开证行的代理人，也可以是开证行与议付行之外的第三方银行。偿付行一般按照开证行给予的指示或者授权，根据某一特定的信用证，承付付款行或承兑行或议付行的索偿，并不审核单据。如偿付行并不偿付，则开证行必须自行偿付，在这种情况下，开证行将对付款行或承兑行或议付行由于偿付行并不偿付而造成的利息损失负责。

保兑行(CONFIRMING BANK)：是指根据开证行的授权或要求，对信用证加具保兑的银行。信用证一经保兑，保兑行和开证行就承担同样的付款责任。保兑行应该由信誉较高的银行承担，在实务中通常由通知行兼任。

4. 信用证的格式和开立方式

1) 信用证的格式

在实际的信用证交易中，各国银行都曾自行制定了各自的信用证格式，这些信用证中有的由于缺乏明确性、正确性、完整性以及必要的指示，导致其格式五花八门，各不相同，有关当事人之间的纠纷也因此不断发生。为统一信用证的格式，国际商会于 1951 年、1970 年、1978 年、1986 年和 1994 年分别推出了一批信用证标准格式供各国银行采用。由于客观存在的原因，各国银行对上述信用证标准格式的态度各不相同。有些银行正式采用了这些标准格式，有些银行则依自身需要对标准格式加以修改后使用，还有一些银行则不予理会，仍旧使用自己原有的格式。

1973 年，银行同业间的国际合作组织"环球同业银行金融电讯协会(SOCIETY FOR WORLDWIDE INTER-BANK FINANCIAL TELECOMMUNICATION，简称 SWIFT)"成立，作为一种银行间的世界通信系统，SWIFT 设有自动化的国际金融电讯网，其全球计算机数据通信网及在各会员国的地区处理站，为会员提供数据传输服务、标准报文和接口服务、信息加工和软件技术服务，其通信服务安全、可靠、快捷、标准化，在银行界被广泛使用。目前，该系统已遍布全球二百多个国家的各个银行，其成员银行在遵循《UCP600》条款的前提下，可使用 SWIFT 办理信用证业务。而 SWIFT 在金融数据传输的过程中，必须使用标准的 SWIFT 电文格式，这种举措使得通过 SWIFT 开立的信用证格式趋于统一。

按照《UCP600》的有关规定，判定一份文件是否为信用证，要求重实质不重形式，只要该文件符合信用证的定义，无论其名称和格式如何，都可视其为信用证。因此，信用证并没有固定的、统一的格式。

2) 信用证的开立方式

开证行开立信用证，有信开和电开两种方式。

信开方式是指开证行将信用证内容通过信件邮寄给通知行。这种通过信件投递方式传送的信用证，称为信开本信用证(参见样单 2-2)。信开本信用证传递速度较慢，且极易被国际诈骗团伙伪造，随着电讯技术在信用证业务中的使用，目前这种信用证已经很少被使用。

电开方式是指开证行将信用证内容通过电报(CABLE)、电传(TELEX)或 SWIFT 等电讯方式传递给通知行。这种通过电讯方式传送的信用证，称为电开本信用证。其中，通过 SWIFT 开立的信用证，称为 SWIFT 信用证。因电报、电传的使用极不方便，且安全性较差，随着计算机网络技术的发展，电报、电传方式逐渐被淘汰，而传递速度更快、成本更低且安全性十分可靠的 SWIFT 信用证则被广泛使用。

样单 2-2 信开本信用证

DBS KWONG ON BANK LIMITED
14/F, Man Yee Building, 68 Des Voeux Road Central, Hong Kong
Cable Address: KWONONBANK   Telex: 73359 73901
Swift Address: KOBKHKHH   Fax: (852) 28507027

IRREVOCABLE DOCUMENTARY CREDIT

Number: LC0062619

Date of Issue: October 18, 2000 Hong Kong

Expiry Date and place for presentation of documents: November 26, 2000 in Beneficiary's Country.

Applicant:
Kai Sung Papers Co., Ltd.
2nd Floor, Tern Centre, Tower 2,
251 Queen's Road, Central, Hong Kong

Beneficiary: A/C No.: 1408013537791
Suzhou Industrial Park Asia
Pacific Paper Products Co., Ltd.
Wushi, Changshu, Jiangsu,
China 215536

Advising Bank: Bank of China, Jiangsu Branch
148 Zhong Shan Nan Road, Nanjing 210005,
Jiangsu Province, China (Pls notify
beneficiary thru Agricultural Bank of China
Changshu Branch, Changshu, Jiangsu, China)

Amount: USD37,100.00
U.S. Dollars Thirty Seven Thousand One Hundred Only

Partial shipments: ☐ allowed ☒ not allowed
Transhipment: ☐ allowed ☒ not allowed

Credit available with any bank
by Negotiation
against presentation of the documents detailed herein
and of your draft in duplicate for full invoice value
at sight
drawn on the L/C Issuing Bank.

Shipment from Chinese port
for transportation to Hong Kong
not later than November 5, 2000

Documents and conditions required:

☒ Signed Commercial Invoice in triplicate
☒ Signed Packing List in triplicate
☐ Insurance Policy or Certificate in duplicate issued and signed by Insurance Company for 110% invoice value, blank endorsed covering Institute Cargo Clauses (A / B / C / Air), Institute War Clauses, Institute Strikes Clauses, Warehouse to Warehouse Clause & ....
   irrespective of percentage with claims payable at destination in currency of this credit.
☒ Full set of Clean Shipped On Board Ocean Bill(s) of Lading made out to order of DBS Kwong On Bank Ltd. notifying Applicant .... and marked "Freight Prepaid ...."

- Goods description, other documents and conditions please refer to the attachment.

Documents to be sent to us in ~~two lots~~ one lot
All banking charges outside Hong Kong including advising, negotiation and reimbursement commission are for account of beneficiary.

We hereby issue this Documentary Credit in your favour. It is subject to the Uniform Customs and Practice for Documentary Credits (1993 Revision) International Chamber of Commerce Publication No. 500, and engages us in accordance with the terms thereof. The number and the date of the credit and the name of our bank must be quoted on all drafts required. If the credit is available by negotiation, each presentation must be noted on the reverse of this credit instrument by the bank where the credit is available.

For DBS KWONG ON BANK LIMITED

Authorised Signature

在电开本信用证的使用中,还出现过一种简电开信用证,即开证行以电报或电传方式仅传递信用证的核心内容而不是全部内容,它不是有效的信用证,受益人只有收到开证行随后以信件方式寄来的简电证实书以后才能发货,但是可以先着手备货。简电开信用证的出现,一方面可以较早让受益人知道信用证内容,另一方面又节省了开证费用,使信用证传递速度和开证费用达到了最佳组合,但随着网络技术在信用证业务中的普及,简电开信用证不可避免地遭到淘汰。

5. 信用证的种类

信用证按其可否转让、是否被保兑、兑用方式、付款时间等,大致可分为以下几类。

1) 根据信用证可否转让分类

根据信用证可否转让,分为可转让信用证(TRANSFERABLE CREDIT)和不可转让信用证(NONTRANFERABLE CREDIT)。

可转让信用证是指信用证的受益人(第一受益人)要求银行(转让银行)将该信用证的全部或部分金额转让给另一受益人(第二受益人)兑用的信用证。可转让信用证必须由开证行在证中注明"TRANSFERABLE(可转让)"字样,否则不得转让。当中间商为赚取利润,不愿意进口商与制造商或供货商直接进行贸易时,往往要求开立可转让信用证。可转让信用证只限转让一次。

不可转让信用证是指受益人不能将信用证权利转让给他人使用的信用证。

按《UCP600》规定,凡未注明"TRANSFERABLE(可转让)"字样的信用证,一律视作不可转让信用证。

2) 根据信用证是否被保兑分类

根据信用证是否被另一家银行进行保兑,分为保兑信用证(CONFIRMED CREDIT)和不保兑信用证(UNCONFIRMED CREDIT)。

保兑信用证是指由开证行之外的另一家银行,即保兑行对开证行所开信用证加以保兑的信用证。根据开证行的授权对信用证加具保证兑付责任的银行称为保兑行,通常由通知行兼任。经过保兑后,开证行和保兑行共同承担对信用证相符交单予以承付或议付的义务,而不保兑信用证则只有开证行一方对受益人的相符交单予以议付。因此,信用证经保兑后,受益人凭符合规定的单据,可以直接向保兑行要求议付,使出口商收汇处于有利地位。

如果要求对信用证进行保兑,保兑行收取的费用一般都较高,因此尽管保兑信用证有双重付款保证,受益人也不能滥用。一般资信较好的银行所开立的信用证都不需进行保兑,故在国际贸易实务中,出口方也不需在买卖合同中规定使用保兑信用证;只有在收到信用证后,经审核认为开证行的资信不佳或其所在国政局不稳定,没有付款保障时,才有必要对信用证进行保兑,以免付出额外的保兑费。

3) 根据信用证兑用方式的不同分类

根据信用证兑用方式的不同,分为即期付款信用证(SIGHT PAYMENT CREDIT)、延期付款信用证(DEFERRED PAYMENT CREDIT)、承兑信用证(ACCEPTANCE CREDIT)和议付信用证(NEGOTIATION CREDIT)。

《UCP600》规定：所有信用证必须规定其是以即期付款、延期付款、承兑还是议付的方式兑用。

(1) 即期付款信用证：是指信用证指定的付款行对受益人的相符交单立即予以付款的信用证。即期付款信用证不需要受益人出具汇票，付款行付款后也不能向受益人追索。因此，这种信用证对受益人极为有利。当开证行在付款行有存款时，一般都开立付款信用证，欧洲商人为免交汇票印花税，有时也会开立这种信用证。

(2) 延期付款信用证：是指受益人不需要开立汇票，只要提示符合信用证条款的单据，付款行就在信用证规定的到期日付款的信用证。这种信用证不要求开立汇票，故无法进行贴现。一般在大型设备的交易中，买方为防止卖方将汇票贴现从而逃避对货物的责任，通常使用此种信用证。

(3) 承兑信用证：是指开证行或其指定的付款行在收到受益人的相符交单和远期汇票时，先对汇票进行承兑，然后再按其规定付款。受益人可以在银行承兑汇票之后，将信用证项下的汇票进行贴现，提前取得款项。

(4) 议付信用证：是指允许受益人向某一指定银行或任何银行交单议付的信用证。一般在单据相符的条件下，议付银行扣除利息和手续费后买入汇票和/或单据，若以后不能向开证行收回款项时，议付行可以向受益人追索款项。

议付信用证又分为限制议付信用证(规定了议付行)和公开议付信用证(可在任何银行进行议付)两种。

4) 根据信用证付款时间的不同分类

根据信用证付款时间的不同，分为即期信用证(SIGHT CREDIT)和远期信用证(USANCE OR TIME CREDIT)。

即期信用证是指受益人一旦向信用证指定的开证行或付款行提交了相符交单，银行就立即履行付款义务的信用证。这种信用证一般都要求开立即期汇票。

远期信用证是指开证行或付款行在收到受益人的相符交单后，并不立即付款，而是根据规定的付款期付款的信用证。远期信用证主要用于进口商的资金融通，一般都要由汇票付款人办理承兑手续。承兑信用证、延期付款信用证和要求远期汇票的议付信用证都属于远期信用证。

在实际业务中，还有一种假远期信用证，即受益人开具远期汇票，但却从银行即期收取款项，而申请人则按汇票规定的付款期对开证行付款的信用证。这种信用证因银行即期付款而损失的利息和有关费用由申请人承担，实际上是开证行对进口商提供的资金融通，如信用证规定"CREDIT AVAILABLE FOR PAYMENT OF YOUR DRAFTS AT 120 DAYS SIGHT"，但同时又规定"PAYMENT AT SIGHT…DRAWEE BANK'S DISCOUNT OR INTEREST CHARGES AND ACCEPTANCE COMMISSION ARE FOR THE ACCOUNT OF

THE APPLICANT AND THEREFORE THE DRAFT MUST MARKED…",此时该信用证为假远期信用证。对受益人来说,假远期信用证与即期信用证相似。

5) 其他分类

除了上述几种分类外,信用证还有很多种类,如循环信用证(可分为自动循环信用证、半自动循环信用证和非自动循环信用证)、背对背信用证、对开信用证、备用信用证、预支信用证等。这些信用证在实际业务中一般使用较少,故在此不多讲述。

二、信用证的内容

信用证的内容就是构成信用证基本条款、文句和事项的书面文字。在实务中,各国银行虽然没有完全按照国际商会的标准格式开立信用证,但就信用证的内容来说却基本相同。

1. 信用证的主要内容

在正常的国际贸易背景下,信用证一般包括以下几个方面的内容。

(1) 信用证的当事人:包括开证申请人、受益人、开证行、通知行,有时还有指定的议付行或付款行等。

① 开证申请人:即进口商或实际买主,信用证中对申请人的表示一般有:APPLICANT,OPENER,PRINCIPAL,FOR ACCOUNT OF,ACCOUNTEE,BY ORDER OF,BUYER,AT THE REQUEST OF 等。

② 受益人:即合同的卖方或实际供货商。信用证中对受益人的表示一般有 BENEFICIARY,IN FAVOR OF,ACCOUTER,IN YOUR FAVOR 等。

③ 开证行:通常是进口商所在地的银行。信用证中对开证行的表示一般有 ISSUING BANK,OPENING BANK,ESTABLISHING BANK 等。

④ 通知行:通常是受益人所在地的银行。信用证中对通知行的表示一般有 ADVISING BANK,NOTIFYING BANK,TO ××BANK 等。

⑤ 议付行:即受益人向其提交单据的银行。其在信用证中表示为 NEGOTIATING BANK。

⑥ 付款行:即向受益人付款的银行。其在信用证中一般表示为 DRAWEE,PAYING BANK,DRAWN ON 等。

由于信用证是开证行发给通知行的信函,故信用证中的 WE,OUR BANK,US 等第一人称均指开证行,YOU,YOUR BANK 等第二人称则指的是通知行。

(2) 对信用证本身的说明:包括信用证号码、开证日期、有效期及到期地点、交单期、信用证金额及货币等内容。

① 信用证号码:即 CREDIT NO.或 L/C NO.,由开证行按其习惯编制。

② 开证日期:即 DATE OF ISSUE,是指开证行开出信用证的日期。

③ 有效期及到期地点:即 EXPIRY DATE AND PLACE。信用证必须规定有效期,

否则无效。信用证的到期地点也是其交单地点,即可在其处兑用信用证的银行所在地。

④ 交单期:即 PRESENTATION PERIOD,也称为信用证的议付期,是受益人向议付银行提交单据的最迟日期。信用证必须规定一个交单的截止日。

⑤ 信用证金额及货币:即 CURRENCY CODE AND AMOUNT,是信用证的核心内容,有时还同时规定允许上浮和下浮的幅度等。

(3) 汇票条款:包括出票人、付款人、付款期限、金额、出票日期等。信用证中的汇票条款如"BENEFICIARY'S DRAFT FOR 100% OF THE INVOICE VALUE AT SIGHT ON ISSUING BANK AGAINST THE DOCUMENTS DETAILED HEREIN"。

(4) 信用证的兑用方式:信用证应明确列明是即期付款、延期付款、承兑还是议付中的任何一种,否则无效。兑用方式一般用"AVAILABLE WITH/BY"来表示。

(5) 对货物的说明:包括货物品名、品质、规格、数量、单价及价格术语等内容。

信用证中常用"COVERING,DESCRIPTION OF GOODS"等来描述货物的有关情况,如"DESCRIPTION OF GOODS: POLISHED MARBLE TILES,30.5×30.5×1CM.PLUS OR MINUS 0.5MM.ART.NO.41-A 312.56SQM. UNIT PRICE USD76.50/SQM AS PER S/C NO.87MAF4002-43, CIF TOYOTA"。

(6) 单据条款:即信用证要求受益人提交的单据的种类及份数。

信用证中对单据的要求一般描述为"DOCUMENTS REQUIRED…","ACCOMPANIED BY THE FOLLOWING DOCUMENTS…"等。

信用证要求受益人提交的单据通常有汇票(DRAFT)、发票(INVOICE)、装箱单(PACKING LIST)、提单(BILL OF LADING)、保险单(INSURANCE POLICY)、产地证(CERTIFICATE OF ORIGIN)、受益人证明(BENEFICIARY'S CERTIFICATE)等。

信用证要求受益人提交的单据份数,有时使用分数来表示,其中分子表示开证行要求的某种单据的份数,分母表示该种单据的总份数。比如,"2/3 BILL OF LADING",表示信用证要求的提单正本份数为三份,受益人向银行提交其中的两份进行议付。

(7) 装运条款:包括装运港(地)、目的港(地)、装运期限、分批装运和转运的规定等。

① 装运港(地):常见的表述有"LOADING ON BOARD/DISPATCH/TAKING IN CHARGE AT/FROM…"等。

② 目的港(地):常见的表述有"FOR TRANSPORTATION TO…"等。

③ 装运期限:常见的表述有"LATEST DATE OF SHIPMENT,NOT LATER THAN…,DATE OF SHIPMENT"等。

④ 分批装运及转运:分批装运即"PARTIAL SHIPMENT",转运即"TRANSSHIPMENT",一般只规定允许或不允许。

(8) 信用证寄单条款:规定议付行、受益人等寄单时,是一次寄单还是分两次寄单,是采用快邮还是航空挂号信,采用快邮时是否指定快邮公司等。

(9) 其他条款：包括特殊条款、费用条款、议付与索偿条款、附加文句等。

(10) 遵守跟单信用证统一惯例规定的文句：信开本信用证中都应注明"本信用证是根据《UCP600》开立"字样以及类似文句，而 SWIFT 信用证的开证行在成为 SWIFT 会员之前，都必须无条件接受《UCP》最新版本，因此，SWIFT 信用证中可以没有此条规定。

2. SWIFT 信用证条款分析

SWIFT 信用证(参见样单 2-3)实质上是一种格式化的电文，其内容由若干个项目(FIELD)组成，每个项目都有特定的代号和内容。项目的代号由两位数字或两位数字加上字母来表示，不同的代号表示不同的含义。项目的内容由开证行根据需要确定。项目还规定了一定的格式，各种 SWIFT 电文都必须按照这种格式来表示。这些项目有的是必选的，有的是可选的，如"50 APPLICANT(开证人)"就是一个必选项目，其中，50 是项目的代号。

样单 2-3　SWIFT 信用证实例

```
LICENSED LT: HVBKCNBJXXX PRINT USER: 40309969        PRINT USER:4021012
FUNCTION: MESSAGE INVESTIGATION PRINTER NAME: QUE02  PRINTER NAME:GUANG12
PRINT DATE: 2013/04/11,15:25:04 PRINT HOST: HIBOSBEL PRINT HOST:CANONS500SP
TITLE: MESSAGE DETAIL REPORT
========================================================================
MESSAGE TYPE: FIN 700 ISSUE OF A DOCUMENTARY CREDIT
RECEIVED FROM: XIT
NETWORK PRIORITY: NORMAL
MESSAGE OUTPUT REFERENCE: 13:53-2013/04/06- BKCHCNBJASH AXXX-0003-109137
CORRESPONDENT INPUT REFERENCE: 14:50-2013/04/06- BKCHCNBJASH AXXX-9990-600160
--------------------------------SENDER INFORMATION-----------------------------------
SENDER: HVBKKRSEXXX             CANADIAN INPERIAL BANK OF COMMERCE
                                TORONTO
---------------------------------USER INFORMATION------------------------------------
USER REFERNECE: A2017800100A                         BANKING PRIORITY:
----------------------------------MESSAGE TEXT---------------------------------------
27:   SEQENCE OF TOTAL: 1/1
40A: FORM OF DOC.CREDIT:    IRREVOCABLE
20:   DOC.CREDIT NUMBER: T-017641
31C: DATE OF ISSUE: 130407
31D: EXPIRY: DATE: 130605
          PLACE: THE PEOPLES REP.OF CHINA
50:   APPLICANT: TOMSCN TEXTJLES INC.
          3384 VINCENT ST DOWNSVIEW.ONTARIO M3J.2J4 CANADA
```

59: BENEFICIARY: ABC TEXILES IMPORT AND EXPORT CORPORATION
   127ZHONGSHAN RD.E. 1 SHANGHAI P.R.OF CHINA
32B: CURRENCY CODE, AMOUNT: USD36.640,00
39A: POS/NEG TOL (%): 05/05
41D: AVAILABLE WITH/BY: AVAILABLE WITH ANY BANK IN CHINA NEGOTIATION
42C: DRAFTS AT: 30 DAYS AFTER SIGHT
42D: DRAWEE: TORONTO TRADE FINANCE CENTRE.TORONTO
43P: PARTIAL SHIPMENT: PERMITTED
43T: TRANSSHIPMENT: PERMITTED
44A: LOADING IN CHARGE: CHINA
44B: FOR TRANSPORTATION TO: TORONTO
44C: LATEST DATE OF SHIPMENT: 130520
45A: SHIPMENT OF GOODS: MERCHANDISE AS PER S/CNO.23CA1006 CIF TORONTO
46A: DOCUMENTS REQUIRED:
   +SIGNED COMMERCIAL INVOICE IN QUADRUPLICATE
   +CERTIFICATE OF ORIGIN
   +FULL SET CLEAN ON BOARD BILLS OF LADING TO SHIPPER'S ORDER BLANK ENDORSED MARKED "FREIGHT PREPAID TO TORONTO" NOTIFY APPLICANT (SHOWING FULL NAME AND ADDRESS).
   +NEGOTIABLE INSURANCE POLICY OR CERTIFICATE ISSUED BY PEOPLES INSURANCE COMPANY OF CHINA INCORPORATING THEIR OCEAN MARINE CARGO CLAUSES ALL RISKS AND WAR RISKS FOR 110 PERCENT OF CIF INVOICE VALUE,WITH CLAIMS PAYABLE IN CANADA INDICATING INSURANCE CHARGES.
   +PACKING LIST IN TRIPLICATE
   +EXPORT LICENSE
47A: ADDITIONAL COND:
   AN ADDITIONAL FEE OF USD 50.00 OR EQUIVALENT WILL BE DEDUCTED FROM THE PROCEEDS PAID UNDER ANY DRAWING WHERE DOCUMENTS PRESENTED ARE FOUND NOT TO BE IN STRICT CONFORMITY WITH THE TERMS OF THIS CREDIT.
71B: DETAILS OF CHARGES:
   ALL BANKING CHARGES OUTSIDE CANADA INCLUDING ADVISING COMMISSION ARE FOR ACCOUNT OF BENIFICIARY AND MUST BE CLAIMED AT THE TIME OF ADVISING.

样单 2-3(续)

```
48: PRESENTATION PERIOD:
    NOT LATER THAN 15DAYS AFTER THE DATE OF THE SHIPPING DOCUMENTS BUT WITHIN
    THE VALIDITY OF THE CREDIT.
49: CONFIRMATION: WITHOUT
78: INSTRUCTIONS:
    UPON OUR RECEIPT OF DOCUMENTS IN ORDER WE WILL REMIT IN ACCORDANCE WITH
    NEGOTIATING BANK'S INSTRUCTIONS AT MATURITY.
-------------------------------MESSAGE TRAILER-----------------------------
177: DATE-TIME                        : 2013/04/06 13:53
451: ACCEPT/REJECT                    : 0 ACCEPTED
NET: NETWORK                          : GLOBAL
XDT: GLOBAL DATE/TIME                 : 2013/04/06 14:50
-------------------------MESSAGE STATUS LOG------------------------
MASTER    KEY : O700050406336489    CURRENT QUEUE       : 0 [ ]
CREATE    DATE : 2013/04/06 13:53:40  CREATE TYPE         : XIT
SENDING   DATE :2013/04/06 13:53:44   SENDING TYPE        : BANKING
USER ACK DATE : 2013/04/06 13:53:50   PROCESSING          : [ ]
LAST STATUS    : COMPLETE [AUTOLOAD]
```

SWIFT 信用证一般有 MT700 和 MT701 两种格式,在实际业务中,以 MT700 格式的使用为多。

SWIFT 信用证中的日期用 6 位数字表示,如 2013 年 12 月 6 日表示为 131206;数字不分格,小数点用逗号","表示,如 2,034.34 表示为 2.034,34。

SWIFT 信用证有关项目分析如下。

27:SEQUENCE OF TOTAL 表示电文页次。

40A:FORM OF DOC.CREDIT 表示跟单信用证形式。

20:DOCUMENT CREDIT NO.表示跟单信用证号码。

31C:DATE OF ISSUE 表示开证日期。

31D:DATE AND PLACE OF EXPIRY 表示信用证的有效期和到期地点。

50:APPLICANT 表示信用证的开证申请人。有时为防止涂改,通常用"*"框定开证申请人的名称,如*ABC COMP.*。

59:BENEFICIARY 表示信用证的受益人。

32B:CURRENCY CODE,AMOUNT 表示信用证结算的货币和金额。

39A:PERCENTAGE CREDIT AMOUNT TOLERANCE 表示信用证金额允许的最大

浮动范围。

39B:MAXIMUM CREDIT AMOUNT 表示信用证金额最高限额。

41D:AVAILABLE WITH … BY …表示指定的有关银行及信用证的兑用方式。

42C:DRAFTS AT … 表示汇票付款期。

42D:DRAWEE 表示汇票付款人。

43P:PARTIAL SHIPMENT 表示是否允许货物分批装运的规定。

43T:TRANSSHIPMENT 表示是否允许货物进行转运的规定。

44A:LOADING ON BOARD/DISPATCH/TAKING IN CHARGE AT/FROM…表示货物装船、发运和接受监管的地点。

44B:FOR TRANSPORTATION TO …表示货物发运的最终目的地。

44C:LATEST DATE OF SHIPMENT …表示货物的最迟装运日期。

45A:DESCRIPTION OF GOODS AND/OR SERVICES 表示有关货物及/或服务的描述。

46A:DOCUMENTS REQUIRED 表示信用证所要求的单据及份数。

47A:ADDITIONAL CONDITIONS 表示附加条款,一般为非单据条款,如提单日期早于开证日期可以接受,第三方单据可以接受等。

71B:CHARGES 表示费用负担。

48:PERIOD FOR PRESENTATION 表示信用证规定的最迟交单期限。

49:CONFIRMATION 表示对信用证是否保兑的有关说明。

53A:REIMBURSING BANK 表示对信用证偿付行的规定。

78:INSTRUCTIONS TO THE PAYING/ACCEPTING/NEGOTIATING BANK 表示给付款行、承兑行或议付行的指示。

72:SPECIAL INSTRUCTIONS 表示特别指示,一般为银行之间的指示,如要求通知行确认收到信用证等。

57A:ADVISING BANK 表示通知行。

三、信用证的审核与修改

1. 信用证审核的意义

使用信用证方式支付货款,业务手续繁杂且手续费用高,对审证、审单的技术性要求也比较高,稍有失误就会给出口方造成损失。而且,信用证作为一种自足文件,不受贸易合同的约束,开证行的付款与拒付仅以单据为依据。因此,在以信用证为支付方式的出口合同中,受益人能否认真审核和处理信用证,将直接影响到处理信用证项下单证的主动权,是出口合同能否顺利履行和收汇是否安全的重要保证。

如果信用证条款与买卖合同规定不一致,且受益人在审核后又没有提出修改意见,就等于接受了信用证条款。受益人日后提交的单据也应与信用证要求相一致。因此，受益人只有认真审核信用证，才能及早发现信用证中存在的问题，以便通知开证申请人及时办理修改信用证的手续。

2．信用证审核的主要内容

一份信用证能否被接受，主要取决于该信用证在政治上是否符合我国的对外政策，能否及时、安全地收汇，贸易条款和对单据的要求是否符合买卖合同的规定，对信用证的要求卖方能否办到，等等。因此，审核信用证是一项原则性和技术性要求都很强的工作，要求银行和信用证的受益人都要对信用证进行审核，以便明确信用证能否被接受和是否需要修改。这样，审核信用证就成了银行和受益人共同承担的任务，其中，银行对信用证的审核责任由通知行承担。

通知行和受益人在对信用证的审核上各有侧重：通知行着重审核开证行的政治背景、资信状况、付款责任和索汇路线等方面的内容，并确认信用证的印鉴、密押等是否正确，它的审核与买卖合同无关；而受益人则是以货物买卖合同为依据，将信用证条款与合同条款逐项逐句进行对照，审核信用证内容与买卖合同条款是否一致。

通知行审核信用证，确认其真实性之后，即将其审证意见汇总在信用证通知书上，连同正本信用证一并交给受益人，受益人收到通知行转来的信用证后，主要从以下几个方面对信用证进行审核。

1) 审核信用证的种类

信用证的种类决定了信用证的性质和用途，也直接决定了信用证的付款责任，因此受益人审证时，必须按照合同规定的信用证种类对其进行认真核对。

首先，应看信用证表面是否为可转让的或经过保兑的信用证，如果信用证中显示为"TRANSFERABLE"，则受益人在使用过程中就可以随时将其权益进行转让，如果信用证中"CONFIRMED"栏有保兑行，则受益人就可以向开证行和保兑行中的任何一个交单。

其次，应注意信用证的兑用方式，看其是属于即期付款、延期付款、承兑和议付这4种中的哪一种：如果是即期付款信用证，开证行就对相符交单即期付款；如果是延期付款信用证，开证行将承诺对相符交单延期付款，并在承诺到期日付款；如果是承兑信用证，开证行将承兑相符交单项下的汇票，并在汇票到期日付款；如果是议付信用证，受益人可向指定的议付行议付单据。

2) 审核开证申请人及受益人的名称、地址是否正确

受益人的名称和地址是否完整正确，关系到信用证能否及时向受益人通知，以及有关单证能否顺利取得，因此受益人的名称及地址应正确完整，以确保信用证的及时通知与制单的便利。申请人的名称或地址如果不正确，虽然与受益人没有直接关系，但也影响到申请人能否顺利清关等工作，对此，受益人也应告知其进行修改。

3) 审核信用证各相关日期是否合理

信用证中的日期主要包括：开证日期、装运期、交单期及有效期。

合同签好后，买方应按合同规定及时申请开立信用证，为保证受益人能够及时备货装运和在装运货物后有充足的时间办理制单结汇手续，因此信用证中各相关日期应该有合理的间隔时间。通常情况下，信用证的开立日期最早，有效期最迟，交单期一般规定为装运后的10~15天。如果单据中含有一份或多份正本运输单据，受益人还应在装运日期后的21天之内交单，且必须在信用证有效期之内。

信用证的装运期与有效期如果相距太近，受益人不能按时备货装运，应及时向申请人要求延长装运期。信用证若未规定装运期，则认为其有效期与装运期为同一天，这种信用证称为"双到期"信用证，此时受益人如能提前安排装运，在有效期前完成制单结汇，是完全可以接受的，否则就应要求延长有效期。装运期前若有"TO"、"UNTILL"、"TILL"、"FROM"等字样，则所述日期应包括在内。装运期前若有"于"或"约于"字样，则实际装运期是指在该日期之前5天至该日期之后5天在内的共计11天时间。

如果信用证的有效期和最迟交单日期适逢银行的正常休息日，则有效期和最迟交单日可以顺延到接受交单银行的下一个工作日进行，但信用证的最迟装运期不得顺延。

装运期不应使用"迅速、立即、尽快"及类似用语，一旦使用，银行将不予以理会。

信用证的有效期必然涉及到期地点。到期地点又与受益人能否及时完成交单义务密切相关，它可以在受益人所在国也可以在申请人所在国。到期地点若在申请人所在国，受益人为保证单据能够在信用证有效期之前寄达国外指定地点，就一定要提前至少一个邮程的时间交单，以便我国出口商和银行能及时索汇。比如，寄至港澳地区，一个邮程为2~3天，寄至欧美需5~7天。

4) 审核信用证对所装运货物及金额的描述是否正确

信用证所规定的货物，是受益人装船交货和制单结汇的依据，如果来证开错，受益人将处于两难境地：按信用证制单则与实际发运不符，按实际发货制单又会使单证不符而无法结汇。因此，受益人审证时，必须注意商品的名称、规格、数量、包装、单价以及总金额等内容是否与合同规定相一致。

信用证对货物的描述包括商品的名称、规格、型号及包装等内容。这些内容如果与合同规定不符，受益人可以区别对待：如果是属于商品名称的简单拼写或打印错误，而并不影响单词或所在句子的含义。比如，信用证将"MACHINE"打成了"MASHINE"，就可以不进行修改，制单时可以按信用证内容将错就错，同时将正确的品名另行注出即可；但如果是规格型号的拼写错误，如将"MODEL 123"打成了"MODEL 321"，则必须修改信用证。

信用证金额是开证行付款责任的限额，受益人发货数量也随金额而定，审证时除了要注意货币币种与合同一致、金额大小写一致、数量与金额相协调之外，还要注意金额、数量、单价前有无增减幅度。如果信用证规定了增减幅度，就按信用证规定发运货物并制单,如果信用证未规定增减幅度,一般情况下,如果金额、数量或单价前有"ABOUT"、"CIRCA"、"APPROXIMATELY"及类似字样时,则可认为信用证允许金额、数量或单价有不超过10%的增减幅度;如果信用证不是以"个"、"台"、"件"等包装单位件数或货物自身件数的方式规定数量时,货物数量允许有5%的增减幅度,但不允许支取金额超过信用证金额;如果信用证是以包装单位件数或货物自身件数规定数量时,卖方交货数量不允许有任何增减。

5) 审核运输条款

(1) 起运港(地)与目的港(地)。通常情况下,信用证的起运港(地)与目的港(地)应与合同相符。如果与合同规定不符,只要信用证规定的地点为合同规定地的同一个地理范围之内,如合同规定装运港为"SHANGHAI",而信用证规定装运港为"CHINA"或"CHINESE PORT"就可以接受。若信用证规定了选择港,受益人在发货前必须与买方确定最终的目的港。

(2) 关于分批装运和转运。如果信用证不做规定,则视为信用证允许分批装运、允许转运。当贸易两国之间没有直达船只时,信用证应允许转运。转运是指在信用证规定的装货港到卸货港之间的运输过程中,货物从一个运输工具上卸下并再装到另一个运输工具上的行为。如果信用证"允许分批装运",则卖方在交货时既可以分批装运,也可以一船装完。使用同一运输工具并经由同一航程运输的多批货物,不视为分批装运,而货物由同一运输方式下的数件运输工具运输时,即使在同一天出发运往同一目的地,也视为分批装运。受益人还应注意区分"分批装运(PARTIAL SHIPMENT)"与"分期装运(INSTALMENT SHIPMENT)"的不同,按《UCP600》的规定,如果信用证规定为分期装运时,任何一期未按规定装运,信用证对该期及以后各期均告失效。

(3) 关于运输工具和运输路线的审核。在卖方租船订舱的情况下,买方不能对船舶及其运输路线进行限制,因此凡属CIF、CFR等卖方租船订舱的贸易术语,受益人一般都不接受买方指定的船公司或船只进行运输等。

6) 审核单据条款

单据条款是买方要求卖方提交的,作为通关时使用或约束卖方按要求履行合同,并凭以付款的证明。单据条款作为信用证的一个重要部分,是受益人制单和银行审单的依据,对买卖双方都很重要。因此,出口商要注意单据的种类、份数及填制方法,特别要注意单据条款是否正确和合理,对于受益人无法满足的单据要求,一定要及时修改,否则就会直接给制单造成困难,为日后开证行和申请人拒付留下隐患。如运输单据,除港澳地区、俄罗斯、朝鲜及中亚等国家和地区外,对其他国家出口,一般都不提供铁路运单。因运往国内保税区、自由贸易区均视为出口,故除了从国内运往保税区、自由贸易区以及对港澳地区出口时,可以接受承运货物收据,对其他地区出口均不予接受。

单据条款还应前后一致,不能相互矛盾,如采用CFR、CPT、FOB等术语出口时,就不能要求受益人提供保险单;提单份数一般要求"全套",如果单据条款中只要求了其中一部分提单，还应注意交代其余部分提单的去向，不能遗漏。

7) 关于银行费用支付责任的审核

银行费用包括开证费、通知费、保兑费、议付费、修改费、邮费及电报费等，这些费用不是一个小数字，应由受益人和开证人合理分摊。一般情况下，发生在开证行的费用由买方承担，在开证行之外的费用由受益人承担。如果信用证对费用的划分不合理，但是受益人在该笔业务中利润可观，也可视情况接受。

8) 对信用证空白处、边缘处加注的文字、缮写或橡皮戳记加注字句的审核

信用证空白处、边缘处加注的字句，往往是对信用证内容的重要补充或新的修改，或者是通知行对信用证中值得注意的地方所做的批注，因此受益人对此绝不能大意，必须要认真对待。

9) 对信用证软条款的审核

信用证软条款是指信用证中无法由受益人自主控制的条款。这类条款一般出现在信用证的单据条款和附加条款中。受益人无法掌握主动，虽然国际商会不赞同在信用证中加注软条款，但它仍然以不同形式出现或隐藏于信用证中，如要求 1/3 正本提单直接寄给受益人、货运至目的港后开证行在进口商品检验合格并出具证书后才履行付款责任、要求提供买方签发的检验证明即客检证书等。受益人对此认识不清或处理不当，将会引发收汇风险。因此，对于此类条款受益人都应特别注意审核，不能轻易接受。

3. 信用证的修改

经过对信用证全面和仔细的审核以后，受益人如果发现有问题需要对外交涉修改或澄清的，应会同银行、运输、商检等部门，并参照国际上的习惯做法，从有利于解决问题的角度，根据情况分别由银行或受益人出面办理，共同维护出口方权益。比如，开证行的资信与来证金额不相称，又无其他银行保兑的，或开证行承担的付款责任不明确，或明显属于开证行疏忽，使电文混乱，影响信用证使用的，以及其他重要问题，都由银行负责对外交涉及澄清，在没有结果之前，受益人不能匆忙办理装运。若贸易条款及单据要求与合同不符或受益人不能办到的，都由受益人负责与申请人交涉。

对信用证中存在的问题，凡是属于不经修改受益人也可以做到的，对以后制单不会产生影响，应尽量不予修改。凡是属于不能接受、不能执行或不能按期执行的条款应及时要求申请人进行修改。

在改证工作中，凡是需要修改的各项内容，受益人应尽量做到一次性地向开证申请人提出，避免一改再改，这样既可以节省时间，又避免增加双方的手续和费用。对信用证同一修改书的内容，受益人必须全部接受，部分接受是无效的。

另外，修改信用证只能由受益人向开证申请人提出，经开证申请人同意后再由其通知开证行。若受益人直接向开证行提出改证申请，开证行将不予理会，开证申请人对信用证的修改要求表示同意也是无效的。因此，受益人只有在收到开证行通过信用证的通知行转

递的信用证修改书后，受益人对信用证要求的修改才有效，才能按照修改后的信用证进行发运。

4.《UCP600》及《ISBP745》对单据的一般规定

国际商会第 500 号出版物《跟单信用证统一惯例》(1993 年修订本)，即《UCP500》自施行以来，已经成为世界各国开展信用证业务最主要的依据，一经当事人选用，它就具有法律约束力。但是，由于各国对其理解的不一致及各国银行审单标准的不统一，有很多信用证在交单时遭到了拒付，从而产生了大量争议及诉讼案件，严重影响了国际贸易的发展。为解决这一问题，国际商会通过了第 645 号出版物《关于审核信用证项下单据的国际标准银行实务》，即《ISBP645》，对《UCP500》进行了补充，具体规定了信用证项下提交的各种单据应遵循的标准，这些标准对从事国际贸易的人员以及银行审单人员都具有重要的指导意义，从而成为国际贸易中最重要的惯例之一。随着《UCP600》的使用，国际商会于 2013 年 7 月正式实施 ISBP 新版本，即《ISBP745》。《UCP600》及《ISBP745》对单据的要求做了相应规定，主要有如下内容。

1) 单据的正本和副本

《UCP600》规定，除非单据本身表明其不是正本，一般地，任何带有看似出单人的原始签名、标记、图章或标签的单据，银行都视其为正本单据。但是，ISBP 规定，有签字的单据的复印件不能视为签署过的正本单据，通过传真发送的有签字的单据如果不另外加具原始签字的话，也不视为签署过的正本。除非信用证另有规定，标明了"COPY(副本)"字样的单据，银行将视为副本单据。

随着复印、传真、计算机等科学技术的发展，复印、影印、传真等技术纷纷应用到外贸制单工作中来，各种形式的单证也随之纷纷出现，复印件和传真件是否有效对受益人制单都可能造成影响。为防止与国外有关当事人产生纠纷而引起不必要的麻烦，我国规定，外贸出口单位通过复印、复写或计算机打印等方法制作的出口单据如作为正本使用，必须加注"ORIGINAL"字样，仅有签字是不充分的。

2) 单据的份数

信用证单据条款除了规定了受益人提交的单据的种类之外，有时还会规定每一种单据的份数。信用证规定的每一种单据须至少提交一份正本。如果信用证使用诸如"一式两份(IN DUPLICATE)"、"两张(IN TWO FOLD)"、"两份(IN TWO COPIES)"等用语要求提交多份单据时，受益人应提交至少一份正本，其余可以使用副本单据来满足。但是，若信用证要求"全套三份正本(FULL SET 3/3 ORIGINAL)"时，则应有三份正本。

3) 单据的出单日期

在正常的交易过程中，受益人应当是在收到信用证以后，按信用证规定的条件备货并发运，然后才能签发信用证要求的各种单据。因此，受益人提示的各种单据的签发日期一般应比信用证的开立日期迟，并不得晚于信用证规定的交单议付期。

但是在转售、三角贸易中常常会出现签发日期早于信用证开立日期的单据。按《UCP600》的规定，单据日期可以早于信用证的开立日期。因此，只要单据在信用证有效期内和规定的交单截止日之前提交，银行就不能因此而拒付。

4) 出单人的界定及对单据的确认

出单人即签发单据的人或机构。出口单据中有的由出口商自行签发，有的则需要由出口商和进口商之外的第三方机构来签发。

按《UCP600》的规定，如果信用证要求用诸如"第一流的"、"著名的"、"权威的"、"官方的"、"本地的"或类似词语描述单据的出单人时，允许由受益人之外的任何人出具该单据。同时，我们应认为中国的有关机构或个人就是"权威的"、"著名的"和"一流的"，所以只要我方提交的单据在表面上与信用证的其他条款相符合，银行就应接受。

单据的确认，即要求单据被证实、生效、合法、签证、证明等。只要信用证没有相反规定，单据的确认可以通过签字来满足。

单据的签字可以手写，也可以打印、盖章、打孔、记号或任何其他机械或电子证实方式。

四、跟单信用证的处理

信用证一般应由出口商所在地的银行(通知行)传递，对于国外进口商直接寄来的信用证，出口商应该送交所在地的银行以确认其真实性，绝不能轻率从事。

受益人对跟单信用证的处理，内容较广，一般包括以下几个方面。

1. 来证登录及审证

当出口商收到以其自身为受益人的信用证后，一方面应抓紧备货，保证及时出运，另一方面应立即做好登录工作，以便于查考和管理。

信用证登录的内容包括：信用证号码、开证申请人、开证行、总金额、装运期、有效期以及对应的合同号等。

信用证登录后，受益人应对照合同条款对信用证进行仔细、认真的审查和核对，并做好备货出运的工作。如果审核发现问题，影响到合同的顺利履行和收汇安全，则必须退给银行或通知客户及时修改，以保证信用证和合同条款规定的一致性。

在对信用证进行了全面和详细的审核及修改后，受益人即根据企业内部各部门工作的需要，并结合企业自身的特点以及信用证的使用情况，对信用证进行分析和整理，以"信用证分析单"(参见样单 2-4)或 "审证记录单"(参见样单 2-5)的形式，将信用证的分析结果分发至各个部门进行流转，由各部门根据需要安排工作，也可以直接在原证上进行标注和勾画，直接以信用证原件或复印件在各部门进行操作和流转。

对于分批出运的信用证，受益人在第二次或以后出运时，要注意银行在信息证背面批注的余额，不能超余额出运。

样单 2-4 信用证分析单

银行编号		合约		受益人				
证号								
开证银行				进口商				
开证日期		索汇方式		起运口岸		目的地		
金额				可否转运		唛头		
汇票付款人				可否分批				
汇票期限	见票____天			装运期限				
注意事项				效期地点				
				提单日___天内议付		____天内寄单		

单证名称	提单	副本提单	商业发票	其他发票	海关发票	装箱单	重量单	尺码单	保险单	产地证	普惠制产地证	贸促会产地证	出口许可证	装船证书	投保通知	寄投保通知邮据	寄单证明	寄单邮据	寄样证明	寄样邮据		
银行																						
客户																						

提单	抬头				
	通知		保险		
运费预付			保额另加___%	赔款地点	

样单 2-5 审证记录单

信用证号码:		合同号码:	
信用证通知号码:		开证日期/地点:	
开证银行:		通知行:	
开证申请人(applicant):		受益人(beneficiary):	
汇票付款人(drawn on):		出票条款(drawn under):	
汇票期限:		信用证到期地点:	
议付行限制:		价格条件:	
装运港:		目的港:	
运输方式:		运费支付方法:	
可否分批:		可否转船:	
装运日期:		有效日期:	
交单天数:		提单托运人(shipper):	
提单抬头(consignee):		提单通知方(notifier):	
保险条款:		保险险别:	
赔款地点/币别:		保险加成:	
数量溢短装:		金额溢短装:	
原证金额:			
总品名:		总数量:	
唛头:	品名:		
	货号:	规格:	件数:
数量:	单价:	总值:	

信用证中所要求的单据名称份数:

	正本提单	副本提单	发票	保险单	装箱单	重量单	尺码单	商检产地证	贸促会产地证	普惠制产地证	卖方产地证	海关发票	邮局收据(单)	邮局收据(样)	电抄	受益人证明	船方证明
银行																	
客户																	

单据寄往: 需邮局收据否: 需邮样证明否:	
开证人出具函电否: 内容:	
需电抄否:	
发票一般条款:	
公共附注(除汇票所有单据注明):	
受益人声明内容:	有关单据特殊条款:
信用证特别条款:	改证情况:
审证员:	复核员:

2. 信用证打包贷款

信用证打包贷款是出口地银行为支持出口商按期履行合同义务、出运货物，而向出口商提供的以正本信用证为抵押的贷款。因此种贷款最初是专门用于向出口商提供货物包装费用的，所以称为打包贷款。在信用证结算业务中，打包贷款是银行给予本国出口商的一种短期资金融通方式。还款的来源在正常情况下为信用证项下的收汇款。

受益人向银行申请打包贷款，必须符合以下几个条件。

(1) 信用证必须是贷款银行可以据以进行议付、付款或承兑的信用证。

(2) 贷款金额一般不超过信用证总金额，通常为信用证金额的90%。

(3) 贷款期限一般应迟于信用证有效期的10～15天，远期信用证有时还要规定一个最长放款期限。

3. 信用证转让

当信用证的受益人是中间商时，一方面他需要从实际供货人处购买信用证项下的货物，而这必将占用大笔资金，另一方面他又不愿意实际供货人与进口商进行直接交易而使他损失该笔交易的利润，此时，中间商往往要求开证行开立可转让信用证。

可转让信用证必须特别注明"TRANSFERABLE(可转让)"字样。

由于跟单信用证的原则是凭指示单据办理结算，所以信用证转让的实质就是第一受益人将信用证的使用权利转移给第二受益人。第二受益人装运货物并备妥自己的单据后，即凭"转让通知书"向银行交单。银行收到单据后，或者以第二受益人的单据进行议付，或者通知第一受益人立即替换第二受益人的单据后再进行议付。第一受益人有权以自己的发票和汇票替换第二受益人的发票和汇票，经替换后，第一受益人可在原信用证项下支取自己发票与第二受益人发票间的差价。

第一受益人收到可转让信用证，办理信用证转让手续时，必须向信用证授权的转让行开立"转让申请书"，转让行同意后开立"转让通知书"，将信用证有关权利转让给第二受益人。在信用证允许部分支款或部分发运时，信用证可以分部分地转让给数名第二受益人。在转让过程中，只允许信用证转让一次，即第二受益人不得要求将已转让信用证转让给任何其后受益人，但第二受益人可以将信用证再转让给第一受益人，每一环节都必须要有银行的参与，不允许第一受益人、第二受益人擅自转让。

4. 受益人交单

受益人审单后，应结合信用证的兑用方式，在信用证规定的交单期内和有效期之前，将全套单据交银行进行议付或承付。

议付是指指定银行在相符交单下，在其应获偿付的银行工作日当天或之前向受益人预付或者同意预付款项，从而购买汇票及/或单据的行为。被授权议付的银行对汇票及/或单据应付出对价，如果仅审核单据而未付出对价，就不能构成议付。

承付分三种情况，即在相符交单的条件下，如果信用证为即期付款信用证，开证行即期付款；如果信用证为延期付款信用证，开证行承诺延期付款并在承诺到期日延期付款；如果信用证为承兑信用证，开证行承兑受益人开出的汇票并在汇票到期日付款。

议付也称出口押汇，实质是议付行对受益人的垫款，这种垫款为受益人提供了短期的资金融通。在议付方式下，受益人将单据交议付行议付后，议付行即成为汇票的善意持票人，如果日后开证行拒付，议付行享有向受益人进行追索的权利，但当单据由保兑行议付时，保兑行没有追索权。

在承付方式下，受益人将规定的单据提交给指定银行或开证行或保兑行后，并且构成了相符交单，则开证行或保兑行必须承付。开证行或保兑行承付单据，不享有追索权。

5．信用证的归档管理

受益人将单据交银行议付或承付后，应将全套单据副本、信用证正本、连同修改书等文件一起按号另行归档，交由指定人员妥善保管，以备查考。

思 考 题

1．托收业务的当事人一般有哪几个？

2．D/P 与 D/A 有何区别？

3．信用证的当事人一般有哪几个？其中进出口合同中的买卖双方各对应哪个当事人？

4．信用证的主要内容有哪些？

5．受益人审核信用证时，主要应从哪几个方面着手？

操 作 题

根据下列合同，审核买方开来的信用证，如发现有错误及我方不能接受的地方，请进行修改，并将修改意见发送给开证申请人。

JIANGSU HAOYIFA CHEMICAL CO., LTD.

NO.10 TAIPING SOUTH ROAD, NANJING, 210003, CHINA

合　同

CONTRACT

ORIGINAL

CONTRACT NO.: GL0082

DATE: MAR. 15, 2013

PLACE: NANJING

THE SELLER: JIANGSU HAOYIFA CHEMICAL CO., LTD.
　　　　　　　NO. 10 TAIPING SOUTH ROAD, NANJING
　　　　　　　210003, CHINA
　　　　　　　TELEPHONE: 86-25-63218467　　FAX: 86-25-63291267

THE BUYER: HANGUNG-BR CO., LTD.
　　　　　　　NO.20 SANYU-DONG YANGSAN CITY
　　　　　　　KYUNG-NAM, KOREA

THE BUYER AND THE SELLER HAVE AGREED TO CONCLUDE THE FOLLOWING TRANSACTIONS. ACCORDING TO THE TERMS AND CONDITIONS STIPULATED BELOW:

COMMODITY & SPECIFICATION PACKING & SHIPPING MARK	QUANTITY	UNIT PRICE	AMOUNT
NYLON 6 DIPPED TIRE CORD FABRIC 1260 D/2P-28EPI 53 AND 1 ITEMS	28,000KGS	USD3.75/KG	CIF BUSAN USD105,000.00
SHIPPING MARK : HANGUNG BUSAN NO.1-200 MADE IN CHINA			
TOTAL: 200 BALES	28,000KGS		USD105,000.00
TOTAL VALUE: SAY US DOLLARS ONE HUNDRED AND FIVE THOUSAND ONLY			

　TIME OF SHIPMENT: WITHIN 45 DAYS OF RECEIPT OF LETTER OF CREDIT AND NOT LATER THAN THE MONTH OF MAY.2013 WITH PARTIAL SHIPMENTS AND TRANSSHIPMENT ALLOWED.

　PORT OF LOADING & DESTINATION: FROM SHANGHAI TO BUSAN.

　TERMS OF PAYMENT: BY 100% CONFIRMED IRREVOCABLE SIGHT LETTER OF CREDIT OPENED BY THE BUYER TO REACH THE SELLER NOT LATER THAN APR. 5TH, 2013 AND TO BE AVAILABLE FOR NEGOTIATION IN CHINA UNTIL THE 15TH DAY AFTER THE DATE OF SHIPMENT. IN CASE OF LATE ARRIVAL OF THE L/C, THE SELLER SHALL NOT BE LIABLE FOR ANY DELAY IN SHIPMENT AND SHALL HAVE THE RIGHT TO RESCIND THE CONTRACT AND OR CLAIM FOR DAMAGES.

INSURANCE: TO BE EFFECTED BY THE SELLER FOR 110% OF THE CIF INVOICE VALUE COVERING FPA RISKS AND WAR RISKS AS PER CHINESE INSURANCE CLAUSES.

TERMS OF SHIPMENT: TO BE GOVERNED BY "INCOTERMS 2010. FOR TRANSACTIONS CONCLUDED ON CIF TERMS, ALL SURCHARGES INCLUDING PORT CONGESTION SURCHARGES, ETC. LEVIED BY THE SHIPPING COMPANY, IN ADDITION TO FREIGHT, SHALL BE FOR THE BUYER'S ACCOUNT.

THE BUYER:　　　　　　　　　　　　THE SELLER:
HANGUNG-BR CO., LTD.　　　　　　JIANGSU HAOYIFA CHEMICAL CO., LTD.

国外来证如下。

```
FROM : HVBKKRSEAXXX-9990-600160
SENDER : HVBKKRSEXXX *WOORI BANK，SEOUL*
…
27 : SEQUENCE OF TOTAL                    : 1/1
40A : FORM OF DOCUMENTARY CREDIT          : IRREVOCABLE
20 : DOCUMENTARY CREDIT NUMBER            : MD1804EU00040
31C : DATE OF ISSUE                       : 2013/04/14
31D : DATE AND PLACE OF EXPIRY            : 2013/06/10
                                            IN THE BENEFICIARY'S COUNTER
50 : APPLICANT              : HANGUNG-BR CO.,LTD.
                              NO.20 SANYU-DONG YANGSAN CITY
                              KYUNG-NAM, KOREA
59 : BENEFICIARY            : JIANGSU HAOYIFA CHEMICAL CO., LTD.
                              NO. 10 TAIPING SOUTH ROAD, NANJING
                              210003, CHINA
32B : CURRENCY CODE AMOUNT                : CURRENCY: USD
                                            AMOUNT: #104400.00#
39A : PERCENTAGE CRDT AMT TOLERANCE : 10/10
41D : AVAILABLE WITH… BY…NAME/ADDR : ANY BANK
                                     BY NEGOTIATION
42C : DRAFT AT …                          : 60 DAYS AFTER SIGHT
42A : DRAWEE – BIC                        : HVBKUS33
                                            WOORI BANK, NEW YORK
```

                            NEW YORK, NY
43P : PARTIAL SHIPMENT   : ALLOWED
43T : TRANSSHIPMENT   : PROHIBITED
44A : ON BOARD/DISP/TAKING CHARGE: CHINESE PORT
44B : FOR TRANSPORTATION TO   : BUSAN, KOREA
44C : LATEST DATE OF SHIPMEN   : 2013/04/10
45A : DESCP OF GOODS AND/OR SERVICES
    TERMS OF PRICE   : CIF BUSAN
                           COST, INSURANCE AND FREIGHT
    COUNTRY OF ORIGIN   : CHINA, PEOPLE'S REPUBLIC OF CHINA
    H.S.NO.   : 5902-10-0000
    NYLON FABRIC
    1260 D/2P-28EPI 53 AND 1 ITEMS
    TOTAL Q'TITY 28000KGS AMOUNT USD104400,00
46A : DOCUMENTS REQUIRED
    +FULL SET OF INSURANCE POLICY OR CERTIFICATE, ENDORSED IN BLANK FOR 110PCT OF THE INVOICE VALUE EXPRESSLY STIPULATING THAT CLAIMS ARE PAYABLE IN KOREA AND IT MUST INCLUDE: INSTITUTE CARGO CLAUSE ALL RISKS.
    +SIGNED COMMERCIAL INVOICE IN 04 COPIES
    +PACKING LIST IN 04 COPIES COUNTER SIGNED BY APPLICANT
    +FULL SET OF CLEAN ON BOARD OCEAN BILL OF LADING MADE OUT TO THE ORDER OF WOORI BANK MARKED FREIGHT PREPAID AND NOTIFY APPLICANT.
47A : ADDITIONAL CONDITIONS
    +T/T REIMBURSEMENT IS NOT ALLOWED.
    +MORE(10PCT) OR LESS(10PCT) IN QUANTITY AND AMOUNT ARE ACCEPTABLE.
    +IF DOCUMENTS CONTAINING DISCREPANCIES ARE PRESENTED,A FEE OF USD60 SHOULD BE DEDUCTED FROM THE REIMBURSEMENT CLAIM, NOTWITHSTANDING ANY INSTRUCTION TO THE CONTRARY, THIS FEE SHOULD BE CHARGED TO THE BENEFICIARY.
    THIS CREDIT IS SUBJECT TO THE ICC UCP600.
    REIMBURSEMENT MUST BE CLAIMED STATING COMMODITY, PORT OF LOADING AND PORT OF DISCHARGE.
    ANY EXTRA COPY OF ALL DOCUMENTS IS REQUIRED FOR ISSUING BANK'S FILE.
71B : CHARGES : ALL BANKING CHARGES (INCLUDING POSTAGE, ADVISING AND PAYMENT COMMISSION, NEGOTIATION AND REIMBURSEMENT COMMISSION) OUTSIDE

KOREA ARE FOR ACCOUNT OF BENEFICIARY.
48 : PERIOD OF PRESENTATION: DOCUMENTS TO BE PRESETED WITHIN 10 DAYS AFTER SHIPMENT BUT WITHIN THE VALIDITY DATE OF THE CREDIT.
49 : CONFIRMATION INSTRUCTIONS   : WITHOUT
53A : REIMBURSING BANK – BIC   : HVBKUS33
WOORI BANK, NEW YORK
NEW YORK, NY
78 : INSTRUC TO PAY/ACCPT/NEGOT BNK   TO PAY/ACC/NEG/BK:
   THE AMOUNT OF EACH DRAFT MUST BE ENDORSED ON THE REVERSE OF THIS CREDIT
   +ALL DOCUMENTS MUST BE FOR WARDED TO US BY COURIER SERVICE IN ONE LOT. ADDRESSED TO WOORI BANK 203, HOEHYUN DONG 1-GA, CHUNG GU, SEOUL KOREA.
   +BENEFCIARY'S DRAFT SHALL BE NEGOTIATED ON AT SIGHT BASIS AND SHOULD BE FORWARDED TO THE DRAWEE BANK FOR THEIR ACCEPTANCE AND DISCOUNT, TOGETHER WITH YOUR CERTIFICATE OF COMPLIANCE.
   ACCEPTANCE COMM AND DISCOUNT CHGE ARE FOR ACCOUNT OF APPLICANT.

第三章 发票与包装单据

学习目标

了解发票与包装单据的种类及其基本作用;掌握商业发票和装箱单的内容及制作要求,会根据合同、信用证等要求制作商业发票和装箱单。

发票是商品经营者在销售商品、提供服务或劳务的过程中,向购买者开具的收款凭证,通常包括所提供产品或服务的名称、数量和协议价格等内容。国际贸易中使用的发票有商业发票(COMMERCIAL INVOICE)、海关发票(CUSTOMS INVOICE)、形式发票(PROFORMA INVOICE)、领事发票(CONSULAR INVOICE)以及厂商发票(MANUFACTURER'S INVOICE)等,其中最经常被使用的是商业发票。

包装单据则是卖方对货物包装情况的说明,是对发票的补充。包装单据有装箱单、重量单、尺码单、花色搭配单等,其中最经常被使用的是装箱单。

在实际业务中,发票与装箱单常常联系在一起,是国际贸易结算中最主要的单据之一。

第一节 商 业 发 票

一、商业发票的含义

商业发票(COMMERCIAL INVOICE)也称外销发票,在实际业务中,简称为发票(INVOICE)。它是卖方在发货时,向买方开立的发货价目清单,是对所装运货物详细、全面的说明,并凭以向买方收取货款、清算债权债务。

商业发票是全套出口单据的核心,其他所有单据在内容上均要与商业发票保持一致,而且,通过发票还能了解一笔交易的全貌。在整个外贸制单工作程序中,出口商一般也先缮制好商业发票,然后再制作其他单据。

二、商业发票的作用

商业发票载有货物名称、数量、价格、总金额等内容,集中反映了买卖合同的主要项目,在全套出口单据中占有十分重要的地位。其作用主要表现在以下几个方面。

1. 商业发票是卖方履约的证明

商业发票是由卖方签发的,证明将一定数量的货物销售给买方的文件,其内容包括合同编号、货名规格、单价数量以及签发日期等。它能使进口商识别所装货物是否属于某笔订单，是否按照合同规定的内容和要求装运所需货物，是全部交货还是部分交货等，并依据发票核收货物。因此，它基本上体现了合同的精神，是卖方履约的证明。

2. 商业发票是出口商凭以收取货款和进出口双方记账的凭证

对出口商而言，通过商业发票可以了解销售收入，核算盈亏，按不同的支付方式记好外汇账，及时了解收汇情况，并定期向外销业务人员提供逾期欠汇资料，以便积极地对外催收货款。对进口商来说，同样也需根据发票逐笔记账，按时结算货款，履行合同义务。因此，商业发票是出口商凭以收取货款和进出口双方记账的凭证。

3. 商业发票是进出口双方办理报关纳税的重要依据

由于各国海关一般都需要对进出口货物进行估价并计征关税，因此商业发票中载明的价值和有关货物的说明便成为完税的基础。我国企业出口货物，出口商需在装运前向海关进行报关，提交商业发票等作为海关确定税金和放行的依据。国外进口商同样需要在货物到达时向当地海关提供发货人的发票通关，海关凭以核定税金，使进口商得以迅速清关提货。因此，商业发票必须缮制清楚、准确。

4. 商业发票是出口商办理保险等出口手续时提供的单据之一

保险公司办理保险、计算保险金额，往往是以发票中载明的价格为依据的。出口商在办理保险时，除了提交投保单外，还需提供商业发票等其他单据。因此，商业发票是出口商办理保险的依据。

另外，在信用证不需开具汇票时，发票是进口商付款的依据。我国出口商向商检机构办理商检，向银行办理结汇以及向外汇管理局办理核销等，都需要提交商业发票。

三、商业发票的内容与缮制方法

商业发票由各出口企业根据合同或信用证条款的要求自行制作，通常以 A4 规格的纸张打印，目前还没有统一的格式，但基本内容大致包括首文、本文和结文三部分。首文部分主要包括出口商的名称、地址、发票名称、号码、发票抬头人、出票日期及地点、信用证或合同号码、运输路线和方式等。本文部分是发票的主体内容，主要描述商品的全面情况，包括唛头、货物描述、单价和总金额等。结文部分则主要包括合同或信用证要求加注的有关货物产地，使用的包装材料等各种证明或声明文句，以及发票制作人签章等内容(参见样单 3-1)。

样单 3-1　商业发票

NANJING CAIMAO IMPORT & EXPORT CO., LTD.
NO.33 MUXUYUAN STREET, NANJING, CHINA　TEL:025-84288888

COMMERCIAL INVOICE

TO：JAMES AND SONS CO.　　　　　　　　INVOICE NO.：TTTZ00601
　　　NO.304-7 JALAN STREET，TORONTO　　DATE：JUNE 10，2013
　　　CANADA　　　　　　　　　　　　　　　S/C NO.：GD25013
　　　　　　　　　　　　　　　　　　　　　　L/C NO.：00/0510-FC

FROM　　SHANGHAI　TO　　TORONTO　　BY　SEA

MARKS & NO.S	DESCRIPTION OF GOODS	QUANTITY	UNIT PRICE	AMOUNT
				CIF TORONTO
JS TORONTO GD25013 C/NO.1-720	GREAT WALL COLOUR TELEVISION	720 SETS	USD315/SET	USD226800
TOTAL:		720 SETS		USD226800

NANJING CAIMAO IMPORT & EXPORT CO., LTD.

王小二(签字)

商业发票的内容及制作方法如下。

1. 出票人

发票的出票人通常为出口商，信用证项下，为信用证的受益人。按《UCP600》的规定，商业发票必须看似由受益人出具。这就要求发票的出票人应与合同的卖方签约人及信用证对受益人的描述一致。如果信用证已被转让，出票人可以是第二受益人。

出票人的名称及地址应醒目地在发票的正上方表示。地址中有时还包括传真、电话号码等。如果这些传真、电话号码等与信用证中显示的不一致，按《ISBP》的规定，这种情况是允许的。

由于许多出口企业的名称和地址是相对固定的，因此出票人的名称和地址一般都已事先印好。

2. 单据名称

商业发票上应明确标明"INVOICE(发票)"字样。在信用证项下，如果信用证要求了"INVOICE(发票)"，而并未对发票做进一步定义，则提交任何形式的发票都可以被接受，如"COMMERCIAL INVOICE(商业发票)"、"TAX INVOICE(税务发票)"、"DETAILED INVOICE(详细发票)"或"FINAL INVOICE(最终发票)"等。

但是，"PROVISIONAL INVOICE(临时发票)"、"PROFORMA INVOICE(预开发票)"、"宣誓发票(SWORN INVOICE)"或类似的发票是不可接受的，除非信用证另有授权。

当信用证要求提交"COMMERCIAL INVOICE(商业发票)"时，标为"INVOICE"的单据是可以被接受的。

3. 发票抬头

发票抬头(TO：…)即发票的接受方。发票上必须明确显示发票抬头人的名称和地址。通常情况下，发票抬头人即付款人、合同的买方。信用证结算方式下，除非信用证另有其他要求，根据《UCP600》的规定，商业发票的抬头必须做成申请人。

制作发票时，应注意发票抬头的公司名称和地址要分两行打印，名称一般一行打完，不能换行，地址则可合理分行。如信用证有要求，抬头可做成"FOR ACCOUNT OF ×××"、"TO THE ORDER OF ×××"、"TO MESSERS"或"TO MESSERS ×××"等。

4. 发票的基础信息

发票的基础信息包括发票的发票号码、发票签发日期、合同号以及信用证号码等。

1) 发票号码(INVOICE NO.)

为便于查询和管理，发票都应有编号。发票号码一般由出口商按一定规律、一定顺序自行编制。作为全套出口单据的中心单据，发票编号可以代表整套单据的编号。

2) 发票签发日期(INVOICE DATE)

一般来说，发票是全套单据中签发日期最早的单据。在实际操作中，卖方往往是收到信用证(信用证结算方式下)并审核无误后才开立商业发票，所以商业发票的日期一般不早于信用证的开立日期，但也要注意不要晚于提单的出具日期，而且要在信用证规定的议付期之前。但《UCP600》规定：除非信用证另有规定，银行可以接受签发日期早于开证日期的发票。

3) 合同号(CONTRACT NO.)

发票是证明出口商履行合同情况的文件，因此应当注明合同号。但买卖合同并不都是以"CONTRACT"为名称的，有时交易中也有以"S/C(SALES CONFIRMATION)"、"ORDER"、"P.O.(PURCHASE ORDER)"等为合同名称的，这时应适当加注，并填上相应的号码。一笔交易若有多个合同号，应分别列出。

信用证项下，如果信用证并未明确要求，发票上可不必加注合同号。

4) 信用证号码(L/C NO.)

当货款的支付使用信用证方式时，信用证是出具发票的依据，因此信用证项下的发票应注明信用证号码，尤其在信用证有要求时，更是必不可少的。

5. 运输起讫地点及运输方式

发票中应表明货物运输的起讫地点及运输方式，通常以"FROM … TO … BY …"来表示，起运地、目的地必须与合同或信用证规定一致，并且要写明具体的地名，不能使用美国、欧洲等统称，如"FROM SHANGHAI TO OSAKA BY AIR"。

6. 唛头

唛头即运输标志(SHIPPING MARKS)，使用唛头的目的在于能够标识货物所使用的箱、袋等包装物。一个标准的运输标志通常包括收货人或发货人简称、目的港、参考号、件数4个部分的内容。例如：

ABC
OSAKA
AZF05128
NO.1-100

包装货物通常都有唛头，散装或裸装货物则没有唛头。唛头应标注在单据上，若货物没有唛头，单据上应注明"N/M(NO MARKS)"。

信用证项下，如果信用证规定了唛头，受益人应按规定刷制唛头，并在单据上按原样显示，若唛头中含有额外信息，也可以被接受，只要它与信用证条款不矛盾。当信用证规定的唛头中含有"1-UP"字样时，受益人应根据具体的装箱情况，将"UP"改为实际包装的件数。比如，信用证规定的唛头为"ABC/OSAKA/1-UP"，如果货物装了120个纸箱，单据中的唛头应为"ABC/OSAKA/1-120"。

7. 货物描述、商品数量

货物描述(DESCRIPTION OF GOODS)是发票中的主要项目，有时也用"NAME OF COMMODITY"表示。发票中的货物描述必须详细、具体，反映实际装运的货物。货物描述主要包括货物的品名、规格、型号、等级、尺寸、颜色等，这些内容必须与合同或信用证规定的内容完全一致，必要时要按照信用证原样打印，不得随意增减，否则有可能被银行视为不符点。若信用证中的商品名称以英语以外的第三国语言表示，则该栏也应用信用证规定的语言表示；若信用证中的货物描述有错误，制单时应将错就错或用括号注明正确的描述；有时信用证对货物的描述非常简单，此时按信用证打印完毕后，还应按合同要求列明货物的具体内容。

商品数量(QUANTITY)即卖方发运货物的总量。发票必须反映卖方实际装运的货物数量。卖方一般按合同或信用证标明的数量装运货物，并在发票上列明装运数量及计量单位。有时，发票数量可能与信用证规定不一致，按《UCP600》的规定，这种情况是允许的，但卖方应根据《UCP600》对货物数量的有关规定来确定发运货物的数量，不能超额发运或发运数量不足。

以重量计价的商品或信用证有明确要求时，发票上还应注明商品的毛、净重。

8. 单价

单价(UNIT PRICE)是合同中价格条款的一部分。单价由4个部分组成，即计价单位、单位价格金额、货币名称和价格术语，如"USD5 000.00 PER SET CIF YOKOHAMA"就是一个完整的单价条款。价格术语又涉及买卖双方责任的承担、费用的分摊及风险的划分，十分重要，如果贸易术语是信用证中货物描述的一部分或与货物金额联系在一起表示，则发票中必须显示信用证指明的贸易术语。

发票中显示的单价和币种必须与合同或信用证一致。对不同货物应分别标明，并注意计价单位与数量单位的一致性。比如，货物拖鞋，若按"双"计价，如USD1.5/PAIR，数量应为××PAIRS；若按"打"计价，如USD18/DOZ，则数量应为××DOZS。

9. 金额

金额(AMOUNT)是发票上列明的单价与数量的乘积。总金额(TOTAL AMOUNT)即实际发货金额，一般应分别用大写和小写表示，大、小写需一致，且都不得超过信用证规定的金额。

发票金额是进出口地海关核定关税的依据，必须准确计算、认真缮打，对金额和数量的横乘、竖加要反复核对，以确保准确无误。

若信用证规定发票要扣除佣金，即信用证条款里有"5% COMMISSION TO BE DEDUCTED FROM INVOICE VALUE"等规定类似的词语，发票总金额应反映扣佣额，同时计算出扣除佣金后的净值。货款按扣佣后的净值收取。如果信用证中并没有明确规定这样的扣佣条款，但信用证的总金额中已扣除了佣金，为保证单证一致，则发票仍需反映扣佣全过程。

发票扣佣参考示例如下。

QTY	UNIT PRICE	AMOUNT
2000PCS	CIFC5 USD100.00	USD200 000.00
	LESS 5% COMMISSION	USD10 000.00
		CIF USD190 000.00

如果货物有多种不同规格或规格不同、价格不同，一般用列表的方式将同类项集中并列填写。

10．发票上加注的各种文句

由于发票的重要地位和各国法律或习惯的不同，在相当多的合同或信用证中，发票往往被要求加注其他内容或特定号码。比如，有的信用证要求在发票上加注运费、保险费等各种费用金额；有的要求加注货物的原产地文句；有的要求证明发票内容的正确与真实；还有的要求加注进口许可证号；等等。但发票不得表明溢装或信用证未要求的货物，即使注明免费。

例如：当来证要求"THE COMMERCIAL INVOICE MUST CERTIFY THAT THE GOODS ARE OF CHINESE ORIGIN"时，发票上应注明"WE HEREBY CERTIFY THAT THE GOODS ARE OF CHINESE ORIGIN(兹证明货物产于中国)"。

发票上加注的各种文句必须是信用证要求的，如果信用证未做要求，一般不应注明。加注的内容一般打在发票下方的空白处。

11．签署

发票的签署，即要求出口商加盖公章并签字，在信用证项下，发票的签署人应与出票人一致。

如果信用证没有要求，按《UCP600》的规定，商业发票可以不经签署。但若信用证要求"SIGNED COMMERCIAL INVOICE"时，发票就需要签署，而要求"MANUALLY SIGNED INVOICE"时，发票还必须由授权签字人手签。若商业发票上有"WE CERTIFY THAT…"等证明文句时，也必须签署。

12．其他

(1) 发票一般无正副本之分，但若信用证将发票分为正副本时，可在发票上加注"ORIGINAL"使其成为正本，并由出单人签署。若信用证要求一份以上的发票时，出票人提供的发票中必须有一份是正本。

(2) 为防止发票万一发生错误或遗漏时，发货人便于进行更正，常在发票上标注

"E.&O.E.(ERRORS AND OMISSION EXCEPTED 的缩写)"即有错当查字样，但是若发票已经过证实，就不能出现此种字样。

(3) 发票若有更正，应加盖签发人的更正章。

四、信用证发票条款举例

【例1】SIGNED ORIGINAL COMMERCIAL INVOICE IN TRIPLICATE SHOWING A DEDUCTION OF USD500.00 BEING COMMISSION.

该条款要求卖方出具经签署的正本商业发票一式三份，且发票应反映出500美元的佣金扣减。

【例2】MANUALLY SIGNED COMMERCIAL INVOICE IN 4 FOLDS INDICATING ISSUING BANK NAME, L/C NO. AND CONTRACT NO.

该条款要求卖方出具手签的商业发票4份，发票上应注明开证行名称、信用证号码和合同号。

【例3】SIGNED COMMERCIAL INVOICE IN TWO COPIES,SHOWING FOB VALUE AND FREIGHT CHARGES.

该条款要求卖方出具签署的商业发票两份，发票应注明FOB价和运费金额。

【例4】SIGNED COMMERCIAL INVOICE IN QUADRUPLICATE, SHOWING MERCHANDISE TO BE OF CHINESE ORIGIN AND CERTIFIED BY COMPETENT AUTHORITY.

该条款要求卖方出具签署的商业发票4份，表明货物是中国原产，并由有关权威机构在发票上加以证明。

【例5】SIGNED INVOICE IN 3 COPIES, CERTIFYING THAT THE GOODS ARE AS PER INDENT NO.ABC888 DATED DEC.18, 2013.

该条款要求卖方出具签署的发票三份，并在发票上证明该发票项下货物符合2013年12月18日的ABC888号订单要求。

【例6】COMMERCIAL INVOICE IN TRIPLICATE INDICATING THE FOLLOWING:

(1) EACH ITEM HAS BEEN MARKED "MADE IN CHINA";

(2) ONE SET OF NON-NEGOTIABLE SHIPPING DOCUMENTS HAS BEEN AIRMAILED IN ADVANCE TO BUYER.

该条款要求卖方出具商业发票一式三份并注明：

(1) 每件产品均已标上"中国制造"；

(2) 一整套不可转让的运输单据已航空邮寄给买方。

【例7】SIGNED COMMERCIAL INVOICE IN QUADRUPLICATE FOR VALUE NOT EXCEEDING THE PURCHASE ORDER AMOUNT, QUOTING IMPORT UNDER OGL AS

PER EXIM POLICY 2010—2013 AND CERTIFYING THAT THE GOODS ARE AS PER PURCHASE ORDER NO.GRE34956 DATED 25.03.2011 OF THE APPLICANT.

该条款要求卖方出具签署的商业发票一式四份，注明 OGL 是按照 2010—2013 年达成的进出口协议进口，并且证明该货物是根据申请人 2011 年 3 月 25 日第 GRE34956 号的订单出口的。

第二节　其他类型的发票

在外贸业务中，除商业发票之外，还会碰到其他各种不同类型的发票，它们从性质和作用方面与商业发票有所不同，但往往又与商业发票有一定的联系，现介绍如下。

一、海关发票

海关发票(CUSTOMS INVOICE)，是出口商根据进口国海关规定的特定格式填制的，供进口商凭此报关用的一种特殊发票。

要求出具海关发票的国家或地区主要集中在中北美洲、大洋洲和非洲，如加拿大、澳大利亚等。海关发票是某些国家执行差别待遇政策和排挤别国商品进口的一种工具，被看作是自由贸易的某种障碍，目前很多国家(如美国等)已经停止使用。

海关发票的作用主要表现在以下几个方面。

(1) 供进口国海关核定货物的原产国，以便根据国别政策对进口商品决定是否允许进口和采取不同的进口税率。

(2) 供进口国海关掌握进口商品在出口国国内市场的价格情况，以核定商品的成本价值，确定进口商品是否属低价倾销，以便征收反倾销税。

(3) 它是进口国海关对进口货物进行统计、海关估价和征税的依据。

各国的海关发票都由其本国海关制定，格式各有不同，但在内容上都大同小异，除了商品品名、单价、总值等项目与商业发票相同之外，还包括商品的成本价值(COST/VALUE OF GOODS)、生产国家(COUNTRY OF ORIGIN OF GOODS)、外包装的价值、内陆运输费与保险费、海运费用、海运保险费、码头与港口费用等。

海关发票的名称一般有 CUSTOMS INVOICE(海关发票)、COMBINED CERTIFICATE OF VALUE AND OF ORIGIN (价值和原产地联合证明书)、CERTIFIED INVOICE IN ACCORDANCE WITH ××× CUSTOMS REGULATION(根据×××进口国海关法令开具的证实发票)等。

二、形式发票

形式发票(PROFORMA INVOICE，P/I)，也称预开发票，是出口商应进口商的请求出具的，供其向本国贸易或外汇管理等部门申请进口或批准给予支付外汇之用的、非正式的参考性发票。

在贸易和外汇管制比较严格的国家，进口商通常在买卖合同签署之前要求形式发票，以便其贸易或外汇管理当局通过形式发票了解购货成本，从而取得必要的进口许可证，或申请到足够的用汇额度，或凭以申请开立信用证等。

进口国当局批准进口或给予进口商外汇额度时，并不一定按形式发票进行批示，其所列内容是买卖双方就某商品达成的初步意向，是对未来签署正式买卖合同的基本情况的统计，对双方均无最终约束力。因此，形式发票只是一张报价单或意向书，并不是正式的发票，它标注的单价与商业发票是一致的，但所列的数量和金额则可能与商业发票有所不同，也不能用于托收或议付。但当信用证上有"依××形式发票开立商业发票"的条款时，出口商交单时就需附上形式发票，且商业发票上还需注明"AS PER PROFORMA INVOICE NO. ×× DATED ××"。

形式发票的内容与商业发票基本相似，不同之处在于其单据名称上有"PROFORMA (形式)"字样。

在实际业务中，用形式发票控制进口要比使用海关发票的做法更隐晦，因而，在贸易保护主义日渐抬头的国际贸易当中，形式发票成了贸易保护主义者的绝好借口，对它的使用有越来越多的趋势。

三、领事发票

领事发票(CONSULAR INVOICE)是一份官方签署的单据。有些进口国为了了解进口货物的原产地、核定货物有无倾销等情况，规定进口货物必须要领取进口国驻出口国的领事签发的发票，即领事发票，作为征收有关货物进口关税的前提条件。

有些国家制定了固定格式的领事发票，这种领事发票可以直接向进口国在出口国的领事馆领取；有的国家则未规定统一格式，只要由进口国驻出口国的领事在商业发票上认证即可。

领事发票多出现在向贸易及外汇管制比较严格的国家的出口业务中，如向中东、拉丁美洲、非洲等地国家的出口，而且领事发票的使用也有类似于形式发票的贸易保护作用，因此一些欧美国家在进口中也渐渐地加入到使用领事发票这一行列中来。

几乎所有的国家都对领事发票收取一定的费用，作为领事馆的部分经费来源，有些国家是按批次收费，有些国家是依发票金额的一定比例收费。因此，出口商在开展对这些国家的出口贸易时要考虑到认证费用，尤其是对成交金额不大的贸易要注意这一点。

四、厂商发票

厂商发票(MANUFACTURER'S INVOICE)是由出口商品的制造厂商提供的,以其本国货币计算价格的,用以证明出口货物在本国国内市场出厂价格的发票。

国外进口商要求提供厂商发票,主要是为了供进口国海关进行估价之用,以确定该出口商品是否有低价倾销行为,并据此核定税率。但是,并不是所有的进口商都会要求厂商发票。

厂商发票的格式与商业发票基本类似,内容与商业发票主要有如下区别。

(1) 单据名称应为"MANUFACTURER'S INVOICE"。
(2) 单据的抬头应为出口商。
(3) 出票日期不应迟于商业发票。
(4) 以出口国货币计价,且价格适当低于商业发票的 FOB 价。
(5) 没有唛头。
(6) 制造厂商作为出票人,并应有负责人签章。

除上述类型的发票外,有时信用证还会要求如样品发票、收讫发票、签证发票等多种形式和名称的发票,这些情况都非常少见,因此本章不作介绍。

五、加拿大海关发票的内容与缮制要求

按照加拿大海关规定,货值超逾 1 200 加元的进口商品,必须备有加拿大海关发票(CANADA CUSTOMS INVOICE,CCI)或同等发票。

加拿大海关发票由英、法两种文字对照组成(参见样单 3-2),要求各栏均需填写,不能留空,并需手签,否则会影响出口。其内容及填制要求如下。

1. 卖方名址

"卖方名址(VENDOR)"栏填写出口商的名称及地址,包括城市和国家名称。信用证支付条件下填写受益人名址。

2. 直接运往加拿大的日期

"直接运往加拿大的日期(DATE OF DIRECT SHIPMENT TO CANADA)"栏填写货物的实际装运日期,此日期应与提单日期相一致。

3. 其他参考项目

"其他参考项目(OTHER REFERENCES INCLUDE PURCHASER'S ORDER NO.)"栏填写有关合同、订单及商业发票的号码。

样单 3-2　加拿大海关发票

REVENUE CANADA　　　　　　　CANADA CUSTOMS INVOIE

1. Vendor(name and address)	2. Date of direct shipment to Canada		
	3. Other references(include purchaser's order No.)		
4. Consignee(name and address)	5. Purchaser's name and address(if other than consignee)		
	6. Country of transshipment		
	7. Country of origin of goods	If shipment includes goods of different origins enter origins against items in 12	
8. Transportation:gave mode and place of direct shipment to Canada	9. Conditions of sale and terms of payment		
	10. Currency of settlement		
11. No. of pkgs	12. Specification of commodities(kind of packages, marks and numbers, general description and characteristics, i.e. grade, quality)	13. Quantity (state unit)	Selling price
			14. Unit Price　15. Total
18. If any fields 1 to 17 are included on an attached commercial invoice, check this box Commercial invoice No. _____	16. Total weight		17. Invoice total
	Net	Gross	
19. Exporter's name and address(if other than vendor)	20. Originator(name and address)		
21. Departmental ruling(if applicable)	22. If fields 23 to 25 are not applicable, check this box		
23. If included in field 17 indicate amount: (Ⅰ) Transportation charges, expenses and insurance from the place of direct shipment to Canada $_____ (Ⅱ) Costs for construction, erection and assembly incurred after importation into Canada $_____ (Ⅲ) Export Packing $_____	24. If not included in field 17 indicate amount: (Ⅰ) Transportation charges, expenses and insurance to the place of direct shipment to Canada $_____ (Ⅱ) Amount for commissions other than buying commissions $_____ (Ⅲ) Export packing $_____		25. Check(if applicable): (Ⅰ) Royalty payments or subsequent proceeds are paid or payable by the purchaser (Ⅱ) The purchaser has supplied goods or services for use in the production of these goods

4．收货人名址

"收货人名址(CONSIGNEE'S NAME AND ADDRESS)"栏填写货物运交的加拿大的最后收货人的名称和地址。信用证方式下一般为开证申请人。

5．买方名址

"买方名址(PURCHASER'S NAME AND ADDRESS)"栏填写合同买方的名称与地址。若合同买方与第 4 栏的收货人为同一人，则填"THE SAME AS CONSIGNEE"。

6. 转运国

"转运国(COUNTRY OF TRANSSHIPMENT)"栏填写货物在运输途中转船的地点，如在中国香港转船即填"W/T HONGKONG"；若不转船，则填"N/A(NOT APPLICABLE)"。

7. 原产地国别

"原产地国别(COUNTRY OF ORIGIN OF GOODS)"栏填写发票上所列货物的产地国，即"CHINA"。

8. 直接运往加拿大的运输方式及地点

"直接运往加拿大的运输方式及地点(TRANSPORTATION GIVE MODE AND PLACE OF DIRECT SHIMENT TO CANADA)"栏中只要货物未在国外加工，不论是否转船，此栏均填起运地、目的地名称及所用运输工具，如"FROM SHANGHAI TO VANCOVER BY VESSEL"。

9. 贸易条件和支付方式

"贸易条件和支付方式(CONDITION OF SALES AND TERMS OF PAYMENT)"栏填写价格术语和支付方式，如"CFR MONTREAL BY L/C AT SIGHT"。

10. 结算用货币

"结算用货币(CURRENCY OF SETTLEMENT)"栏填写支付货币的名称，应与商业发票使用的计价货币一致。

11. 第11～17栏应填写的内容

第11～17栏应填写的内容包括：件数(NO. OF PACKAGES)、商品描述(SPECIFICATION OF COMMODITIES)、数量(QUANTITY)、单价(UNIT PRICE)、总金额(TOTAL)、总重量(TOTAL WEIGHT)、发票总金额(INVOICE TOTAL)。

上述内容属商品描述部分，均按商业发票的内容如实填写。件数即本批货物的包装总件数，总重量可参照商业发票、提单、包装单、重量单等有关的毛、净重填写。

12. 第18栏应填写的内容

第18栏为"IF ANY OF FIELDS 1 TO 17 ARE INCLUDED ON AN ATTACHED COMMERCIAL INVOICE, CHECK THIS BOX"，即"前述17项内容均已在商业发票中，则标记本栏"，一般均在本栏目下方的方框内打"√"，或做其他标记，并在其后填上商业发票的号码。

13. 出口商名址

"出口商名址(EXPORTER'S NAME AND ADRESS)"栏中若出口商与第1栏的卖方为同一人，则此栏填"THE SAME AS VENDOR"。若不同，则应详细填写。

14. 出口单位负责人名址

"出口单位负责人名址(ORIGINATOR'S, NAME AND ADDRESS)"栏填写出口单位的名称及地址，并由单据的缮制人员或出口单位负责人手签。

15. 主管当局规定

"主管当局规定(DEPARTMENTAL RULING)"栏中内容即加拿大海关对本批货物进口的有关规定，一般填"N/A"。

16. 第22～25栏应填写的内容

从第23栏至25栏，若各项目不适用时，在第22栏中打"√"，否则打"N/A"。

若第23栏的费用已包括在第17栏中，则按实际数额填写，若有一项无法填写时，则打"N/A"。

若第24栏的费用不包括在第17栏中，则按实际数额填写，若某些项目不适用时，则打"N/A"。

第25栏为加工贸易方式专用，若适用，在方格内打"√"；若一般贸易不适用，则填"N/A"。

第三节 包 装 单 据

出口商品在运输过程中，除散装货(PACKED IN BULK)如谷物、煤炭、矿砂等不需包装外，为了避免在搬运、装卸和运输途中发生碰撞、振动或受外界其他影响而受损或改变质量，大多数商品都需要经过适当的包装才能装运出口。这样既便于买方对进口商品的包装情况进行了解，或对货物进行分拨转售，也便于货物到达目的港后，国外海关进行检查和核对，因此卖方需要出具包装单据。

一、包装单据的概念

包装单据(PACKING DOCUMENTS)是记载或描述商品包装情况的单据，是对商业发票内容的重要补充。

由于国际贸易中的货物买卖往往数量较大，花色品种繁多，无法在商业发票上一一列明，而必须使用专门的单据即包装单据对此加以说明，因此包装单据便作为发票的附属单据成为国际贸易中一项非常重要的单据。它是出口商缮制商业发票及其他单据时计量和计价的基础资料,也是进口商清点货物数量、重量以及进行销售的依据,同时还作为海关、公证或商检机构查验货物的参考资料。

二、包装单据的种类

在实际业务中使用的包装单据名称不尽相同,主要有装箱单、规格单、重量单/磅码单、尺码单、中性包装单、包装声明等,这些单据常常合并使用。

1．装箱单

装箱单(PACKING LIST)主要说明所装运货物的包装材料、包装方式、花色规格、毛重净重、包装件数等内容,以便海关检查和进口方验收货物,了解各包装件内的具体内容,方便销售。

对于定量包装,装箱单只需说明总件数、单件的重量和总重量;而对于不定量包装,在缮制装箱单时,要求对每件包装的方式、大小、重量等逐件列出。

2．规格单

规格单(SPECIFICATION LIST)重点说明包装的规格。从内容上来讲,规格单与装箱单基本一致,如"EACH PIECE IN A POLY BAG, ONE DOZEN IN A CARDBOARD BOX AND THEN 20 DOZEN IN A CARTON. (每件装一胶袋,每打装一小盒,每20打装一纸箱)"。

3．重量单/磅码单

一般以重量计价的商品,收货人对商品的重量比较重视,或当商品的重量对其质量能有一定的反映时,一般会要求重量单或磅码单(WEIGHT LIST/ NOTE / MEMO)。

重量单重点说明商品包装的毛重、净重及皮重等方面的内容。

4．尺码单

尺码单(MEASUREMENT LIST)偏重于说明所装运货物的体积,即每件商品的包装尺码以及总尺码。

5．中性包装单

国际贸易中很多是中间商参与的转口贸易,有的中间商为了长期赚取中间差价,在把货物转售给第三者时,为了不泄露货物出口商的名称、地址等商业秘密,一般要求出口商提供中性包装单(NEUTRAL PACKING LIST)。

中性包装单并不表明出单人的名称和地址,没有抬头或抬头显示为"TO WHOM IT MAY CONCERN",也不显示信用证号、发票号等参考号,且不盖章、不签字,只显示货物的名称、包装条件、包装规格、包装重量、数量等。

6. 包装声明

有些商品出口时，需使用木质材料进行包装，而很多国家如新西兰、澳大利亚、美国、加拿大等对进口货物使用的木质包装材料都有严格要求，如要求无虫、无菌，并经过熏蒸处理，否则不准入境。按《国际植物保护公约》的规定，对木质包装进行热处理时，一般要求温度达到 56℃，并持续 30 分钟以上，还建议对有些木质包装采取烘干或化学处理，熏蒸时要采用甲基溴化处理。

凡是向有这类规定的国家出口时，就需要采用包装声明(PACKING DECLARATION)，包装声明有木质包装声明和非木质包装声明两种(其格式及缮制要求见第七章)。

除上述各种包装单据之外，还有包装明细单/说明(PACKING SPECIFICATION)、包装提要(PACKING SUMMARY)、重量证书(WEIGHT CERTIFICATE)、详细装箱单(DETAILED PACKING LIST)、花色搭配单(ASSORTMENT LIST)等。

包装单据记载的内容应与发票、提单等相关单据一致，其名称则根据信用证或合同的要求来制作。

三、装箱单的内容与缮制方法

除非信用证另有要求，否则装箱单可以不注明出具单位和出单日期，也可以没有签字，但一般应当有货物描述，且可以使用统称。作为商业发票的补充单据，为了与商业发票建立联系，装箱单的号码应当与商业发票完全一致，出单日期可以与发票一致，也可略晚于发票，但不能迟于装运日期。

另外，由于进口商把货物转售给第三者时，通常只需转让货物和装箱单，并不愿意泄露其购买成本，因此包装单据一般不应显示货物的单价和总值。

装箱单并无统一固定的格式，各出口企业在制单时可以根据信用证或合同的要求以及货物的特点自行设计(参见样单 3-3)，其内容也应与商业发票保持一致，一般要具备以下几个方面。

1. 单据名称

单据名称一般应与合同或信用证要求一致。

2. 装箱单抬头人

装箱单抬头人(TO...)应与商业发票一致。

第三章 发票与包装单据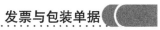

样单 3-3 装箱单

NANJING CAIMAO IMPORT & EXPORT CO.,LTD.
NO.388 MUXUYUAN STREET, NANJING, CHINA　　TEL:025-84288888

PACKING LIST

TO: JAMES AND SONS CO.　　　　　　　　　INVOICE NO.: TTTZ00601
　　NO.304-7 JALAN STREET, TORONTO　　　DATE: JUNE 10, 2013
　　CANADA　　　　　　　　　　　　　　　　S/C NO.: GD25013
　　　　　　　　　　　　　　　　　　　　　　L/C NO.: 00/0510-FC

SHIPPING MARKS
　JS
　TORONTO
　GD25013
　C/NO.1-720

FROM　　SHANGHAI　　TO　　TORONTO　　BY　　SEA

C/NO.	PACKAGES	DESCRIPTION	QUANTITY	GW.	NW.	MEAS.
		GREAT WALL COLOUR TELEVISION				
1-720	720CTNS		720SETS	@35KGS	@33KGS	@0.8×0.5×0.6M
TOTAL: 720 CTNS			720SETS	25200KGS	23760KGS	172.8M3

NANJING CAIMAO IMPORT & EXPORT CO., LTD.

王小二(签字)

3. 发票号码及出具日期

发票号码(INVOICE NO.)按发票填写。出具日期(DATE)可以与发票一致,也可以晚于商业发票的出具日期。

4. 唛头

唛头(SHIPPING MARK)按商业发票填写。

5. 起讫地点及运输方式

起讫点及运输方式(FROM … TO …)按商业发票填写。

6. 包装箱序号

包装箱序号(C/ NO.) 即给货物包装所编的顺序号。如果发票中的货物使用了不同的包装，一般对包装进行编号以区分货物，此时，装箱单上应注明包装箱序号；否则，可以不注明包装箱序号。

7. 货物名称、规格及数量

货物名称、规格及数量(NUMBERS DESCRIPTION OF GOODS，QUANTITIES)按商业发票填写。

8. 包装种类及件数

包装种类及件数(NO.S & KIND OF PACKAGES)应按货物的实际包装情况填写，如30CTNS。若货物为散装或裸装，则应注明"IN BULK"或"IN NUDE"。

9. 毛重

毛重(GROSS WEIGHT)即每件包装的毛重量以及总毛重，应按实际填写。

10. 净重

净重(NET WEIGHT)即每件包装的净重量以及总净重，应按实际填写。

11. 尺寸

尺寸(MEASUREMENT)即每个包装物件的长、宽、高以及总的体积，应按实际填写。

在信用证支付方式下，若信用证有要求，出口商还应根据信用证要求在包装单据上列明信用证号、合同号等内容。

四、信用证中包装单据条款举例

【例1】PACKING LIST IN DUPLICATE ISSUED BY BENEFICIARY INDICATING QUANTITY, GROSS WEIGHT, NET WEIGHT AND MEASUREMENT OF EACH PACKAGE.

该条款要求由信用证受益人开立的装箱单两份，装箱单上应标明货物每件包装的数量、毛重、净重及尺寸。

【例2】PACKING LIST IN FOUR COPIES SHOWING THE TOTAL WEIGHT,TOTAL

NET WEIGHT，NUMBER OF PACKAGES.PACKING LIST TO SHOW CONTAINER-WISE, GRADE-WISE, TOTAL NUMBER OF ROLLS IN EACH CONTAINER NET WEIGHT AND GROSS WEIGHT OF EACH ROLL SHOULD BE MENTIONED AGAINST ITS ROLL NUMBER BIFURCATED GRADE-WISE.

该条款要求装箱单一式四份，注明货物的总重量、总净重以及包装的件数。装箱单还应表明集装箱的种类、每个集装箱内所装不同等级货物的卷数、每种等级货物各卷的净重、毛重。

【例3】MANUALLY SIGNED WEIGHT CERTIFICATE IN FIVE FOLDS.

该条款要求经受益人手签的重量证明5份。

【例4】DETAILED PACKING LIST IN QUADRUPLICATE SHOWING THE CONTENTS AND QUANTITY OF EACH CASE.

该条款要求装箱明细单4份，应表明每个木箱所装货物的名称、数量。

【例5】SIGNED ORIGINAL WEIGHT MEMO IN 3 COPIES ISSUED BY BENEFICIARY SHOWING QUANTITY, GROSS WEIGHT AND NET WEIGHT FOR EACH CARTON.

经受益人开立并签发的正本重量单三份，装箱单上应表明每个纸箱所装货物的数量、毛重及净重。

【例6】PACKING LIST IN TRIPLICATE INDICATING ALL THE GOODS HAVE BEEN PACKED IN CARTON/NEW IRON DRUM SUITABLE FOR LONG DISTANCE OCEAN TRANSPORTATION.

该条款要求装箱单三份，装箱单上应指出所有的货物都已装在适合长距离海运的纸箱或新铁桶里。

思 考 题

1. 根据《跟单信用证统一惯例》的规定，商业发票的金额应注意一个怎样的增减幅度？

2. 当L/C的发票条款中有"FACSIMILE SIGNATURE ARE ACCEPTABLE ONLY ON DUPLICATE OF COMMERCIAL INVOICE"这样的规定时，正本发票的签字有哪些注意事项？

3. 当从松材线虫疫区国家进口的货物不含木质包装时，需要向出入境检验检疫部门出具什么单据？

4. 形式发票一般在什么情况下需要出具？其有无法律效力？可否作为交单议付的依据？

操 作 题

南京的 GUANGYIN IMP & EXP CO.,LTD (5188 ZHONGSHAN EAST ROAD, NANJING, CHINA)与日本 SUMITA TRADING CORP (28/F EMPERIAL BUILDING, OSAKA, JAPAN) 于 2013 年 6 月 20 日签订了一份出口合同，合同号为 GYS130620。

2013 年 7 月 15 日，SANWA BANK，OSAKA BRANCH 依约开来了不可撤销信用证，号码是 SW05199，信用证规定最晚装运日期为 2013 年 8 月 30 日，有效期到 2013 年 9 月 15 日。

信用证部分条款如下。

```
...
: 32B/AMOUNT                    : USD55000.00
: 42D/AVAILABLE WITH            : ANY BANK BY NEGOTIATION
: 42C/DRFTS                     : AT SIGHT FOR 100PCT INVOICE VALUE
: 42A/DRAW ON                   : OURSELVES
: 44A/LOADING ON BOARD/DISPATCH/TAKING IN CHARGE/FROM…:
  ANY PORT IN CHINA
: 44B/FOR TRANSPORTATION TO     : OSAKA ,JAPAN
: 45/DESCRIPTION OF GOODS       : TEETH BRUSH 100000PCS, DETAILS AS PER S/C NO. GYS130620
                                  DATED JUNE 20,2013, USD0.55/PC.
                                  CIF OSAKA, JAPAN
                                  ART NO.TB007 , 50000PCS.
                                  ART NO.TB008 , 50000PCS.
: 46A/DOCUMENTS REQUIRED:
  + MANUALLY SINGED COMMERCIAL INVOICE IN TRIPLICATE.
  + PACKING LIST IN QUADRIPLICATE.
  + FULL SET (3/3) CLEAN ON BOARD OCEAN MARINE BILL OF LADING ,MADE OUT TO ORDER OF SHIPPER,ENDORSED IN BLANK, MARKED FREIGHT AND NOTIFY APPLICANT.
  + INSURANCE POLICY OR CERTIFICATE IN ASSINABLE FORM AND ENDORSED IN BLANK, FOR 110 PERCENT OF INVOICE VALUE WITH CLAIMS PAYABLE AT DESTINATION IN CURRENCY OF DRAFT, COVERING ALL RISKS AND WAR RISKS AS PER CIC DATED 1/1/1981.
  + GSP FORM A IN TWO FOLDS
: ADDITIONAL CONDITIONS:
```

第三章 发票与包装单据

> THE NUMBER AND DTAE OF THE CREDIT AND THE NAME OF OUR BANK MUST BE QUOTED ON ALL DOCUMENTS REQUIRED.
> …
> : PRESENTATION PERIOD：DOCUMENTS TO BE PRESENTED WITHIN 15 DAYS AFTER THE ISSURANCE DATE OF THE SHIPPING DOCUMENTS BUT WITHIN THE VALIDITY OF THE CREDIT.
> …

卖方于 8 月 6 日在上海港装船完毕，取得提单。船名：VICTORY, VOYAGE NO.:V.110。货物装在适合长途海运的纸箱内，每个纸箱装 250 个，每箱毛重 30KGS，净重 28KGS，纸箱尺寸为 20×23.5×50CM。

请根据上述信用证要求及相关资料缮制出口发票及装箱单各一份。

发 票

GUANGYIN IMP & EXP CO., LTD.
5188 ZHONGSHAN EAST ROAD, NANJING, CHINA　　TEL NO.86-025-84287017

装 箱 单

GUANGYIN IMP & EXP CO., LTD.
5188 ZHONGSHAN EAST ROAD, NANJING, CHINA   TEL NO.86-025-84287017

第四章 运输单据

学习目标

了解运输单据的概念、性质和分类,掌握海运提单的种类、作用和使用;熟悉海运、空运出口货物的托运流程;掌握海运出口货物托运单、空运委托书和海运提单的内容及填制要求,会根据合同或信用证要求审核海运提单。

在国际贸易中,货主根据贸易对象所处的地理位置,结合运输方式的特点并考虑到运输成本,在水运、陆运和空运这三种基本运输方式之间进行选择和组合,由此形成了当前国际贸易货物运输的多种运输方式,如海洋运输、航空运输、邮包运输、铁路运输、公路运输、国际多式联运等。在这些运输方式中,货物基本上又都采用集装箱进行装运,以提高货物装卸效率,保护货物。在我国的对外贸易中,货物的运输绝大部分是采用海洋运输方式,其次是航空运输、国际多式联运、铁路和公路运输方式。

承运人根据运输方式的不同出具不同的运输单据。

运输单据也称装运单据,是出口人将货物交付承运人办理装运或装运完毕后由承运人或其代理人向出口人签发的证明文件,用以证明货物已装、已发运或已由承运人接管,是国际贸易中的基本结汇单据之一。

第一节 出口货物运输概述

一、出口货物运输的有关概念

1. 国际货物运输的关系人

国际货物运输的关系人有发货人、收货人、承运人和货运代理等。其中,发货人(SHIPPER)通常为国际贸易中的出口商,即货主,也称托运人;收货人(CONSIGNEE)通常是进口商;承运人(CARRIER)是承接货物运输的人,是国际货物运输的主体;货运代理(FREIGHT FORWARDER)(简称货代)是联系发货人、收货人和承运人的货物运输中介人,发货人一般通过货代向承运人办理货物的运输手续即托运,因此货运代理是承运人与货主之间的桥梁与纽带。

2. 出口货物托运

出口货物托运是指出口商通过有权受理对外货物运输业务的单位,办理出口货物的海、陆、空等运输事宜，是国际货物运输的第一个步骤，也是整个国际货运中关键的一步。不同的运输方式所对应的货物托运的流程及内容也不同。

3. 托运单

托运单(BOOKING NOTE)是托运人根据买卖合同和信用证的有关内容向承运人或其代理人办理货物运输的书面凭证。托运单经承运人或其代理人确认后，承运人和托运人之间的运输合同关系即告建立。托运单虽然不是出口结汇的单据，但由于它是日后制作运输单据的主要资料，若缮制错漏就会影响运输单据的正确缮制和快速流转，从而影响安全收汇，因此必须准确缮制。

二、运输单据的概念和性质

运输单据(TRANSPORT DOCUMENTS)是承运人收到承载货物后签发的，表明货物已经装上运输工具或已将货物发运或收妥货物待运的证明文件，是承运人与托运人之间的运输契约的证明。

运输单据根据其性质的不同可以分为两类：一类是具有物权凭证性质的单据，如海运提单、国际多式联运提单等，它既是承运人收到承运货物的收据，又是代表所承运货物的物权凭证，可以进行转让；另一类是不具有物权凭证性质的单据，如航空运单、铁路运单、邮包收据等，它仅仅是运输公司证明已按运输合同承运了货物的收据。

三、运输单据的种类

根据不同的运输方式，承运人出具不同的运输单据。比如，海运方式出具海运提单、不可转让海运单、租船提单等，航空运输方式出具航空运单，陆上运输方式出具公路铁路运输单据，内河运输方式出具内河运输单据，多种运输结合使用时则出具多式联运单据等。

《UCP600》涉及的运输单据有：提单、多式或联合运输单据、不可转让海运单、航空运单、铁路运单和公路运单、快递收据等。

1. 提单

提单(BILL OF LADING，简称B/L)，是由承运人、船长或其代理人签发的，证明收到特定的货物，并将货物从规定的装货港发运至规定的目的港的单据。提单是物权凭证，买方凭提单提取货物。

提单是承运人、船长或其代理人单方面签发的，所以它不是运输合同，仅仅是运输合同的证明，提单可以作为承运人收取运费的证明，也是货主向船公司或保险公司索赔的重要依据。

提单的种类很多，主要有以下几类。

1) 根据货物是否装船分类

根据货物是否装船，提单分为已装船提单和备运提单。

(1) 已装船提单(ON BOARD B/L)是指船公司将货物装在具名船舶后签发的提单。提单上一般载明装运日期，并有承运人或船长或其代理的签名。进口商为了确保在目的地按时接货，往往都明确要求出口商提供已装船提单。

(2) 备运提单(RECEIVED FOR SHIPMENT B/L)又称收妥待运提单，是指承运人在收到托运货物等待装船期间，向托运人签发的提单。提单上通常载有"INTENDED VESSEL"或类似的关于船名的限定语。由于备运提单没有肯定的装船日期，一般也不注明船名，无法估计货物到目的港的日期，因此进口商一般不愿接受。备运提单在货物装船后，如果加注了已装船批注，明确发运日期和实际船名，就变成"已装船提单"而被银行或买方接受。

2) 根据提单表面有无不良批注分类

根据提单表面有无不良批注，提单分为清洁提单和不清洁提单。

(1) 清洁提单(CLEAN B/L)是指货物交运时表面状况良好，承运人在签发提单时未加任何货物或包装有缺陷的条款或批注的提单。"CLEAN(清洁)"一词并不需要在提单上出现，即使合同或信用证要求了"清洁"提单。在正常情况下，向银行办理结汇时，应提交清洁提单。

(2) 不清洁提单(UNCLEAN B/L)是指承运人在提单上加注货物及包装状况不良或有缺陷等批语的提单。在正常情况下，银行将拒绝以不清洁提单办理结汇。实践中，经常会出现这种情况：承运人欲对表面状况不良的装运货物签发不清洁提单，由于银行不接受不清洁提单，托运人往往向承运人出具保函，让承运人签发清洁提单，并保证赔偿承运人因签发清洁提单而遭受的损失，以此来换取清洁提单，顺利结汇。

3) 根据提单抬头的不同分类

根据抬头的不同，提单分为记名提单、不记名提单和指示提单。提单的抬头即提单的收货人，收货人填写的不同，决定了提单的类别。

(1) 记名提单(STRAIGHT B/L)亦称收货人抬头提单，即在提单"收货人"一栏内具体写上特定的收货人名称的提单。这种提单只能由提单上记载的收货人提货，不能转让。记名提单可以避免因转让而带来的风险，但也失去了其代表货物可转让流通的便利。进口商通常不接受记名提单。

(2) 不记名提单(BEARER B/L 或 OPEN B/L)，即在提单"收货人"一栏内注明"THE BEARER (持票人)"或不填写任何内容(空白)的提单。这种提单不需背书即可任意流通转让，且谁拥有提单，谁就可以提货。在实务中，这种提单风险较大，应避免使用。

(3) 指示提单(ORDER B/L)，即在提单的"收货人"一栏注明"TO ORDER(凭指示)"或"TO ORDER OF …(凭×××人指示)"的提单。这种提单通过记名背书或空白背书而转让流通。在实务中，指示提单被广泛使用。

4) 根据货物在运输过程中是否转船分类

根据货物在运输过程中是否转船，提单分为直达提单和联运提单。

(1) 直达(直运)提单(DIRECT B/L)是指货物自装运港装船后，由同一船舶直接运达目的港，中途不经换船而签发的提单。提单上不得有"转船"、"在××港转船"字样。

(2) 联运(转运)提单(THROUGH B/L)是指经海运和其他运输方式联合运输(如海—海、海—陆、海—空、海—河)货物时所签发的提单。

联运提单由第一程承运人或其代理签发，包括全程运输，但提单签发人仅对第一程运输担责。

以"海—海"联运方式运输货物时所签发的提单称为转船(转运)提单(TRANSSHIPMENT B/L)，提单上通常列明一程船和二程船，"Port of Discharge"后注明"Via ××"。按《UCP600》的规定，转船是指在合同或信用证规定的装货港到卸货港之间的运输过程中，将货物从一船卸下并再装上另一船的行为。

在信用证项下，提单可以表明货物将要或可能被转运(THE GOODS WILL OR MAY BE TRANSSHIPPED)，只要全程运输由同一提单涵盖。即使信用证禁止转运，注明将要或可能发生转运的提单仍可被接受，只要提单表明货物由集装箱、拖车或子船运输。

5) 根据提单有无背面条款分类

根据提单有无背面条款，分为全式提单和略式提单。

(1) 全式(繁式)提单(LONG FORM B/L)是指既有正面内容，又有背面条款的提单。提单的背面条款通常是记载承运人和托运人权利与义务的条款，它由承运人单方面制定，非常烦琐，所以载有背面条款的提单又有繁式提单之称。这是一种在实际业务中应用较广的提单形式，但是，信用证项下，银行并不审核提单的背面条款。

(2) 略式(简式)提单(SHORT FORM B/L)是指仅保留提单正面的必要项目，而略去提单背面全部条款的提单。这种提单一般都列有"本提单货物的收妥、保管、运输和运费等事项，均按本公司全式提单内所印的条款为准"的字样。此外，租船合同项下所签发的提单通常也是简式提单。

6) 根据船舶运营方式的不同分类

根据船舶运营方式的不同，分为班轮提单、租船提单和无船承运人提单

(1) 班轮提单(LINER B/L)是指在班轮运输中，由班轮公司或其代理人所签发的提单。班轮提单必须注明承运人的名称。

(2) 租船提单(CHARTER PARTY B/L)是指船长、船东、租船人或其代理人根据租船合同签发并受租船合同约束的提单。

这种提单受租船合同条款的约束，故在使用该提单时，往往要提供租船合同副本。但

在信用证项下，银行并不审核租船合同，即使信用证要求提交租船合同。

(3) 无船承运人提单(NVOCC B/L)是指由无船承运人或其代理所签发的提单。无船承运人提单必须注明承运人的无船承运人身份，即必须注明"NVOCC"字样。

无船承运人是指本身并不拥有、也不经营船舶，不进行货物运输活动，但却以承运人身份签订运输合同，从事国际货物运输业务并从中收取运费的人。

7) 根据提单的表现形式不同分类

根据提单的表现形式不同，分为纸质提单和电子提单。通常情况下，船公司都签发纸质提单，并凭纸质的正本提单放货，收货人提货，需出示正本的纸质提单，提单持有人转让货物，需通过背书来实现。

随着电子商务的发展，一些航运公司开始使用 EDI 系统，通过特定的计算机程序对海运途中的货物支配权进行转让，这种特定的计算机程序即为电子提单。电子提单可以快速、准确地实现货权的转移，防止冒领和误交，尤其方便近洋运输的货物提取。但是，电子提单还在起步阶段，它在全球的普及还有很多问题需要解决。

电子提单与提单的"电放"不同，电放即电报放货，是指正本提单未到收货人手中，或根据托运人要求，承运人在装港收回正本提单，或不签发正本提单，而以电传、传真形式通知卸港代理将货交给收货人的一种特殊放货方式。

8) 特殊提单

特殊提单一般是指不按照法律法规或贸易惯例的有关规定而出具的提单。在实际业务中，特殊提单对卖方收款都有一定影响，主要有以下几种。

(1) 过期提单(STALE B/L)是指错过规定的交单日期的提单，或迟于规定的装运日期而签发的提单。前者是指出口商在取得提单后未能及时向银行交付的提单。在信用证支付方式下，出口商应在信用证规定的期限内将提单等交银行，如果信用证没有规定特定的交单期，按《UCP600》的规定，出口商应在提单签发日期以后 21 天内向银行交单，并不得晚于信用证的有效期，超过这一期限，提单将过期，过期提单银行通常会拒绝接受。

(2) 倒签提单(ANTI DATE B/L)是指超过规定的装运期以后货物才装船，为使提单不过期，托运人要求承运人或其代理按规定装运期倒填正常日期的已装船提单。

(3) 预借提单(ADVANCED B/L)是指在货物尚未装船或者尚未全部装船的情况下，托运人要求承运人或其代理签发已装船提单。

预借提单和倒签提单都侵犯了收货人的合法权益，如被发现，承运人、托运人均需承担相应责任，在实际业务中应杜绝使用。

(4) 舱面货提单(ON DECK B/L)是指货物装载于船舶的露天甲板上，并在提单上记载"ON DECK"字样的提单，也称甲板货提单。装载于甲板上的货物，遇到的风险可能比舱内货的风险大，因此舱面货提单通常不被买方所接受。

按照《UCP600》的规定，运输单据不得表明货物装于或者将要装于舱面(THE

GOODS ARE OR WILL BE LOADED ON DECK)。但是，声明货物可能(MAY BE)被装于舱面的运输单据条款可以接受。

2. 多式或联合运输单据

多式或联合运输单据(MULTIMODAL OR COMBINED TRANSPORT DOCUMENT)是多式联运经营人或其代理签发的，表明货物已经在规定地点由多式联运经营人发送、接管或已装运，并送至指定目的地交付的，涵盖至少两种不同运输方式的运输单据。

多式联运经营人对全程运输负责。使用多式或联合运输单据时，货物可以被转运，但要求全程运输必须由同一运输单据涵盖。多式或联合运输单据在做成指示或记名式抬头时，可作为物权凭证，其性质、特点、作用及内容与提单基本类似。

多式或联合运输单据与联运提单(THROUGH B/L)不同，联运提单是船公司或其代理对货物经由海运与其他运输方式联合运输时签发的，仅对第一程运输承担责任的提单，如在海—海、海—陆、海—空、海—铁等运输时使用。

3. 不可转让海运单

不可转让海运单(NON NEGOTIABLE SEA WAYBILL)是证明运输合同和货物由承运人接管或装船，并按规定将货物交付载明收货人的一种货物收据。不可转让海运单的收货人不凭海运单提货，而是凭到货通知提货，因此海运单不是物权凭证，不可转让。

不可转让的海运单是承运人为避免货物到达目的地后，收货人提货发生延误而采用的，有加快货物流转速度的功效，比较适合在近洋运输中使用。

4. 航空运单

航空运单(AIRWAY BILL，简称 AWB)是航空运输公司或其代理人(承运人)签发给托运人的，表示已收妥货物并接受托运的货物收据。它是承运人与托运人之间的运输合同的证明。

航空运单表明的只是承运人收到货物，而不是已装上飞机，它不同于提单，不能凭以提取货物，也不能背书转让(运单上印有"NOT NEGOTIABLE"字样)，收货人凭航空公司的到货通知及有关证明提取货物，因此航空运单不是物权凭证。

另外，航空运单还可作为核收运费的依据和海关查验放行的基本单据。

5. 铁路运单和公路运单

铁路运单(RAIL WAY BILL)和公路运单(ROAD WAY BILL)是以铁路和公路作为运输方式时所签发的运输单据。在我国对外贸易中，主要应用于与我国有公路或铁路相通的国家或地区之间。

我国对港澳地区出口采用铁路运输时，一般使用中国外贸运输公司签发的承运货物收据(CARGO RECEIPT)，该收据第一联为正本，其性质作用与海运提单相似。对其他国家或地区的铁路运输，使用国际货协运单，该运单一式两份，正本随货同行，副本作为议付凭证，故不属于物权证书。

我国内地与邻国朝鲜、缅甸、尼泊尔等国家以及与香港地区的贸易，可以使用公路运输。公路运输方式下卡车收据的性质与作用基本同铁路货协运单类似。

6．快递收据

快递收据(COURIER RECEIPT)是由快邮公司核实所寄货物重量并收费后签发给寄件人的收据。快递收据签发后，一份随所寄物品一并发往目的地递送收货人，另一份交寄单人向银行办理议付。因此，快递收据不是物权凭证，不能凭以提货。

快递收据的内容一般比较简单，主要列明快邮公司、寄件人及收件人的名称和详细地址、寄送物品的名称及价值、印戳日期等。邮政快递是一种简便快捷的货运方式，但是受邮包尺寸(重量不超过20kg，长不超过1m)的限制，一般只适用于寄送小件物品和单据。

由于我国对外贸易货物的运输中，海洋运输方式所占比重最大，所以在实务中，也以海洋运输单据尤其是海运提单的使用最为多见。

四、集装箱货物的交接方式

集装箱货有整箱货和拼箱货之分。

当货主的出口货物较多时，一个货主的货就可装满若干个集装箱，这种货称为整箱货，即 FULL CONTAINER LOAD(FCL)。整箱货是在海关监督下由货主在自己仓库或工厂自行将货物装箱并加铅封，然后运交承运人，一般都送到集装箱堆场(CONTAINER YARD，CY)，即集装箱重箱或空箱进行交接、保管和堆存的场所。

当货主的货量较少，装不满一个集装箱时，承运人或其代理人即根据货物的流向、性质和重量将分属于不同货主的货物拼装在一个集装箱内发运，这种货称为拼箱货，即 LESS THAN CONTAINER LOAD(LCL)。拼箱货是在集装箱货物集散站(CONTAINER FREIGHT STATION，CFS)进行拼装的。

集装箱运输中，整箱货和拼箱货在船货双方之间的交接方式有以下几种。

(1) 门到门(DOOR TO DOOR)：由托运人负责装载的集装箱，在其货仓或工厂仓库交承运人验收后，承运人即负责全程运输，直到收货人的货仓或工厂仓库交箱为止。这种全程连线运输称为"门到门"运输。

(2) 门到场(DOOR TO CY)：由发货人货仓或工厂仓库至目的地或卸箱港的集装箱装卸区堆场。

(3) 门到站(DOOR TO CFS)：由发货人货仓或工厂仓库至目的地或卸箱港的集装箱货运站。

(4) 场到门(CY TO DOOR)：由起运地或装箱港的集装箱装卸区堆场至收货人的货仓或工厂仓库。

(5) 场到场 (CY TO CY)：由起运地或装箱港的集装箱装卸区堆场至目的地或卸箱港的集装箱装卸区堆场。

(6) 场到站(CY TO CFS)：由起运地或装箱港的集装箱装卸区堆场至目的地或卸箱港的集装箱货运站。

(7) 站到门(CFS TO DOOR)：由起运地或装箱港的集装箱货运站至收货人的货仓或工厂仓库。

(8) 站到场(CFS TO CY)：由起运地或装箱港的集装箱货运站至目的地或卸箱港的集装箱装卸区堆场。

(9) 站到站(CFS TO CFS)：由起运地或装箱港的集装箱货运站至目的地或卸箱港的集装箱货运站。

第二节　海运出口货物托运与单据

一、海运出口货物托运单及其流程

为了提高工作效率，减少重复劳动和差错，我国一些口岸将进出口货物在办理运输手续过程中所使用的装货单(SHIPPING ORDER，S/O，俗称"下货纸")、收货单(MATES RECEIPT，大副收据)、场站收据(DOCK RECEIPT，D/R)、运费通知等单据合而为一，变成一种多达十联的多功能单据，这种单据就是海运出口货物托运单(BOOKING NOTE)，也称十联单。它们将货主、船方、港口和货代等各个关系人联系在一起，保证了进出口货物的安全交接。

海运出口货物托运单有集装箱货物托运单和散货运输托运单两类，各船公司的托运单基本包括以下各联。

(1) 货主留底联。
(2) 船代留底联。
(3) 货代留底联。
(4) 装货单(场站收据副本，附缴纳港务费申请书)。
(5) 收货单(场站收据副本，大副联)。
(6) 场站收据。
(7) 运费通知(1)。
(8) 运费通知(2)。
(9) 配舱回单(1)。

(10) 配舱回单(2)。

(11) 货主机动使用联(2 份)。

托运程序主要包括以下各个环节。

(1) 海运出口货物的托运人一般应在装运期前 10 天左右，按合同、信用证、发票以及装箱单的有关内容及要求，缮制好海运出口货物托运单，送交承运人或其代理办理租船订舱手续。有时，托运人为了方便操作，也使用其公司内部的"出口货物明细单"，传真给货代作为代为订舱的依据。

(2) 船公司收到托运单后，即结合船期，安排船只和舱位，然后据以签发装货单，交给货方作为通知装运的凭证。

(3) 托运人收到配好船名及舱位的装货单后，即持整套报关单据向海关申报出口。

(4) 海关查验货物后，在装货单上加盖放行章退还托运人。

(5) 托运人缴纳港杂费后，即将装货单交船公司要求将货装上船。

(6) 货装船后，船公司即根据货物情况签发收货单和场站收据，托运人凭此到船公司换取正本已装船提单。

二、海运出口货物托运单的内容及缮制方法

海运出口货物托运单由各船公司自行设计，其格式各有不同，但从内容上来讲，各船公司的托运单基本一致，只是集装箱货物托运单的内容更多一些(参见样单 4-1)。

海运出口货物托运单的内容及缮制要求如下。

1. 托运单号码

托运单号码(BOOKING NOTE NO.)由船公司编写，该号码即为以后提单的号码。当在托运单上填好提单号码和船名之后，承运人、托运人之间的法律关系即被确定。

2. 托运人

"SHIPPER 或 CONSIGNOR(托运人)"是指委托运输的人，在贸易活动中一般指合同的卖方。一般情况下，填写出口公司的名称和地址。

3. 收货人

"CONSIGNEE(收货人)"栏按合同或信用证对提单收货人的规定来填写。在托收方式下，收货人一般填"TO ORDER"或空白不填；在信用证支付方式下，收货人应严格按信用证规定填写。

样单 4-1 集装箱货物托运单

Shipper(发货人)	集装箱货物托运单 船代留底 第二联				
Consignee(收货人)					
Notify Party(被通知人)					
Pre-Carriage By(前程运输)　　Place of Receipt(收货地点)					
Ocean Vessel(船名) VOY. No.(航次)　Port of Loading(装货港)					
Port of Discharge(卸货港)　　Place of Delivery(交货地点)	Final Destination for the Merchant's Reference(目的地)				
Container No. (集装箱号)	Seal No. (封志号); Marks &No.s(唛头)	No.s of Containers or Packages(箱数或件数)	Kind of packages Description of Goods (包装种类与货名)	Gross Weight [毛重(kg)]	Measurement [尺码(m^3)]
Total Number of Containers or Packages(In Words) 集装箱数或件数合计(大写)					
Freight &Charges (运费与附加费)	Revenue Tons (运费吨)	Rate(运费率)	Per(每)	Prepaid (运费预付)	Collect (运费到付)
Ex. Rate(兑换率)	Prepaid at(预付地点)		Payable at(到付地点)	Place and Date of Issue (签发地点及日期)	
	Total Prepaid(预付总额)		No.s of Original B(s)/L(正本提单份数)		
Service Type on Receiving □-CY □-CFS □-DOOR	Service Type on Delivery □-CY □-CFS □-DOOR		Reefer-Temperature Required (冷藏温度)	°F	℃
TYPE OF GOODS (种类)	□Ordinary 普通　□ Reefer 冷藏　□dangerous 危险品　□ Auto 裸装车辆 □Liquid 液体　□ Live Animal 活动物　□Bulk 散货　□				危险品	Class: Property: IMDG Code Page: UN No.

可否转船:	可否分批:
装运期:	有效期:
金额:	
制单日期:	

在信用证条款中，收货人一般用"MADE OUT…"、"CONSIGNED …"、"CONSIGNEE IN NAME OF …"、"ISSUED TO …"等来表示。如信用证规定提单"MADE OUT TO ORDER"，则收货人栏填"TO ORDER"；如规定"ISSUED TO SHIPPER'S ORDER"，则收货人栏应填"TO SHIPPER'S ORDER"。

收货人的填法有以下三种。

(1) 不记名收货人，即在本栏留空不填或仅填入"TO BEARER(给持有者)"。这种提单谁持有谁就可以提货，转让时也不必背书，因而风险较大，故这种收货人的填法目前几乎不使用。

(2) 记名收货人，即在"收货人"栏内填写具体的公司名称及地址，一般情况下收货人就是合同的买方，如信用证提单条款为："…B/L CONSIGNED TO ×× COMPANY…"，则此栏填写"×× COMPANY"。

记名收货人的提单一般在运输昂贵商品时才使用。在有些国家，收货人可以不需提供正本提单，只凭"到货通知"上的背书即可提货，这使银行垫款面临风险，故银行一般也不愿接受此种提单。这种收货人的填法使用也较少。

(3) 指示收货人，分为不记名指示(TO ORDER)和记名指示(TO ORDER OF …)。

不记名指示又称空白指示、空白抬头，收货人栏内填写"TO ORDER"，信用证条款为"… B/L MADE OUT TO ORDER …"。

记名指示即凭××指示收货，收货人栏内填"TO ORDER OF ××"或"TO ×× ORDER"，信用证条款为"…B/L MADE OUT TO ORDER OF ××…"或"… B/L ISSUED TO ×× ORDER…"。在国际贸易中，通常有凭托运人指示(TO ORDER OF SHIPPER)、凭开证申请人指示(TO THE APPLICANT ORDER)或凭某银行指示(TO ORDER OF ×× BANK)等情况。

应注意，若信用证规定提单的收货人为"TO THE APPLICANT ORDER"，填写时，应将"APPLICANT"转化为开证申请人的具体名称。

指示收货人掩饰了具体收货人的名称和地址，使单据可以转让。在不记名指示(空白指示、空白抬头)情况下，单据的持有人可以自由转让单据。在记名指示情况下，记名人有权控制和转让单据。

4．被通知人

"NOTIFY PARTY(被通知人)"是船公司在货物到达目的港时发送到货通知的收件人，其职责是及时地接受船方发出的到货通知并将该通知转告真实的收货人，故要求填写详细名称和地址。被通知人由买方或其代理人确定，其无权提货。

在信用证项下，此栏按信用证规定填写。若信用证未规定通知人，此栏可以不填，但要在副本提单中填上买方或开证申请人的名称和详细地址，否则在收货人为指示抬头时船公司就无法与收货人联系，收货人也不能及时报关提货，甚至会因超过海关规定的申报时间而被没收。

在托收项下,一般合同不规定收货人和被通知人。这时可以有两种填写方法。

(1) 空白收货人栏目,被通知人栏填写买方名称与地址。

(2) 收货人栏中空白抬头,被通知人栏填写买方的名称与地址。

若收货人与被通知人一致,此栏也可以填写"SAME AS CONSIGNEE"。

5. 船名

"VESSEL(船名)"栏由船方或其代理人填写,填写将运载货物的船舶名称。当船公司或其代理人将填有船名的托运单退还出口企业时,证明配船工作已经完成。

6. 装运港、目的港

"PORT OF LODING(装运港)"即船公司收货的港口,目的港(PORT OF DESTINATION/ DISCHARGE)即货物最终送达的港口,一般按合同或信用证的规定填写,注意不能用国名或地名代替,若遇重名港口,应加注国名或地名。

7. 标记及号码、集装箱号码、封志号

"MARKS &NUMBERS(标记及号码)"即唛头。一般而言,买卖合同或是信用证规定了唛头,则按规定填写;若无唛头,则应注明"N/M"。注意此栏应与发票一致。

SEAL NO.(封志号)是海关对货物查验后所加施的封条号。采用集装箱运输时,应填集装箱号码(CONTAINER NO.)和封志号。

8. 包装种类与件数

包装货物应注明包装数量和单位,如 100CARTONS、300CASES 等。散装货物应填"IN BULK",数量无须大写。裸装货物应注明件数,如一台机器或一辆汽车应填"1 UNIT",100 头猪则应填"100 HEADS",并注明大写数量。集装箱和托盘装运应注明集装箱或托盘的数量。

"NUMBERS AND KIND OF PACKAGES(包装种类与件数)"栏填货物最大包装的名称及件数。比如,出口 20 万码漂白布,分别用粗坯布捆成 200 捆,此栏应填写"200 捆"而不是"20 万码"。如果出口货物有若干种,包装方式和材料完全不同,则应先填写每种货物的最大包装件数。比如,5 个托盘,10 个集装袋,30 个捆包布匹,然后合计总件数:45 件。

9. 货物说明

"DESCRIPTION OF GOODS(货物说明)"栏只须填写货物的大类名称或统称,但不能与发票或其他单据的货物描述有冲突。比如,出口各种规格及颜色的布料,无须逐一列出布料的成分、规格及色彩,而只写"布料"。

但是，如果同时出口布料和拖鞋，则应分别填写"布料"和"拖鞋"，而不允许只填写其中一种数量较多或金额较大的商品。

10．毛重和尺码

"GROSS WEIGHT(毛重)和 MEASUREMENT(尺码)"栏按货物的实际毛重和体积填写，应与发票、箱单一致。

若一次装运的货物有几种不同的包装材料或者是完全不同的货物，则应分别填写毛重，然后合计。尺码不仅包括各件货物尺码之和，还应包括件与件之间堆放时的合理空隙所占的体积，因此总尺码都大于货物的尺码数。

本栏要求重量用千克，尺码用立方米来表示。

11．运费

"FREIGHT(运费)"栏由船公司或其代理在计算运费之后填写应收运费总额。

12．运费缴付方式及地点

若信用证或合同要求提单上必须注明"FREIGHT PREPAIED(运费预付)"、或"FREIGHT PAIED(运费已付)"、或"FREIGHT COLLECT(运费到付)"，则应根据信用证或买卖合同要求填写，CIF、CFR 术语填运费预付或已付，FOB 术语填运费到付。运费支付地点不填。

13．要求签发的提单正本份数

按信用证或合同规定填写。若信用证要求"FULL SET OF BILL OF LADING"即全套提单时，按照《UCP600》的规定，正本提单为一份时也为全套。

14．要求签发的提单日期和地点

托运单上一般提出提单签发的日期和签发地点，以满足合同或信用证对提单的要求。提单签发的地点原则上应是装运港所在地。提单签发的日期表示货物实际装运的时间或已经接受船方、船代理等有关方面监管的时间，应不迟于信用证或合同规定的最迟装运日期。

15．可否转船与可否分批

出口货物能否分批装运，在运输过程中能否转船，进口商都会在合同中予以说明，因此，本栏内容应严格按照合同或信用证条款填写，填写的内容限在"允许"、"不允许"两者中取一。如果合同或信用证有特殊规定，或对分批或转船有进一步说明，则将这些说明在托运单空白处另外注明。

16. 装运期、有效期

在信用证支付方式下，出口商应及时装运货物，并在运输单据日期之后的合理时间之内以及信用证有效期之前向银行交单，托运单上同时出现装运期和有效期是为引起各环节经办人员的高度重视和严格执行。因此，本栏应严格按信用证规定的最迟装运期和有效期填写。

装运期也可以空白不填，此时有效期也应相应空白。空白的原因主要是托运时间距离装运期限、信用证期满日很长。如果填写了，船方可能认为可以不需立即安排装运，从而使托运人原订及早装运的目的落空。

17. 制单日期

制单日期按实际开立托运单的日期填写，也可填写发票的开立日期，或早于发票日期。

18. 签字

在托运单的右下角由经办人签字，出口企业盖章，以表明委托人的身份。

19. 特殊要求

特殊要求即对船方或其代理人在装运过程中的特别要求，如"不能倒置"等配货要求，及要求"立即安排装运"等，或注明信用证对装运的有关要求。

在实际业务中，以上填制要求，第 14～18 项的内容大都用中文填写，这样不仅可以引人注意，也可以避免语言障碍造成的延误和损失。

20. 货物的交接方式及货物种类

采用集装箱运输时，集装箱货物托运单通常有"SERVICE TYPE ON RECEIVING-DELIVERY(货物的交接方式)"、"TYPE OF GOODS(货物种类)"的内容。此时根据实际情况，在单据相应的方框内做出标记进行选择。

三、海运提单的内容及缮制方法

货物装上船以后，船公司即根据托运单缮打提单交托运人确认，托运人审核无误后，船公司即进行签发。

提单的内容可分为固定部分和可变部分。固定部分包括承运人的名称及海运提单背面的运输契约，这一部分一般不做更改。可变部分是指海运提单正面的内容，这些内容根据运输的货物、运输时间、最终目的地、托运人以及收货人的不同而变化。

提单上可以不表明运输契约条款，但是，《UCP600》规定，除租船合同提单之外，提单上必须指明承运人名称。

海运提单与托运单一样，也由各船公司自行设计，其格式也各有不同，但内容上基本一致(参见样单 4-2)。其内容及缮制方法如下。

1．托运人

"SHIPPER(托运人)"栏按托运单填写。在信用证支付方式下，一般填信用证中的受益人姓名和地址，如果信用证受益人并未规定地址，也可以不加注地址；在托收方式下，一般填托收的委托人。

2．收货人

"CONSIGNEE(收货人)"栏按托运单内容填写。它决定了海运提单的性质和货权的归属。

记名收货人的提单，托运人不能进行转让，空白抬头的提单需由托运人在提单背面进行背书才可以转让。记名指示的提单，凭谁指示收货，就由谁在提单背面进行背书转让。

3．被通知人

"NOTIFY PARTY(被通知人)"栏按托运单的内容填写。

4．前程运输、远洋船名及航次

如果货物需要转运，在前程运输(PRE-CARRIAGE BY)栏填写第一程船的船名；在"OCEAN VESSEL VOY.NO.(远洋船名及航次)"栏填写第二程船的船名。

如果货物不需转运，"PRE-CARRIAGE BY(前程运输)"栏空白不填，"OCEAN VESSEL VOY.NO.(远洋船名及航次)"栏填写承运船只的船名。

5．收货地点、装运港、目的港及交货地点

"PLACE OF RECEIPT(收货地点)"为船公司收取货物的地点，卸货港即货物卸离海轮的港口，"PLACE OF DELIVERY(交货地点)"为船公司向买方交付货物的地点。

一般情况下，尤其是港至港运输时，船公司收货地点即 PORT OF LOADING(装运港)，交货地点即 PORT OF DISCHARGE(目的港)，此时，"PLACE OF RECEIPT"栏和"PLACE OF DELIVERY"栏空白，"PORT OF LOADING"栏填信用证或合同规定的起运港，"PORT OF DISCHARGE"栏填信用证或合同规定的目的港，若有中转港，则在目的港后注明"W/T AT 中转港"。

样单 4-2 海运提单

B/L No.

中国对外贸易运输总公司
CHINA NATIONAL FOREIGN TRADE TRANSPORTATION CORP.

直运或转船提
BILL OF LOADING
DIRECT OR WITH TRANSHIPMENT

Shipper	
Consignee or order	
Notify & address	

Pre-carriage by	Place of receipt
Vessel	Port of loading
Port of discharges	Final destination

Shipped on board in apparent good order and condition (unless otherwise indicated) the goods or packages specified herein and to be discharged at the mentioned port of discharge or as near thereto as the vessel may safely get and be always afloat.

The weight, measure, marks and numbers, quality, contents and value. being particulars furnished by the shipper, are not checked by the carrier on loading.

The shipper, consignee and the holder of this bill of lading hereby expressly accept and agree to all printed, written or stamped provisions. exceptions and conditions of this Bill of Lading, including those on the back hereof.

In Witness whereof the number of original Bills of Lading stated below have been signed, one of which being accomplished, the other to be void

Container seal No. or marks and No.s	Number and kind of packages Description of goods	Gross weight(kgs.)	Measurement(m^3)

REGARDING TRANSHIPMENT NFORMATION PLEASE CONTACT		Freight and charges	
Ex. rate	Prepaid at	freight payable at	Place and date of issue
	Total prepaid	Numbers of original Bs/L	Signed for or on behalf of the Master as Agent

(SINOTRANS STANDARD FORM4)
SUBJECT TO THE TERMS AND CONDITIONS ON BACK 95c No. 0123450

若陆海联运，如西安(火车)→天津，九江轮(海运)→马赛(火车)→巴黎，则在提单的"PRECARRIGE BY(前段运输)栏内填"TRAIN"或"WAGON NO."，"收货地"栏中填"XI AN"，"船名"栏填"JIUJIANG"，"装货港"栏填"XINGANG, TIANJIN"，

"卸货港"栏填"MARSILLES","交货地点"栏填"PARIS"。

6. 集装箱号、封志号

采用集装箱运输时,应填写"CONTAINER NO.(集装箱号码)"和"SEAL NO.(封志号)"。

7. 唛头

"MARKS & NUMBERS(唛头)"栏按托运单填写,应与发票和装箱单完全一致。
集装箱号、封志号、唛头可连在一起填写,但应有相应的间隔。

8. 包装种类与件数及货物描述

"NUMBER & KIND OF PACKAGES(包装种类与件数)"、"DESCRIPTION OF GOODS(货物描述)"栏应按托运单填写,并与发票、箱单保持一致。在使用文字上要求严格按信用证或发票上的货名和文字填写。

9. 毛重与尺码

"GROSS WEIGHT(毛重)"、"MEASUREMENT(尺码)"栏按托运单填写,并与发票、箱单一致。除信用证另有规定者外,注意毛重一般以千克、尺码以立方米(CBM)为计量单位。

10. 运费支付

几乎所有的提单都不填写运费的数额,而只注明运费是否已付清或什么时候付。表达方式有:"FREIGHT PAID(运费已付)";"FREIGHT PREPAID(运费预付)";"FREIGHT COLLECT(运费到付)"等。使用哪一种运费支付方法,应根据合同或信用证规定的贸易术语来确定。通常,以CIF、CFR术语成交时,运费支付方式为"FREIGHT PREPAIED/PAIED(运费预付/已付)",并在"PREPAID AT"一栏内填写预付地点;以FOB术语成交时,运费支付方式为"FREIGHT COLLECT(运费到付)",并在"COLLECT AT"一栏内填写到付地点。

"FREIGHT & CHARGES(运费支付)"栏填写的内容应与托运单保持一致。

11. 正本提单份数

"NUMBERS OF ORIGINAL BS/L(正本提单份数)"栏填写提单签发的份数,按惯例通常是正本提单一式两份至三份。每份具有同等效力,收货人凭其中任何一份提取货物后,其他几份自动失去效力。副本提单的份数可视托运人的需要而定。不过,副本提单不能作为物权凭证或进行背书转让,只供有关作业参考。除非信用证另有规定外,否则签发的正本提单必须全套(FULL SET)提交。

12. 提单签发地点及日期

"PLACE AND DATE OF ISSUE(提单签发地点及日期)"栏按托运单填写。提单的签发地点一般为装运港所在地，签发日期应在信用证或合同规定的最迟装运期之内，一般应为装船日期。

由于托运人一般是在收到信用证以后才发货，所以提单日期也不应早于信用证的开立日期。若提单的签发日期早于信用证开立日期，则这种提单称为先期提单，按《UCP600》的规定，只要信用证没有相反规定，银行不得拒绝接受先期提单。

13. 提单的签署

提单必须经过签署(SIGNATURE)后才能生效。有权签署提单的可以是承运人或其具名代理人，也可以是船长或其具名代理人。承运人、船长或代理人的任何签字必须表明其承运人、船长或代理人的身份，代理人的签字必须表明其系代表承运人还是代表船长。

1) 承运人签字

如果提单上部的承运人为"COSCO"时，提单签字处应加盖"COSCO"的公章并签字，同时注明"AS CARRIER"或"THE CARRIER"字样。

2) 承运人的代理人签字

当货代"DEE SHIPPING CO."代表承运人签字时，如果提单上部的承运人为"COSCO"，提单签字处应加盖"DEE SHIPPING CO."的公章并签字，同时注明"AS AGENT FOR THE CARRIER COSCO"或"AS AGENT FOR THE ABOVE MENTIONED CARRIER"字样。

3) 船长签字

当承运船舶的船长"JOHN LEE"签署提单时，提单签字处应由"JOHN LEE"签字，并同时注明"AS MASTER"或"THE MASTER"字样。

4) 船长的代理人签字

当"THOMSON"代表承运船舶的船长"JOHN LEE"签署提单时，提单签字处应由"THOMSON"签字，并同时注明"AS AGENT FOR JOHN LEE MASTER"字样。

14. 提单号码

提单号码由承运人编写。

15. 提单空白处加注的各种批注

(1) 海运提单必须是已装船提单，买方一般不接受收讫备运提单，因此提单上应加注"ON BOARD(已装船)"字样，有时还应注明实际装船日期，如"SHIPPED ON BOARD ON APR.13,2013"。

(2) 采用集装箱运输时，只要海关已对集装箱封箱，承运人即为整箱(FCL)收货，对箱内的内容和数量不负责任，此时提单上常常加注"SHIPPER'S LOAD&COUNT"或"SAID TO CONTAIN"等"不知条款"。

(3) 表明货物的交接方式，如CY/CY，CFS/CY等。

(4) 当信用证有要求时，加注信用证号码、合同号码等内容。

(5) 若货物装运在甲板上，如出口危险品、活牲畜等，在信用证允许的情况下，提单上会显示"THE GOODS ARE ON DECK"字样。

(6) 正本提单上应注明"ORIGINAL"字样，副本提单一般都注明"COPY"或"NON-NEGOTIABLE"字样。

四、信用证中提单条款举例

信用证中对提单的表述很多，以下是一些提单条款例证。

【例1】3/3 ORIGINAL +3 NN COPIES CLEAN ON BOARD MARINE BILLS OF LADING ISSUED TO ORDER AND ENDORSED IN BLANK MARKED "FREIGHT PAID" NOTIFY APPLICANT.

该条款要求提供三份正本加三份不可转让的副本清洁已装船海运提单，做成空白抬头，以开证申请人为被通知人，注明"FREIGHT PAID"，并空白背书。

【例2】FULL SET CLEAN ON BOARD OCEAN BILL OF LADING CONSIGNED TO BANCO POPULAR ESPANOL-BARCELONA MARKED "FREIGHT PREPAID"AND NOTIFY A. B. C. CO. IN CASE TRANSSHIPMENT IS EFFECTED NAME AND SAILING DATE OF 2ND OCEAN VESSEL CALLING ROTTERDAM MUST BE SHOWN ON B/L.

该条款要求提供全套清洁已装船海运提单，收货人为"BANCO POPULAR ESPANOL-BARCELONA(巴塞罗那西班牙人民银行)"，被通知人为A. B. C. CO.，提单上注明"FREIGHT PREPAID"，如果转船，至鹿特丹的第二程船名、船期必须在提单上表明。

【例3】FULL SET OF AT LEAST THREE SIGNED ORIGINALS CLEAN "ON BOARD" OCEAN BILLS OF LADING SHOWING BENEFICIARY AS SHIPPER, MADE OUT TO ORDER OF SHIPPER AND ENDORSED TO THE ORDER OF NANYANG COMMERCIAL BANK LTD. HONGKONG MARKED WITH THE DOCUMENTARY CREDIT NO., "FREIGHT PREPAID"AND NOTIFY BUYERS.

该条款要求至少三份签署的清洁已装船海运提单，以受益人为托运人，收货人为"TO ORDER OF SHIPPER"，并记名背书给香港南洋商业银行，注明跟单信用证号码、"FREIGHT PREPAID"，被通知人为买方。

【例4】FULL SET OF CLEAN SHIPPED ON BOARD OCEAN BILLS OF LADING MADE OUT TO ORDER OF HABIB BAND AG ZURICH MARKED NOTIFY OPENERS AND US AND SHOWING FREIGHT PREPAID MENTIONING VESSEL SHIPPING AGENT IN DUBAI.

该条款要求提供全套清洁已装船海运提单，收货人做成"TO ORDER OF HABIB BAND AG ZURICH MARKED(凭苏黎世哈比银行的指示)"，被通知人为开证申请人和开证行，注明"FREIGHT PREPAID"，指明船公司在迪拜的代理。

【例5】FULL SET OF CLEAN SHIPPED ON BOARD OCEAN BILLS OF LADING IN TRIPLICATE, MADE OUT TO ORDER AND ENDORSED IN OUR FAVOUR, MARKED FREIGHT PREPAID AND NOTIFY APPLICANT, B/L MUST BEAR A WRITER SIGNATURE, IF SIGNED BY A FACSIMILE STAMP THEY CAN NOT BE ACCEPTABLE.

该条款要求全套清洁已装船海运提单一式三份做成空白抬头，记名背书给开证行，注明"运费预付"，通知人为申请人，提单应由手签签发，如果用影印印章签发，则不予接受。

【例6】BILL OF LADING MUST SPECIFICALLY STATE THAT THE MERCHANDISE HAS BEEN SHIPPED ON BOARD ON A NAMED VESSEL OR BILL OF LADING MUST EVIDENCE THAT MERCHANDISE HAS BEEN SHIPPED LOADED ON BOARD ON A NAMED VESSEL IN THE ON-BOARD NOTATION.

该条款要求提单必须特别指明货物已装上一指定船名的船，或者表明货物已装运，并在装船批注上注明船名。

第三节　航空货物运输托运与单据

一、航空货物运输的总运单与分运单

在国际航空运输业务中，航空公司通常以较低的运价运输其货运代理交运的货物，而以较高的运价运输出口商直接交运的货物。因此，出口商为了节省运费，同时享受航空货运代理提供的其他服务，在航空托运业务中，经常会使用集中托运方式运送出口货物。

集中托运方式即托运人首先将货交集中托运商(航空货运代理)并委托其订舱，集中托运商将来自不同托运人的货物集中到一起后，进行搭配整理，并以其自身名义向航空公司订载。集中托运商在取得航空公司签发的总运单(MASTER AWB)后，即签发自己的分运单(HOUSE AWB)给不同的托运人，作为接收货物的初步证据，货物运至目的地后，由集中托运商的目的港分拨代理人统一清关后，再分别交给不同的收货人。

航空公司填开的总运单上，记载的货物发货人和收货人分别为集中托运商和其目的港的分拨代理商，记载的货物也是所有托运人的货物总件数、总体积和总重量。总运单是航空公司运输货物的正式文件，也是航空公司与集中托运人结算航空运费的依据。

集中托运商填开的分运单上，记载的货物发货人和收货人才是出口货物的真正发货人和收货人。分运单是集中托运商的目的港分拨代理人交付货物给真正收货人的一个正式文件，也是集中托运商与每个托运人结算运费的正式依据。

航空总运单和分运单具有同等的法律效力。

二、航空货物运输的主要流程

(1) 出口企业首先填写"国际货物托运委托书",作为货主委托货代承办航空货物出口托运的依据。

(2) 航空货运代理审核相关单证后,则依此委托书填制"托运单"向航空公司订舱,并进行预配舱、预订舱,确定航班、日期及运价。

(3) 货代按照相关单证制作操作交接单,并给每份交接单配一份总运单或分运单。

(4) 出口企业根据航空货运代理公司的要求备好货后把即将发运的货物交至代理人的仓库。代理人查验、清点货物,如有必要,还要对货物贴上分标签。

(5) 出口企业或其代理在货物起飞 24 小时前,备齐报关所需要单证向出境地海关办理货物出口报关手续。海关验收完货物后,在总运单和报关单上盖章放行。

(6) 货运代理根据接收货物的实际数量、重量、体积等进行配舱,并向航空公司做出订舱正式申请。

(7) 经航空公司确认舱位的货物,由货代填制该货的总运单和分运单。

(8) 货代将货物以及有关单证一起交给航空公司。航空公司验收单货无误后在交接单上签字,并将货物装上飞机。

(9) 货物装机后,出口企业即可向买方发出装运通知,以便对方准备付款、赎单、办理到货清关和收货的准备。

三、国际货物托运委托书的内容及缮制方法

货主应填制"国际货物托运委托书",向货运代理预订舱位。

国际货物托运委托书的内容相对简单,格式也各异(参见样单 4-3)。空运委托书是制作运单的依据,要求必须用英文正确、清晰地填写。其主要内容和填制要求如下。

1. 始发站

"AIRPORT OF DEPARTURE(始发站)"栏填写始发站机场的英文名称,若对机场名称不清楚,可以填写始发站所在的城市名称。

2. 到达站

"AIRPORT OF DESTINATION(到达站)"栏填写最后目的站机场名称或三个字代码。机场名称不明确时,可填写城市名称。机场名称的三个字代码是国际航空运输协会(IATA)规范的机场代码,如上海浦东国际机场填写"PVG"。

3. 托运人姓名、地址及电话

"SHIPPER'S NAME AND ADDRESS AND TEL. NO.(托运人姓名、地址及电话)"栏

填写托运人的全称、街名、城市名称、国家名称(特别是在不同国家内有相同城市名称时,更应注意填上国名)以及电话、电传或传真号码。在信用证结汇方式下,托运人一般为信用证的受益人。

样单 4-3 国际货物托运委托书

国际货物托运委托书

AIRPORT OF DEPARTURE (始发站)	AIRPORT OF DESTINATION (到达站)	DESCRIPTION OF GOODS & QTY (货物品名和数量)	
CONSIGNEE'S NAME AND ADDRESS (收货人姓名及地址)		SHIPPING MARK(唛头)	
		CARGO ARRIVAL TIME(W/H) (货物送达仓库时间)	
		DOCS ARRIVAL TIME(W/H) (货物送达仓库时间)	
SHIPPER'S NAME AND ADDRESS AND TEL. NO. (托运人姓名、地址及电话) (请注明详细的中文地址)		DOCS ATTACHED (随机文件)	
		SPACE BOOKING (要求预订航班)	
NOS OF PACKAGES 包装件数	ACTUAL GROSS WEIGHT(KG) [实际体重(KG)]	DEMENSION (体积)	CHARGES (运费)

SIGNATURE OF SHIPPER   DATE
(托运人签名盖章)   (日期)

REMARKS: (1) THE LETTER OF AIRPREIGHT INSTRUCTION IS THE EVIDENCE OF MAKING THE HAWB SO IT MUST BE CORRECT AND CLEAR.
空运委托单是制作空运单的依据,必须正确、清晰。
(2) PLEASE FILL IT WITH TYPE-WRITER.
请用英文打字机填写。

4．收货人姓名及地址

"CONSIGNEE'S NAME AND ADDRESS(收货人姓名及地址)"栏填写收货人的全称、街名、城市名称、国家名称以及电话、电传或传真号码。

航空运输的收货人一般为买方，或信用证的开证申请人。

5．货物品名和数量

"DESCRIPTION OF GOODS & QTY(货物品名和数量)"栏填写货物的具体名称和数量，不得用统称。

6．唛头

"SHIPPING MARK(唛头)"栏按实际填写。

7．货物送达仓库时间和报关文件送达时间

"CARGO ARRIVAL TIME(W/H)(货物送达仓库时间)"栏填货物送达始发站机场的时间。"DOCS ARRIVAL TIME(W/H)(报关文件送达时间)"栏填文件送达货代处的时间。

8．随机文件

"DOCS ATTACHED(随机文件)"栏填写随附在货运单上运往目的地的文件名称。比如，INVOICE，PACKING LIST，CERTIFICATION FOR LIVE ANIMALS(动物证明书)等。

9．要求预订航班

"SPACE BOOKING 要求预订航班)"栏用于航空公司安排运输路线时使用，但如果托运人有特别要求时，也可填入本栏。

10．包装件数

"NUMBER OF PACKAGES(包装件数)"栏填写货物的总件数，包装用"PACKAGE"计。如果使用的货物运价种类不同时，应分别填写，并将总件数相加。如果货物没有包装时，就注明为"IN BULK(散装)"。

11．实际毛重

"ACTUAL GROSS WEIGHT(KG)(实际毛重)"栏与"件数"相对应，填写货物实际毛重。计量单位用千克(kg)表示，注意保留小数后一位，并按 0.5 进位，多项货物时，在下方对应栏内打上毛重之和。

12. 体积

"DIMENSION(体积)"栏填写每件货物的外包装尺寸或体积,单位分别用厘米或立方米表示,货物尺寸按其外包装的长×宽×高×件数的顺序填写。

13. 运费

"CHARGES(运费)"栏托运人不填写。

14. 托运人签名盖章

托运人必须在"SIGNATURE OF SHIPPER(托运人签名盖章)"栏内签字。

15. 日期

"DATE(日期)"栏填写托运人或其代理人交货的日期。

四、航空运单的内容及缮制要求

由于航空运输的操作要求高,非专业货运代理人难以掌握航空运单填制的各项规定和要求,所以航空运单通常是由货运代理人代为填制,并经托运人签字后开始生效。

航空运单一般一式十二联,分别由不同的当事人使用,其中,正本一式三份,分三种不同的颜色:蓝色的交托运人;绿色的承运人留存;粉红色的随货同行,在目的地交收货人。

航空运单与海运提单类似,也有正面、背面条款之分,不同的航空公司也会有自己独特的航空运单格式(参见样单4-4)。但各航空公司所使用的航空运单大多借鉴IATA所推荐的标准格式,差别并不大,在此仅介绍其主要的栏目内容。

1. 单据名称

如果信用证仅要求提供"AWB",银行就可以接受任何命名的此类单据,如"AIR CONSIGNMENT NOTE"、"MASTER AWB"或"HOUSE AWB"等。但是,如果信用证明确规定"HOUSE AWB NOT ALLOWED",那么标有"HOUSE AWB NO."或名为"HOUSE AWB"的空运单都不能接受。

2. 货运单号码

"AIR WAY BILL NO."即货运单号码,在运单的左上、右上、左下或右下角处,由11位数字组成,其中前3位数字表示航空公司的数字代号,第3位和第4位数字之间空一格,如129 4237 8011。

样单 4-4　航空运单

87 PVG -0003 6035	871-00036035	871 - -0003 6035

Shipper's Name and Address
CHINA JIANGSU TEXTILES IMP. AND EXP. GROUP CORP., 15-HUBU STREET, NANJING, CHINA
TEL:025-86895293
ATTN:SHIJIAN

Not Negotiable
Air Waybill
ISSUED BY 扬子江快运航空有限公司
YANGTZE RIVER EXPRESS AIRLINES COMPANY LIMITED
SHANGHAI CHINA

Copies 1, 2 and 3 of this Air Waybill are originals and have the same validity.

Consignee's Name and Address
TO THE ORDER OF NATIONAL BANK LIMITED, 48-DILKUSHA C/A, DHAKA, BANGLADESH

It is agreed that the goods described herein are accepted in apparent good order and condition (except as noted) for carriage SUBJECT TO THE CONDITIONS OF CONTRACT ON THE REVERSE HEREOF. ALL GOODS MAY BE CARRIED BY ANY OTHER MEANS INCLUDING ROAD OR ANY OTHER CARRIER UNLESS SPECIFIC CONTRARY INSTRUCTIONS ARE GIVEN HEREON BY THE SHIPPER, AND SHIPPER AGREES THAT THE SHIPMENT MAY BE CARRIED VIA INTERMEDIATE STOPPING PLACES WHICH THE CARRIER DEEMS APPROPRIATE. THE SHIPPER'S ATTENTION IS DRAWN TO THE NOTICE CONCERNING CARRIER'S LIMITATION OF LIABILITY. Shipper may increase such limitation of liability by declaring a higher value for carriage and paying a supplemental charge if required.

Issuing Carrier's Agent Name and City

Accounting Information
FREIGHT PREPAID

Agent's IATA Code | **Account No.**

Airport of Departure (Addr. of First Carrier) and Requested Routing
SHANGHAI

To	By First Carrier	Routing and Destination	to	by	to	by	Currency	CHGS Code	WT/VAL PPD COLL	Other PPD COLL	Declared Value for Carriage	Declared Value for Customs
DAC	Y8						CNY		PP		N.V.D.	AS PER INV.

Airport of Destination | **Flight/Date** | **For Carrier Use Only** | **Flight/Date** | **Amount of Insurance**
DHAKA BANGLADESH | Y87953 | 2005-10-21 | | NIL

INSURANCE — If carrier offers insurance, and such insurance is requested in accordance with the conditions thereof, indicate amount to be insured in figures in box marked "Amount of Insurance"

Handling Information
NOTIFY PARTY
M/S. A. N. GARMENTS LIMITED, SONY CINEMA BHABAN, SECTION. 2, MIRPUR, DHAKA-1216, BANGLADESH AND
NATIONAL BANK LIMITED, DILKUSHA BRANCH, 48-DILKUSHA C/A, DHAKA, BANGLADESH TEL:00880-2-173009290
ATTN: MR. RABBI

SCI

No. of Pieces RCP	Gross Weight	Kg lb	Rate Class / Commodity Item No.	Chargeable Weight	Rate / Charge	Total	Nature and Quantity of Goods (incl. Dimensions or Volume)
17 BALES	976.00	K.	Q	1000.00			FABRICS FOR READYMADE GARMENTS INDUSTRY
			SHIPPED ON BOARD				MARK:
			SHIPMENT AND/OR TRANSHIPMENT ON IRAQI AND				A.N.G.L.
			ISRAELI FLAG AIRLINER PROHIBITED				DHAKA
			LCA FORM NO.188972				05EYTX186
			IMPORT UNDER EXPORT L/C NO.6001685 AND				B/NO.1-17
			BTB LC NO.093005060463				
							VOL:2.3000CU.M

Prepaid	Weight Charge	Collect	Other Charges
			0.00
	Valuation Charge		
	Tax		
	Total Other Charges Due Agent		Shipper certifies that the particulars on the face hereof are correct and that insofar as any part of the consignment contains dangerous goods, such part is properly described by name and is in proper condition for carriage by air according to the applicable Dangerous Goods Regulations.
	Total Other Charges Due Carrier		SUNSHINE TRANS INTERNATIONAL LTD.
			AS CARRIER
			Signature of Shipper or his Agent
Total Prepaid		Total Collect	
Currency Conversion Rates	CC Charges in Dest Currency	2005-10-20　SHANGHAI　DSL
		Executed on (date)　at (Place)　Signature of Issuing Carrier or its Agent
For Carrier's Use only At Destination	Charges at Destination	Total Collect Charges

871 - -0003 6035

3．托运人姓名、地址及电话号码

"SHIPPER'S NAME、ADDRESS & TEL. NO."即托运人姓名、地址及电话号码。此栏与航空托运单相应栏目填法相同。

4．收货人姓名、地址及电话号码

"CONSIGNEE'S NAME、ADDRESS & TEL. NO."即收货人姓名、地址及电话号码。此栏与航空托运单相应栏目填法相同。

由于航空运单不是物权凭证，因此一般做成记名抬头，不应做成指示式抬头，如"TO ORDER"或"TO ORDER OF ××"。但有时信用证也要求航空运单做成银行指示或发货人指示或空白抬头，此时，航空运单既可以做成指示式也可以做成记名式，而且即使受益人提交的单据是记名式抬头，银行也不认为单证不符。

5．开具运单的承运人代理的名称及所在城市

"ISSUING CARRIER AGENT NAME & CITY"即开立运单的承运人代理的名称及所在城市、货运代理的IATA代码。若运单由航空公司开立，此栏则为空白，不用填写。

6．始发站

"AIRPORT OF DEPARTURE"即始发站。此栏根据托运单填写，应填写始发站机场名称或统一规范的IATA三个字代码，不得自行编制。

7．到达站

"AIRPORT OF DESTINATION"即到达站。此栏根据托运单填写，应填写目的站机场名称或统一规范的IATA三个字代码。

8．运输路线及目的站

"ROUTING AND DESTINATION"即运输路线及目的站，自第一承运人(BY FIRST CARRIER)、至第一目的地(TO)，自第二承运人等(BY SECOND CARRIER)，分别填第一承运人及其目的地机场、第二承运人及其目的地机场等的IATA三个字代码，以此类推。

本栏由航空公司安排舱位后使用。一般在第一承运人栏填写第一程航班号，如填写"MU501"表示第一程运输由中国东方航空MU501号航班承运。

9．财务说明

"ACCOUNTING INFORMATION"即财务说明。此栏一般填写运费支付方式：预付(Freight Prepaid)或到付(Freight Collect)。

10．货币

"CURRENCY"即货币。此栏填始发站所在国家的货币代号，按国际 ISO 标准组织颁发的货币代号填写。比如，人民币为 CNY，美元为 USD，港元为 HKD。

11．运费和杂费

"WT/VAL"即运费，OTHER 即杂费。预付在 PPD 下方空白处打"×"或"PP"字样，到付在"COLL"下方打"×"或"CC"字样。

12．供运输用声明价值

"DECLARED VALUE FOR CARRIAGE/DECLARED VALUE FOR CUSTOMS"即供运输用声明价值。此栏填写托运人向承运人办理货物声明价值的金额，若未办理，此栏必须打上"NVD"字样。

13．处理事项

"HANDLING INFORMATION"即处理事项。此栏一般填收货人之外的另行通知人的名称、地址、国家、电话、传真号码等，以及货运单的随机文件，如"COMMERCIAL INVOICE AND PACKING LIST、GSP FORM A"和其他事项。

14．保险金额

"AMOUNT OF INSURANCE"即保险金额。承运人向托运人提供代办货物保险时，在此栏打上货物的投保金额。中国民航不代理国际货物运输险，此栏必须打上"×"或"NIL"字样。

15．包装件数

"NO. OF PIECES"即包装件数。此栏与航空托运单相应栏目填法相同。

16．毛重

"GROSS WEIGHT"即毛重。按实际填写此栏，计量单位"K"表示千克，"L"表示磅。

17．运价种类

"RATE CLASS"即运价种类。此栏填写所采用的货物运价种类的代号，如"R"、"Q"等。

18．商品品名代号

"COMMODITY ITEM NO."即商品品名代号。当使用指定商品运价时，在此栏打印指定商品品名代号；当使用等级货物运价时，在此栏打印附加或附减的比例；如果是集装箱货物，在此栏打印集装箱货物运价等级。

19．计费重量

"CHARGEABLE WEIGHT"即计费重量。航空公司以货物的物理重量和"体积重量"中较大者计收运费，IATA 确定的航空货运货物的体积重量(kg)=货物的体积[长(cm)×宽(cm)×高(cm)]÷6000。

本栏填物理重量和体积重量中较大重量的数字。

20．货物品名和数量

"NATURE & QUANTITY OF GOODS(INCL.DIMENSIONS OR VOLUME)"即货物品名和数量。此栏与航空托运单相应栏目一致。

21．托运人或其代理签名

"SIGNATURE OF SHIPPER OR HIS AGENT"栏由托运人或其代理签字、盖章。

22．开立日期及地点

"EXECUTED ON(DATE，PLACE)"即开立日期及地点。此栏填写航空运单的开立时间及地点，时间按年、月、日顺序填写。

如果信用证上没有特别规定签发日期、装运日期和发运日期，空运单的签发日就被视为装运日，而且装运日不能迟于信用证规定的最迟装运日期。如果信用证要求一个实际的发运日，应在空运单表面明确批注这类日期，而且这个日期被视作装运日。

应该注意，空运单的"承运人专用"栏中有时会出现日期，这个日期不能作为发运日的批注。如果信用证未要求实际的发运日，而空运单上既显示了签发日又显示了实际的发运日，这时应把签发日作为装运日。比如，信用证规定的最迟装运日期是 10 月 30 日，而空运单的签发日是 10 月 30 日，所标注的实际发运日是 10 月 31 日，那么，这张空运单可以被接受，不属于晚装运。

23．开具运单的承运人或其代理人签章

"SIGNATURE OF ISSUING CARRIER OR ITS AGENT"栏由开具运单的承运人或其代理人签字、盖章。

空运单必须由承运人或代表他们的具名代理人签发或证实，其表示方法可参见海运提单中的相关内容。

24. 批注

(1) 表明"THE GOODS HAVE BEEN ACCEPTED FOR CARRIAGE(货物已被接受托运)"或"SHIPPED ON BOARD"。

(2) 若合同或信用证对装运的航班有限制，如"ISRAELI FLAG AIRLINER PROHIBITED"，可在运单上表明。

(3) 合同或信用证要求加注的合同号、信用证号等。

思 考 题

1．中英文术语、短语互译

场站收据	托运人	收货人
运费预付	运费到付	正本提单
运输标志	装运港	卸货港
全套清洁已装船提单		指示提单

PLACE OF DESTINATION   TIME OF SHIPMENT
SHIPPING ORDER   MATE'S RECEIPT
AIRWAY BILL   AIRLINE CODE NUMBER
DECLARED VALUE FOR CUSTOMS   AIRPORT OF DESTINATION
CHARGEABLE WEIGHT   ACCOUNTING INFORMATION
IATA

2．海运出口托运单中的"收货人"一栏应如何填写？"通知人"一栏是否填收货人？如果不是，应如何填写？

3．航空运输托运书的"特别事项"一栏，应填写什么内容？

操 作 题

1．根据下列资料填制海运出口货物托运单一份(参见样单4-5)资料如下。

APPLICANT: CHANG LIN HAI COMPANY, LGD., SINGAPORE
BENEFICIARY: ZHEJIANG TEXTILE IMPORT AND EXPORT CORPORATION
PORT OF SHIPMENT: SHANGHAI
PORT OF DISCHARGE: SINGAPORE
PARTIAL SHIPMENT: NOT ALLOWED, TRANSSHIPMENT: ALLOWED
L/C NO．ZJ278, DATED MAY 5, 2013

EXPIRY DATE: JUN 25, 2013

LATEST DATE OF SHIPMENT: JUN 20, 2013

DESCRIPTION OF GOODS: 100% COTTON SHIRTS

DOCUMENT REQUIRED:

FULL SET OF CLEAN ON BOARD OCEAN BILLS OF LADING MADE OUT TO ORDER OF SHIPPER, MARKED "FREIGHT PREPAID"AND NOTIFY APPLICANT.

QUANTITY OF GOODS: 1000 DOZS

PACKAGES: 30 PCS/CTN

GROSS WEIGHT: @14KGS/CTN, NET WEIGHT: @12KGS/CTN

MEASUREMENT: @(50×30×20)CM/CTN

样单 4-5 托运单

Shipper (发货人)					D/R NO.(编号)		APL	
Consignee (收货人)					集装箱货物托运单 船代留底 第二联			
Notify Party (被通知人)								
Pre-Carriage by (前程运输)		Place of Receipt (收货地点)						
Ocean Vessel(船名)Voy. No. (航次)		Port of Loading (装货港)						
Port of Discharge(卸货港)		Place of Delivery (交货地点)			Final Destination for The Merchant's Refere(目的地)			
Container No. (集装箱号)	Seal No. (封志号)	Marks & No.s (标记与号码)	No. of Containers or P'Kgs. (箱数或件数)	Kind of Packages Description of Goods (包装种类与货名)		Gross Weight [毛重(千克)]		Measurement [尺码(立方米)]
TOTAL NUMBER OF CONTAINERS OR PACKAGES(IN WORDS) [集装箱数或件数合计 (大写)]								
FREIGHT &CHARGES (运费与附加费)		Revenue Tons(运费吨)		Rate(运费率)		Per(每)	Prepaid(运费预付)	Collect(运费到付)
Ex Rate: (兑换率)		Prepaid at(预付地点)		Payable at(到付地点)			Place of Issue(签发地点)	

2. 根据下列资料填制海运提单(参见样单 4-6)。

信用证部分内容如下.

L/C NO. A-12B-34C DATED JAN. 11, 2013

APPLICANT: SUMITOMD CORPORATION, OSAKA

BENEFICIARY: ZHENJIANG ZHONGDA IMPORT & EXPORT GROUP COMPANY, LTD.

CURRENCY: USD AMOUNT: 28000.00

PARTIAL SHIPMENT: ALLOWED

TRANSSHIPMENT: ALLOWED

LOADING IN CHARGE: SHIPMENT FROM CHINESE MAIN PORT

FOR TRANSPORT TO: OSAKA, JAPAN

DESCRIPTION OF GOODS: HALF DRIED APPLE PRUNE

　　　DETAILS AS PER SALES CONTRACT NO.: FJE2145

　　　CFR OSAKA

PACKING: IN WOODEN CASES, 12 KGS PER CASE

DOCUMENTS REQUIRED:

…

+2/3 SET OF CLEAN ON BOARD OCEAN BILLS OF LADING MADE OUT TO ORDER AND BLANK ENDORSED MARDED "FREIGHT PREPAID" AND NOTIFY "SUMITOMD CORPORATION OSAKA". COMBINED TRANSPORT BILL OF LADING ACCEPTABLE

…

+1/3 ORIGINAL B/L AND OTHER SHIPPING DOCUMENTS MUST BE SENT DIRECTLY TO APPLICANT SUMITOMD CORPORATION IN 3 DAYS AFTER B/L DATE，AND SENT BY FAX

其他资料如下。

B/L NO.: GSO456

DATE OF B/L: JUN.18, 2013

OCEAN VESSEL VOY. NO.: CHANG GANG V. 203984

TOTAL QUANTITY OF GOODS: 16800 KGS

GROSS WEIGHT: 15 KGS/CASE

MEASUREMENT: @(20×10×10)CM/CASE

CONTAINER NO.: 2X20'FCL CY/CY (TRIU 3682886, KHLU 3792838)

SHIPPING MARK: SC

　　　　　NOS1-1400

　　　　　OSAKA

　　　　　MADE IN CHINA

样单 4-6　海运提单

Shipper (发货人)	B/L NO. 中国远洋运输集团公司 COSCO BILL OF LADING
Consignee (收货人)	
Notify Party (被通知人)	
Pre-Carriage by (前程运输)	Place of Receipt (收货地点)
Ocean Vessel(船名)Voy. No. (航次)	Port of Loading (装货港)
Port of Discharge(卸货港)	Place of Delivery (交货地点)

Marks & Nos. (标记与号码)	No. of Containers or P'Kgs. (箱数或件数)	Kind of Packages, Description of Goods (包装种类与货名)	Gross Weight [毛重(千克)]	Measurement [尺码(立方米)]

TOTAL MUMBER OF CONTAINERS OR PACKAGES(IN WORDS)
[集装箱数或件数合计（大写）]

FREIGHT & CHARGES (运费与附加费)	Revenue Tons (运费吨)	Rate(运费率)	Per(每)	Prepaid(运费预付)	Collect(运费到付)

Prepaid at(预付地点)　　　Payable at(到付地点)　　　Place and Date of Issue(签发地点日期)

Number of Original Bs/L　　　　　　　　　Signed for or on Behalf of the Master
　　　　　　　　　　　　　　　　　　　　　　　　as Agent

第五章 保险单据

学习目标

了解保险单据的基本作用和种类；了解我国进出口业务中常用的保险条款和险别，掌握国际货物运输保险投保的程序；掌握货物运输保险投保单和保险单的主要内容及其制作方法。

在国际贸易中，买卖双方距离较远，货物经过长途运输和装卸，不可避免地会因自然灾害、意外事故或其他外来因素而受损。货主为了转嫁货物在运输过程中可能遭受到的损失，使其在货物受损后能获得相应的经济补偿，就需要在货物出运前向保险公司办理有关投保事宜，保险公司在接受投保后签发的承保凭证即为保险单据。当被保险货物遭受到保险凭证责任范围内的损失时，保险单据是被保险人索赔和保险人理赔的主要依据。同时，在 CIF 或 CIP 贸易条件下，保险单据还是卖方必须向买方提供的出口结汇单据之一。

作为契约或合同，必须要有双方当事人的签署，而保险单据只是保险人单方面签署的，因此它只能是保险人与被保险人之间订立的保险合同的证明，而不是保险合同。

第一节 我国进出口业务中的保险条款与险别

我国进出口业务中常用的保险条款有《中国保险条款》和《英国协会货物险条款》。

一、中国保险条款

为适应我国对外经济贸易业务发展的需要，由中国人民保险公司(PICC)根据我国的实际情况，分别制定了海洋、陆地、航空和邮包等多种运输方式的货物保险条款，对某些特殊商品，还配备有海运冷藏货物、陆运冷藏货物、海运散装桐油及活牲畜、家禽的海陆空运输保险条款，总称为《中国保险条款》(CHINA INSURANCE CLAUSE，CIC)，现行版本是 1981 年 1 月 1 日的修订本。

《中国保险条款》是我国进出口货物运输中最常用的保险条款。该条款中，以《海洋货物运输保险条款》的使用最为普遍，其货物运输保险分为基本险和附加险两大类。其中，基本险又称主险，是可以单独投保的险别，包括平安险(FPA)、水渍险(WPA)和一切险(ALL RISKS)三种，保险公司承保的责任范围起讫期限通常采用国际保险业惯用的"仓至仓条款(WAVEHOUSE TO WAVEHOUSE CLAUSE，W/W)"；附加险是对基本险的补充和扩展，它不能单独投保，只能在投保了基本险的基础上选择加保，包括一般附加险和特殊附加险。

在三种基本险别中，保险公司承保范围最大的是一切险，承保范围最小的是平安险，我国出口业务中，货主一般多选用一切险。

二、英国协会货物险条款

在国际保险市场上，各国保险组织都制定有自己的保险条款，但最为普遍采用的是英国伦敦保险业协会所制定的《协会货物险条款》(INSTITUTE CARGO CLAUSE，ICC)，现行版本是1982年1月1日的修订本。

在我国出口业务中，如果国外客户不接受《中国保险条款》时，我方一般都按《协会货物险条款》投保。它共有6种险别，分别为协会货物条款 A 即 ICC(A)险、协会货物条款 B 即 ICC(B)险、协会货物条款 C 即 ICC(C)险、协会货物战争险条款 (INSTITUTE WAR CLAUSE-CARGO)、协会货物罢工险条款(INSTITUTE STRIKES CLAUSE-CARGO)和恶意损害险条款(MALICIOUS DAMAGE CLAUSE)。以上6种险别中，(A)险大体相当于《中国保险条款》中的一切险，(B)险大体上相当于水渍险，(C)险大体相当于平安险。6种险别中，除恶意损害险条款不能单独投保外，其他5种险别均可作为独立的险别进行投保。

第二节　保险单据的种类

保险单据是保险人(保险公司)向被保险人(货主)签发的，对保险标的物承担保险条款规定风险和损失范围之内的赔偿责任的证明文件。目前，我国进出口货物运输保险中使用的保险单据主要有以下几种。

1. 保险单

保险单(INSURANCE POLICY)是保险人根据被保险人的要求，表示已接受投保条件而出具的一种独立文件。其背面印有货物运输险条款以及保险人与被保险人的权利与义务，是一种正规的保险单据，俗称"大保单"。它是目前我国保险业务中使用最广的一种保险单据。这种保险单可以通过背书后随物权的转移而转让。

2. 保险凭证

保险凭证(INSURANCE CERTIFICATE)是一种简化了的保险单，它仅有保险单正面的内容，没有背面条款，俗称"小保单"，与保险单具有同等的法律效力。近年来，随着单据格式的规范化，许多保险公司已经不再使用这种单据。

3. 联合保险凭证

保险公司在商业发票上加注保险单编号、保险金额、承包险别等内容，并加盖印戳，作为已经承保的凭证，不再另外出具保险单据，此时该商业发票即成为联合保险凭证(COMBINED INSURANCE CERTIFICATE)。它是一种比保险凭证更为简化的保险单据，这种凭证不能转让，仅在出口到中国港澳地区、新马地区且由中资银行办理结算的出口业务中使用。

4. 预约保险单

预约保险单(OPEN COVER)又称暂保单、开口保单，是保险人与被保险人为了简化保险手续，预先订立的在特定期限内有效的货物运输保险合同。凡属合同规定的运输货物，在合同有效期内由被保险人在每批货物发运后向保险公司发出"保险声明书"或"保险证明书"，保险公司即自动承保。这种保险单减少了被保险人逐批投保的手续，使投保人防止因漏保或迟保而造成无法弥补的损失。经常有进出口业务的企业可采用这种做法。

按《UCP600》的规定，在信用证方式下，可以接受保险单代替预约保险项下的保险声明书或证明书，但暂保单将不被银行接受。

5. 保险批单

保险单出具后，投保人如需对原保险事项进行补充或更改，可根据规定向保险公司提出申请，经同意后由保险公司另出具一种凭证，注明更改或补充的内容，这种凭证即是保险批单(ENDORSEMENT)。批单原则上需粘贴在保险单上，并加盖骑缝章，作为原保单不可分割的一部分。保险单一经批改，保险公司即按批改后的内容承担责任。

第三节　国际货物运输保险投保单

以 CIF、CIP 术语出口，出口商备妥货物，确定了装运日期和运输工具后(收到经船公司签署的配舱回单后)，在货物装车起运前即应按合同或信用证约定的保险事项要求，填制国际货物运输保险投保单，连同商业发票交保险公司(保险人)办理出口货物运输保险的投保手续。

由于保险公司是根据投保单的内容来衡量风险、计算保费并签发保险单的，所以投保单应仔细、认真填写，不能有错。

每个保险公司都设计有自己固定格式的投保单，这些投保单尽管格式不尽相同，但内容基本一致(参见样单5-1)，其主要内容包括下面几项。

(1) 被保险人。
(2) 保险货物项目、数量、包装、唛头。
(3) 运输工具。
(4) 运输航程。
(5) 开航日期。

样单 5-1　投保单

中国平安保险股份有限公司
PING AN INSURANCE COMPANY OF CHINA, LTD.

进出口货物运输险投保单
APPLICATION FOR IMP/EXP TRANPORTATION INSURANCE

被保险人
Insured:

本投保单由投保人如实填写并签章后作为向本公司投保货物运输保险的依据，本投保单为该货物运输保险单的组成部分。

The Applicant is required to fill in the following items in good faith and as detailed as possible, and affix signature to this application, which shall be treated as proof of application to the Company for cargo transportation insurance and constitute an integral part of the insurance policy.

兹拟向中国平安财产保险股份有限公司投保下列货物运输保险： Herein apply to the Company for Transportation Insurance of following cargo:	请将投保的险别及条件注明如下： Please state risks insured against and conditions:
	( ) PICC (C.I.C.) Clause　　( ) S.R.C.C. ( ) ICC Clause　　　　　　　( ) W/W ( ) All Risks　　　　　　　　( ) TPND ( ) W.A.　　　　　　　　　　( ) FREC ( ) F.P.A.　　　　　　　　　( ) IOP ( ) ICC Clause A　　　　　　( ) RFWD ( ) ICC Clause B　　　　　　( ) Risk of Breakage ( ) ICC Clause C　　　　　　( ) Risks during ( ) Air TPT All Risks　　　　( ) Transshipment ( ) Air TPT Risks ( ) O/L TPT All Risks ( ) O/L TPT Risks ( ) War Risks
请将保险货物项目、标记、数量及包装注明此上。 Please state items, marks, quantity and packing of cargo insured here above.	

装载运输工具(船名/车号): per conveyance S.S.	船龄: Age of Vessel	集装箱运输: Container Load	是□ 否□ Yes　No	整船运输: Full Vessel Charter	是□ 否□ Yes　No

发票或提单号 Invoice No. or B/L No.	开航日期: Slg. On or abt.	年 Year	月 Month	日 Day

自: From:	国 Country	港/地 Port	经: Via:	港/地 Port	至: To:	国 Country	港/地 Port

发票金额 Invoice Value:	保险金额 Amount Insured:

费率 Rate:	保险费 Premium:

备注
Remarks:

投保人兹声明上述所填内容属实，同意以本投保单作为订立保险合同的依据；对贵公司就货物运输保险条款及附加险条款(包括责任免除和投保人及被保险人义务部分)的内容及说明已经了解。

I declare that above is true to the best of my knowledge and belief, and hereby agree that the application be incorporated into the policy. I have read and understand the Company's cargo transportation insurance and extensions(including the Exclusions and the applicant's or insured's Obligations).

投保人签章: Name/Seal of Proposer	联系地址: Address of Proposer				
送单地址: Delivery Address:	同上□ Ditto	或 or	电话: Tel:	日期: Date:	年　月　日 year　month　day

(6) 发票号码。

(7) 保险金额。

(8) 投保险别及条件。

(9) 投保单位签章及投保日期。

由于投保单的内容与填制要求与保险单基本相同，故在此不做详细介绍。

除投保单外，出口企业有时也使用出口货物明细单，或在商业发票副本上加注运输工具、开航日期、承保险别、投保金额或投保加成、赔款地、保单份数等有关保险项目来代替投保单。

第四节 保险单的内容及缮制方法

保险公司对投保单进行审核，愿意接受投保后，即要求投保人缴纳保险费，并根据投保单内容缮制保险单。保险单与投保单一样，也由保险公司自行设计(参见样单5-2)。一般情况下，保险公司名称及保险单据名称都已在保险单的顶端事先印好。

保险单的内容及缮制要求如下。

1. 被保险人

被保险人(INSURED)，即有权按照保险合同向保险人取得赔偿的人，是受保险合同保障的人。一般谁投保，谁为被保险人，出口商自己办理保险时，被保险人通常作为出口商自身或信用证的受益人。为了使进口商在取得货物所有权的同时，也取得该项保险的受益人地位，此种情况下，出口商或受益人在向银行交单时还须对保险单进行背书。

若信用证有特殊要求时，该栏的填写应视 L/C 的要求而定。以 CIF 交易条件为例，被保险人的填写方法如下。

(1) 信用证指定某特定人为被保险人，则该栏直接填该特定方，受益人不需要背书。

(2) 若信用证中有"INSURANCE POLICY MADE OUT TO THE ORDER OF ××BANK"等类似规定，则该栏应填"出口企业名称 HELD TO ORDER OF ×× BANK"，并在保单背面注明"PAY TO THE ORDER OF ×× BANK"，再由受益人背书。

(3) 若信用证中有 "INSURANCE POLICY MADE OUT TO THIRD PARTY"等类似规定，则被保险人应填"TO WHOM IT MAY CONCERN"，不需要背书。

2. 发票或提单号

在出口业务中，保险在装运前办理，因此"发票或提单号(INVOICE NO. OR B/L NO.)"栏一般填商业发票号码。

样单 5-2 保险单

中国平安保险股份有限公司
PING AN INSURANCE COMPANY OF CHINA, LTD.

NO. 1000005959

货物运输保险单
CARGO TRANPORTATION INSURANCE POLICY

被保险人：Insured

中国平安保险股份有限公司根据被保险人的要求及其所交付约定的保险费，按照本保险单背面所载条款与下列条款，承保下述货物运输保险，特立本保险单。

This Policy of Insurance witnesses that PING AN INSURANCE COMPANY OF CHINA, LTD., at the request of the Insured and in consideration of the agreed premium paid by the Insured, undertakes to insure the under mentioned goods in transportation subject to the conditions of Policy as per the clauses printed overleaf and other special clauses attached hereon.

ORIGINAL

保单号 Policy No.	赔款偿付地点 Claim Payable at
发票或提单号 Invoice No. or B/L No.	
运输工具 Per Conveyance S.S.	查勘代理人 Survey By
起运日期 Slg. on or abt.	自 From
至 To	
保险金额 Amount Insured	
保险货物项目、标记、数量及包装 Description, Marks, Quantity & Packing of Goods	承保条件 Conditions
签单日期 Date	

For and on behalf of

PING AN INSURANCE COMPANY OF CHINA, LTD.

authorized signature

3．唛头和号码

"唛头和号码(MARKS & NUMBERS)"栏可按发票、装箱单上的唛头填写，也可简化填上"AS PER INV.NO. ××"。

4. 包装及数量

"包装及数量(PACKAGE & QUANTITY)"栏参照发票、装箱单填写货物的包装单位及其数量,如"88 WOODEN CASES"。若为散装货,则填货物的重量,并注明"散装(IN BULK)"字样,如"×× KGS IN BULK"。

5. 保险物资项目

保险物资项目(DESCRIPTION OF GOODS)即货物的品名及规格,应与商业发票等单据相符。如果货物名称过多,则只写统称,但应注意不能与其他单据的货物名称有冲突。

6. 保险金额

保险金额(AMOUNT INSURED、TOTAL AMOUNT INSURED)应为发票金额加上投保加成后的金额,包括大、小写两部分。保险金额应按合同或信用证的规定填写,如未作规定,保险金额须至少为货物 CIF 或 CIP 价格的 110%。如果从单据中不能确定 CIF 或 CIP 价格,投保金额必须基于发票上显示的货物总值,或者基于要求承付或议付的金额来计算,两者之中取金额较高者。

保险公司能够接受的投保加成一般为 10%～30%,若信用证要求的投保加成过高,则出口方不应接受。

如果发票金额已经扣除佣金,则应取扣除佣金前的毛额再计算加成办理投保。

保险金额小数点后的尾数一律进为整数,使用的币制必须与信用证币制相同,大小写金额必须完全一致,大写金额最末应加"ONLY",以防涂改。

7. 保费与费率

一般保费及费率(PREMIUM & RATE)不宜具体在保单上显示,故保险单在印刷时一般已在本栏印妥"AS ARRANGED(按约定)"字样。但当信用证要求标明保费及费率时,则应填上具体费率及金额。若信用证规定"INSURANCE POLICY…MARKED PREMIUM PREPAID"时,则应在"AS ARRANGED"前加打"PREPAID",或直接将"AS ARRANGED"划掉,加打"PREPAID"。注意,一旦做了上述修改,应在此处加盖校正章。

8. 装载运输工具

装载运输工具(PER CONVEYANCE S.S)要与运输单据一致。在海运方式下,填船名航次,转运时,应将两船名同时表示出来,填"第一程船名/第二程船名",也可只填"AS PER B/L";在陆运方式下,填写"BY RAILWAY"或"BY TRUCK"或"BY TRAIN: WAGON NO. ××";在空运方式下,填"BY AIR";在邮包运输中,填"BY

PARCEL POST"。

9. 开航日期

"开航日期(SLG ON OR ABT)"栏应填提单签发日,但是在出口贸易中,办理保险时一般尚不知准确提单日,故本栏一般填"AS PER B/L";若已知提单的签发日期,则可填写准确提单日期前后5天内的任一估计日期。

10. 起讫地点

起讫地点(FROM…TO…)应与提单所记载一致,填写货物实际装运的港口即装运港(地)和目的港(地)。如需转运,必须注明中转港名称。当货物转运内陆时,应注明卸货港名称。

《UCP600》规定,保险单据须表明承保的风险区间至少涵盖从信用证规定的货物接管地或发运地开始到卸货地或最终目的地为止。

11. 承保险别

承保险别(CONDITIONS)为保险单的核心,应按信用证或合同规定填写。一般应填写具体的保险险别、保险责任起讫地点、所适用的保险条款文本及日期等。

比如,COVERING ALL RISKS AND WAR RISKS AS PER OCEAN MARINE CARGO CLAUSES(1/1/1981)(WAREHOUSE TO WAREHOUSE CLAUSE IS INCLUDED)AND OCEAN MARINE CARGO WAR RISKS CLAUSES (1/1/1981)OF THE PEOPLE'S INSURANCE COMPANY OF CHINA. 若信用证的保险条款规定为"INSURANCE POLICY…MUST INCLUDE:INSTITUTE CARGO CLAUSE ALL RISKS",则卖方办理保险时,应按协会货物险条款投保ICC(A)险,而不是按中国保险条款办理一切险。

12. 赔款偿付地点

赔款偿付地点(CLAIM PAYABLE AT)应填赔付地点栏和赔付币种两项内容。赔付地点应按信用证规定填写,如信用证未规定,一般填目的港所在地;偿付币种应与信用证币种一致。本栏填写的方法为:"MELBOURNE IN USD"。

13. 保险单份数

《UCP600》规定:除非L/C另有授权,如保险单据表明所出具正本单据系一份以上,则必须提交全部正本保险单据。因此,保险单据上应明确注明保单的正本份数(NUMBERS OF ORIGINAL)。

14. 保险勘查代理人

保险勘查代理人(SURVEYING AND CLAIM SETTING AGENT)是当被保险货物发生

损失时，接受被保险人的通知进行勘查、赔款的人。一般为保险公司在货物进口地的代理人。本栏由保险公司自行指定，应注明勘查代理人的名称、地址或联系方式，以便发生损失时方便收货人进行通知。

15．签发地点和日期

"签发地点和日期(DATE & PLACE)"栏中，签发地点一般为保险公司所在地，签发日期须早于运输单据的签发日期，以证明是在货物装运前办理的投保。

16．保险公司签章

"保险公司签章(AUTHORIZED SIGNATURE)"栏由签发保险单的保险公司加盖保险专用章，并由负责人签字。《UCP600》规定，保险单据必须看似由保险公司或承保人或其代理人或代表出具并经签发才有效。

第五节　信用证中有关保险条款举例

【例1】INSURANCE POLICIES OR CERTIFICATE IN TWO FOLDS, COVERING F.P.A/W.A/ALL RISKS AND WAR RISKS AS PER CIC DATED 1/1/1981.

该条款要求保险单或保险凭证两份，根据1981年1月1日制定的中国保险条款投保平安险或水渍险或一切险，并加保战争险。

【例2】INSURANCE POLICY OR CERTIFICATE IN THREE COPIES MADE OUT TO APPLICANT, COVERING INSTITUTE CARGO CLAUSES(A), AND INSTITUTE WAR CLAUSES(CARGO) AS PER ICC CLAUSE, INCLUDING WAREHOUSE TO WAREHOUSE UP TO FINAL DESTINATION AT OSAKA FOR AT LEAST 110% OF CIF VALUE, MARKED PREMIUM PREPAID AND SHOWING CLAIMS IF PAY ABLE IN JAPAN.

该条款要求保险单或保险凭证三份，以开证申请人为抬头，以商品CIF价的最少110%投保协会货物A险和战争险，包括仓至仓条款，运至最终目的地大阪，保险单上标明保费已付，赔付在日本办理。

【例3】2/2 SETS OF ORIGINAL INSURANCE POLICY OR CERTIFICATE, BLANK ENDORSED, COVERING ALL RISKS AND WAR RISKS FOR 110% INVOICE VALUE, SHOWING CLAIMS PAYABLE IN INDIA.

该条款要求全套为两份的正本保险单或保险凭证，空白背书，以发票金额的110%投保一切险和战争险，标明赔付在印度办理。

【例4】NEGOTIABLE INSURANCE POLICY OR CERTIFICATE ISSUED BY PEOPLES INSURANCE COMPANY OF CHINA, COVERING ALL RISKS AND WAR RISKS FOR 110 PERCENT OF CIF INVOICE VALUE, WITH CLAIMS PAYABLE AT DESTINATION

INDICATING INSURANCE CHARGES.

该条款要求由中国人民保险公司签发的可转让的保险单或保险凭证，以发票 CIF 价的 110%投保一切险、战争险，在目的地办理赔付，并标明保险费。

【例5】AIR TRANSPORTATION ALL RISKS AND WAR RISKS INSURANCE POLICY OR CERTIFICATE IN DUPLICATE ENDORSED IN BLANK, FOR NOT LESS THAN THE FULL CIF VALUE PLUS 10 PERCENT OF THE SHIPMENT, IN THE CURRENCY OF THE CREDIT, SHOWING FULL NAME AND ADDRESS OF AGENT AT DESTINATION.

该条款要求保险单或保险凭证两份，空白背书，最少以装运货物的 CIF 价加成 10%投保航空运输一切险和战争险，用信用证所列币种赔付，并在保单上注明保险公司在目的地代理的名称和地址。

【例6】FULL SET OF INSURANCE POLICY OR CERTIFICATE, ENDORSED IN BLANK FOR 110PCT OF THE INVOICE VALUE EXPRESSLY STIPULATING THAT CLAIMS ARE PAYABLE IN KOREA AND IT MUST INCLUDE:INSTITUTE CARGO CLAUSE ALL RISKS.

该条款要求全套保险单或保险证明，空白背书，以发票金额的 110%投保协会货物一切险，保单上应清楚列明在韩国办理赔付。

【例7】INSURANCE POLICY OR CERTIFICATE IN TWO FOLDS PAYABLE TO THE ORDER OF COMMERCIAL BANK OF LONDON LTD, COVERING MARINE INSTITUTE CARGO CLAUSES A (1.1.1982), INSTITUTE STRIKE CLAUSE CARGO (1.1.1982). FOR INVOICE VALUE PLUS 10% INCLUDING WAREHOUSE TO WAREHOUSE UP TO THE FINAL DESTINATION AT OSLO, MARKED "PREMIUM PAID", SHOWING CLAIMS IF ANY, PAYBLE IN NORWAY, NAMING SETTLING AGENT IN NORWAY.

该条款要求保险单或保险证明一式两份，凭伦敦商业银行的指示赔付，按发票金额加成 10%投保协会货物 A 险和协会货物罢工险，包括仓至仓条款，运至奥斯陆，注明保险公司挪威代理的名称和"PREMIUM PAID"，表明如果发生赔付应在挪威进行。

思 考 题

1. 以 CIF 成交的出口合同，卖方在向银行交单前，需要对保单做什么处理？

2. 若 L/C 规定卖方投保时应以买方为投保人，对此卖方能否接受？如接受，保单将如何转让？

3. 作为进口商，你希望保单上注明的赔款偿付地点应在卖方所在地还是买方所在地？为什么？赔款偿付的币种如何确定？请简要说明理由。

4. 保险单的签单日期应怎样与提单日期衔接，应注意什么？

第五章 保险单据

操 作 题

试根据第三章操作题提供的信用证及商业发票、装箱单等相关资料，缮制保险单一份，参见样单 5-3。

样单 5-3　保险单

中国平安保险股份有限公司
PING AN INSURANCE COMPANY OF CHINA，LTD.

NO. 1000005959

货物运输保险单
CARGO TRANPORTATION INSURANCE POLICY

被保险人：Insured

中国平安保险股份有限公司根据被保险人的要求及其所交付约定的保险费，按照本保险单背面所载条款与下列条款，承保下述货物运输保险，特立本保险单。

This Policy of Insurance witnesses that PING AN INSURANCE COMPANY OF CHINA, LTD., at the request of the Insured and in consideration of the agreed premium paid by the Insured, undertakes to insure the under mentioned goods in transportation subject to the conditions of Policy as per the clauses printed overleaf and other special clauses attached hereon.

ORIGINAL

保单号 Policy No.	赔款偿付地点 Claim Payable at
发票或提单号 Invoice No. or B/L No.	
运输工具 Per Conveyance S.S.	查勘代理人 Survey By
起运日期 Slg. on or abt.	自 From
至 To	
保险金额 Amount Insured	
保险货物项目、标记、数量及包装 Description, Marks, Quantity & Packing of Goods	承保条件 Conditions
签单日期 Date	
	For and on behalf of PING AN INSURANCE COMPANY OF CHINA，LTD. *authorized signature*

第六章 公务证书

学习目标

了解我国出口配额与出口许可证管理制度，掌握出口许可证申请表的填写要点；了解我国出境货物检验检疫的有关规定，了解检验检疫证单的种类，掌握出境货物报检的程序及报检单的填制方法；了解产地证的作用，掌握产地证的签证程序，掌握常用产地证的制作方法。

第一节 出口配额与出口许可证

一国在对外贸易中，出于自身利益的考虑，总是对其相当部分货物的进出口实行限制，这部分货物称为限制进出口货物。根据《中华人民共和国对外贸易法》的规定，国家对限制进口或者出口的货物，实行配额(QUOTA)、许可证(LICENSE)等方式管理。

一、货物进出口配额管理

1. 配额管理的概念

配额有广义和狭义之分。

从广义上说，配额是对有限资源的一种管理和分配，是对供需不等或者各方不同利益的平衡。比如，当某地旅游或者移民需求过旺时，采取配额制度可以缓解这种压力；当某种产品供不应求时，实行配额制度可以调节不平衡等。

狭义的配额是指一国(地区)为了保护本国产业不因进口产品过量而受损害，或者为了防止本国(地区)产品过度出口而主动或者被动地控制产品进出口数量或者价值。

进出口货物配额管理是国家在一定时期内对某些限制进出口的商品采取的一种直接数量控制的办法，即对某种商品规定具体的进口或出口数量，超过规定数量则不允许进口或出口。

世界贸易组织基本条约《关贸总协定》虽禁止对进口和出口颁布配额，但又允许成员国为保障健康采取必需措施，以及采取"与国内限制生产与消费的措施相结合、为有效保护可能用竭的天然资源的有关措施"。很多国家为保护其本国资源及生产与消费，有可能在进出口中随时采取配额限制，配额管理的商品种类也会随着各国的贸易政策变化而随时进行调整。因此，配额在一定时期内还将继续存在。

2. 配额管理的类别

配额管理包括进口配额管理和出口配额管理。

货物出口配额管理是国家在一定时期内对某些限制出口商品采取的一种直接数量控制的办法，即对某种商品规定具体的出口数量，超过规定数量则不允许出口。

出口配额根据实施的主动性可以分为主动配额与被动配额。

主动配额是一国因保护本国特定资源、特定产业或满足某一特殊政治、经济的需要而实行的数量限制。比如，我国对煤炭、锯材、甘草、稀土等的出口所采取的配额限制，就是出于保护我国特定资源的考虑；对出口到港澳地区的活鸡、活牛、活猪等的出口配额限制，则是出于对港澳地区市场容量的考虑。

被动配额又称"自动"出口配额，是指出口国家或地区在进口国家的要求或压力下，"自动"规定某一时期内(一般为 3 年)某些商品对该国出口的限制额，如2009年之前我国出口到对我国产品设限国家的、原产于中国的纺织品即属于被动配额。

3. 配额证明

配额证明是国家配额管理部门对进出口经营者签发的，允许其进出口某项配额管理商品的具体数量的证明文件。

凡国家宣布实行配额管理的出口商品，出口经营者须凭出口配额管理部门发放的配额证明，向海关办理报关验放手续。

二、货物进出口许可证管理

1. 进出口许可证管理的概念

进出口许可证管理，是国家对限制进出口的商品采取的一种非数量控制的办法，即对某种限制进出口商品，以签发进出口许可证的方式而进行的行政许可管理。

进出口许可证管理是国家进出口管理的重要手段，国家实行统一的货物进出口许可证制度。

货物进出口许可证管理分为进口许可证管理和出口许可证管理两个方面。

出口许可证管理不仅可以对出口商品的数量、进入的市场加以控制，而且可以对出口商品的品质、价格等直接加以限制。目前，我国对一些出口金额大且经营秩序易于混乱和重要的名、优、特出口商品以及少数确需管理的商品，实行一般许可证管理；对有数量限制和其他限制的出口商品实行配额和许可证结合管理。

2. 出口许可证

出口许可证是由国家商务部及其下属职能部门代表国家统一签发的、批准某项商品出口的具有法律效力的证明文件，也是我国海关查验放行出口货物的依据。

我国规定，凡是国家宣布实行出口许可证管理的商品，不管任何单位或个人，也不分任何贸易方式(对外加工装配方式，按有关规定办理)，出口前均须按规定向指定的发证机构申领出口许可证，海关凭出口许可证接受申报和验放，无证不得出口。

出口许可证有一般出口许可证、两用物项和技术出口许可证、加工贸易出口许可证、边境小额贸易出口许可证、纺织品出口许可证等。

本书所涉及的出口许可证均指一般出口许可证。

三、我国实行出口许可证管理的货物

国家限制进出口的货物，由国务院对外贸易主管部门会同国务院其他有关部门，以颁发进出口许可证管理货物目录的方式，制定、调整并向社会公布。

因经济情况和客观因素的变化，国家每年实行出口许可证管理的货物目录可能有所不同。比如，2013年我国实行出口许可证管理的货物共48种，而2012年为49种，2009年则为50种。

根据我国商务部、海关总署2012年第97号文公布的《2013年出口许可证管理货物目录》，2013年我国实行出口许可证管理的货物共48种，分别实行出口配额许可证、出口配额招标和出口许可证管理。

1．实行出口配额许可证管理的货物

2013年实行出口配额许可证管理的货物是：小麦、玉米、大米、小麦粉、玉米粉、大米粉、棉花、锯材、活牛(对港澳)、活猪(对港澳)、活鸡(对港澳)、煤炭、原油、成品油、稀土、锑及锑制品、钨及钨制品、锡及锡制品、白银、铟及铟制品、钼、磷矿石。

2．实行出口配额招标的货物

2013年实行出口配额招标的货物是：蔺草及蔺草制品、滑石块(粉)、镁砂、甘草及甘草制品。

3．实行出口许可证管理的货物

2013年实行出口许可证管理的货物是：活牛(对港澳以外市场)、活猪(对港澳以外市场)、活鸡(对港澳以外市场)、冰鲜牛肉、冻牛肉、冰鲜猪肉、冻猪肉、冰鲜鸡肉、冻鸡肉、消耗臭氧层物质、石蜡、部分金属及制品、铂金(以加工贸易方式出口)、汽车(包括成套散件)及其底盘、摩托车(含全地形车)及其发动机和车架、天然砂(含标准砂)、钼制品、柠檬酸、维生素C、青霉素工业盐、硫酸二钠、焦炭、碳化硅、矾土、氟石。

以上出口货物中，除对港澳地区出口的活牛、活猪、活鸡实行全球许可证下的国别(地区)配额许可证管理外，其他出口许可证管理货物目录所列出口货物均实行全球出口许可证管理。

四、出口配额和出口许可证的申领与使用

1. 出口配额的申领与使用

根据《中华人民共和国货物进出口管理条例》的规定，对实行配额管理的限制出口货物，出口配额管理部门应当在每年10月31日前公布下一年度出口配额总量。配额申请人应当在每年11月1日至11月15日向出口配额管理部门提出下一年度出口配额的申请。出口配额管理部门应当在每年12月15日前将下一年度的配额分配给配额申请人。

配额可以通过直接分配的方式分配，也可以通过招标等方式分配。我国商务部配额许可证事务局负责配额的发放工作。

以直接分配方式分配的配额，出口企业须主动申请。以招标方式分配的配额，出口企业须参加投标并须中标。出口配额的招标工作由出口配额招标委员会(以下简称招标委员会)负责。招标委员会一般先公布配额有偿招标的商品目录，并发出招标公告，凡有投标资格并符合招标条件的出口企业均可参加投标，招标委员会进行评标后将中标企业名单及其中标数量予以公布。

配额持有者未使用完其持有的年度配额的，应当在当年12月31日前将未使用的配额交还出口配额管理部门；未按期交还并且在当年年底前未使用完的，出口配额管理部门可以在下一年度对其扣减相应的配额。

实行配额管理的出口商品，出口经营者还须凭"配额证明"，向有关主管机关申领出口许可证才能出口。

2. 出口许可证的申领与使用

1) 出口许可证的发证机构

我国商务部授权配额许可证事务局统一管理全国的许可证签发工作。凡实行出口许可证管理的货物，商务部配额许可证事务局(以下简称许可证局)、商务部驻各地特派员办事处(以下简称特办)及商务部授权的地方商务主管部门发证机构(以下简称地方发证机构)分别负责签发相应货物的出口许可证。

2013年实行出口许可证管理的48种货物中，许可证局负责签发以下6种货物的出口许可证：玉米、小麦、棉花、煤炭、原油、成品油。特办负责签发以下25种货物的出口许可证：大米、玉米粉、小麦粉、大米粉、锯材、活牛、活猪、活鸡、焦炭、稀土、锑及锑制品、钨及钨制品、锡及锡制品、白银、铟及铟制品、钼、磷矿石；蔺草及蔺草制品、碳化硅、滑石块(粉)、镁砂、矾土、甘草及甘草制品；铂金(以加工贸易方式出口)、天然砂(含标准砂)。地方发证机构负责签发以下17种货物的出口许可证：冰鲜牛肉、冻牛肉、冰鲜猪肉、冻猪肉、冰鲜鸡肉、冻鸡肉、消耗臭氧层物质、石蜡、部分金属及制品、汽车(包括成套散件)及其底盘、摩托车(含全地形车)及其发动机和车架、钼制品、柠檬

酸、青霉素工业盐、维生素C、硫酸二钠、氟石。

2) 出口许可证的申领

出口许可证可以网上申领，也可以书面申领。

网上申领许可证，企业须先申领用于身份认证的电子钥匙，正确安装电子钥匙的驱动程序后，登录许可证局网站(www.licence.org.cn)，点击"网上申领"或"网上企业申领"，选择登录申领系统后即可在线填写"中华人民共和国出口许可证申请表"(参见样单6-1)申领"中华人民共和国出口许可证"(参见样单6-2)。

发证机构在收到符合规定的申请之日起3个工作日内决定是否审批通过，如果审批通过，申请企业可打印已审批通过的申领单，签字盖章后，持申领单及相关文件到发证机构领取"中华人民共和国出口许可证"。

企业申领出口许可证，应向发证机关出示：盖有公章的"中华人民共和国出口许可证申请表"、主管机关签发的出口批准文件、出口合同正本复印件以及其他证明材料。

年度内初次申请出口许可证的，还应提交：企业法人营业执照、盖有对外贸易经营者备案登记专用章的"对外贸易经营者备案登记表"或者"中华人民共和国进出口企业资格证书"、经营者为外商投资企业的应当提交"中华人民共和国外商投资企业批准证书"。

实行出口配额招标的商品，各授权发证机构凭商务部下发的中标企业名单及其中标数量和招标办公室出具的"申领配额招标商品出口许可证证明书"签发出口许可证。

以加工贸易方式出口属出口配额许可证管理的货物，发证机构凭出口配额、加工贸易业务批准证以及其他必要的证书及文件核发出口许可证。

3) 出口许可证的使用

各发证机构自当年12月10日起可签发下一年度的出口许可证，出口许可证的有效期最长不得超过6个月，且有效期截止时间不得超过当年12月31日，逾期自行失效。商务部可视具体情况，调整某些货物出口许可证的有效期和申领时间。使用当年出口配额或批准数量领取的出口许可证可办理延期，其延期最长不得超过当年12月31日。

出口许可证一经签发，任何单位和个人不得擅自更改证面内容，因故需要更改或延期时，需在有效期内向发证机构申请。

在通常情况下，一批货物一份出口许可证，只能在一个口岸报关使用一次，即"一批一证"。但有部分商品的出口实行"非一批一证"管理，这种出口许可证的"备注"栏签有"非一批一证"字样，可在同一口岸多次报关(最多不超过12次)。

2013年实行"非一批一证"管理的货物为：外商投资企业出口货物；加工贸易方式出口货物；补偿贸易项下出口货物；小麦、玉米、大米、小麦粉、玉米粉、大米粉、活牛、活猪、活鸡、牛肉、猪肉、鸡肉、原油、成品油、煤炭、汽车(包括成套散件)及其底盘、摩托车(含全地形车)及其发动机和车架。

为维护正常的经营秩序，国家对部分出口货物实行指定发证机构发证或指定口岸报关出口。企业出口此类货物，须向指定发证机构申领出口许可证，并在指定的口岸报关出口,指定发证机构也按指定的口岸签发出口许可证。比如,2013年度,锑及锑制品指定黄埔海关、北海海关、天津海关为出口报关口岸;稀土的报关口岸限定为天津海关、上海海关、青岛海关、黄埔海关、呼和浩特海关、南昌海关、宁波海关、南京海关和厦门海关;以陆运方式出口的对港澳地区活牛、活猪、活鸡出口许可证由广州特办、深圳特办签发,等等。

样单6-1 中华人民共和国出口许可证申请表

1. 出口商: 领证人姓名:	代码: 电话:	3. 出口许可证号:			
2. 发货人:	代码:	4. 出口许可证有效截止日期: 年 月 日			
5. 贸易方式:		8. 进口国(地区):			
6. 合同号:		9. 付款方式:			
7. 报关口岸:		10. 运输方式:			
11. 商品名称:		商品编码:			
12. 规格、等级	13. 单位	14. 数量	15. 单价(币别)	16. 总值(币别)	17. 总值折美元
18. 总 计					
19. 备 注 申请单位盖章 申领日期:		20. 签证机构审批(初审): 经办人: 终审:			

填表说明:1. 本表应用正楷逐项填写清楚,不得涂改、遗漏,否则无效。
2. 本表内容需打印多份许可证的,请在备注栏内注明。

样单 6-2 中华人民共和国出口许可证

EXPORT LICENCE OF THE PEOPLE'S REPUBLIC OF CHINA   No.

1. 出口商： Exporter	3. 出口许可证号： Export licence No.
2. 发货人： Consignor	4. 出口许可证有效截止日期： Export licence expiry date
5. 贸易方式： Terms of trade	8. 进口国(地区)： Country /Region of purchase
6. 合同号： Contract No.	9. 支付方式： Payment conditions
7. 报关口岸： Place of clearance	10. 运输方式： Mode of transport

11. 商品名称： Description of goods			商品编码： Code of goods		
12. 规格、等级 Specification	13. 单位 Unit	14. 数量 Quantity	15. 单价( ) Unit price	16. 总值( ) Amount	17. 总值折美元 Amount in USD
18. 总计 Total					

| 19. 备注
Supplementary details | 20. 发证机关签章
Issuing authority's stamp & signature |
| | 21. 发证日期
Licence date |

五、出口许可证申请表的内容及其填写规范

因出证机关是按照出口许可证申请表来缮制出口许可证的,因此出口许可证的申领人必须严格按合同规定正确填写出口许可证申请表。出口许可证申请表的内容及其填写规范如下。

1. 出口商

出口商指出口合同签订单位,应与出口批准文件一致。出口商代码为《对外贸易经营者备案登记表》、《中华人民共和国进出口企业资格证书》或者《中华人民共和国外商投资企业批准证书》中的 13 位企业代码。

2. 发货人

发货人指具体执行合同发货报关的单位。配额以及配额招标商品的发货人应与出口商保持一致。

3. 出口许可证号

出口许可证号由发证机关编排,结构为××-××-××××××,其中,前 2 位为年份,第 3、4 位为发证机构代码,后 6 位为顺序号。

4. 出口许可证有效截止日期

出口许可证有效截止日期按《货物出口许可证管理办法》确定的有效期,由发证系统自动生成。通常最长为 6 个月。

5. 贸易方式

贸易方式按实际填写,只能填报一种,包括一般贸易、进料加工、来料加工、出料加工、外资企业出口、捐赠、赠送等。

6. 合同号

合同号是指申领许可证时提交的出口合同的编号。合同号只能填报一个。

7. 报关口岸

报关口岸是指出口口岸,只允许填报一个关区,但可填写 3 个口岸。

8. 进口国(地区)

进口国(地区)是指最终目的地,即合同目的地,不允许使用地域名(如欧洲等),如对中国保税区出口,应填"中国"。

9. 付款方式

付款方式根据合同规定填写,如信用证、托收、汇付等。付款方式只能填报一种。

10. 运输方式

运输方式指货物离境时的运输方式,包括海上运输、铁路运输、公路运输、航空运输等。运输方式只能填报一种。

11. 商品名称和编码

商品名称和编码按商务部公布的年度《出口许可证管理货物目录》的 10 位商品编码填写,商品名称由发证系统自动生成。只能填报一个商品编码并应与出口批准文件一致。

12. 规格等级

规格等级用于对出口商品的具体说明,包括具体品种、规格(如水泥标号、钢材品种等)、等级(如兔毛等级)。同一编码商品规格型号超过 4 种时,应另行填写出口许可证申请表。出运货物必须与此栏说明的品种、规格或等级相一致。

13. 单位

单位是指计量单位。按商务部公布的年度《出口许可证管理货物目录》中的计量单位执行,如果合同使用的计量单位与规定的计量单位不一致,应换算成规定的计量单位,无法换算的,在备注栏中说明。

14. 数量

数量表示申请出口商品的多少。最大位数为 9 位阿拉伯数字,此数值允许保留一位小数。如数量过大,可分证办理;数量过小,可在"备注"栏注明。计量单位为"批"的,此栏均为"1"。

15. 单价

单价是指与计量单位相一致的单位价格,计量单位为"批"的,此栏则为总金额。

16. 总值、总值折美元、总计

总值即数量与单价的乘积。此部分内容由发证系统自动计算。

17. 备注

备注填写以上各栏未尽事宜。实行"非一批一证"制的出口商品,应在备注栏内注明"非一批一证"。

第二节　商品检验检疫证书

根据《中华人民共和国进出口商品检验法》及其《实施条例》的规定，凡列入《出入境检验检疫机构实施检验检疫的进出境商品目录》的进出口商品，以及法律、行政法规规定须经出入境检验检疫机构实施检验检疫和监管的其他进出口商品，属法定检验的范围，必须经过我国出入境检验检疫机构进行检验检疫后才能出口或进口。非法定检验范围的进出口商品，属鉴定业务，检验检疫机构检验合格后即发给相应证书，银行凭其予以结汇。

中华人民共和国国家质量监督检验检疫总局(AQSIQ，以下简称"国家质检总局")主管全国的进出口商品检验工作。国家质检总局设在全国各地的出入境检验检疫局(即 CIQ)及其分支机构，对外代表中国的官方机构，管理所负责地区的进出口商品检验工作、鉴定业务和原产地业务。

一、出入境检验检疫证单及其作用

出入境检验检疫证单是由检验检疫机构依照国家法律、法规和国际惯例等要求，对出入境货物、交通运输工具、动植物及其产品、人员等进行检验检疫和监督管理后签发的结果证明文书。它是证明卖方所交货物与合同规定是否相符的依据，也是海关通关验放的有效凭证。

出入境检验检疫证单包括证书和凭单两类。其中，证书(INSPECTION CERTIFICATE)主要有检验证书(包括品质、重量、数量、包装、蒸煮等)、卫生证书、健康证书、兽医证书、动/植物检疫证书、交通运输工具检疫证书、熏蒸/消毒证书等。凭单主要有出入境货物通关单、入境货物检验检疫情况通知单、出境货物运输包装性能检验结果单、出境货物换证凭单等。

出入境检验检疫证单的主要作用有以下三点。

(1) 商检证书是证明卖方交货的品质、数量、重量、包装等是否符合合同规定的依据，便于买卖双方交接货物。如果商检证书所列内容与合同规定不符，买方有权据以拒付货款、拒收货物并提出索赔。

(2) 当信用证有要求时，商检证书是出口商凭以交单结汇的单据之一，没有商检证书，银行可以拒绝议付或承付。

(3) 凡属法定检验的进出口商品，出入境检验检疫凭单是海关接受申报的前提。

二、出境货物检验检疫的工作程序

法检商品的海关监管条件为 A(进口)和 B(出口)。凡海关监管条件为 B 的出口商品，必须经检验检疫后才能出口。

我国出入境检验检疫机构对出境货物的检验检疫，主要包括以下几个环节。

1．申请报检

出境货物的发货人或其代理人，应在货物生产加工完毕并自行检验合格后，向货物生产地的出入境检验检疫机构申报。出口活动物，可向出境地的检验检疫机构申请报检。

报检时间应掌握在出口报关或装运之前最少 7 天。个别检验检疫周期较长的货物，还应提前申报。

报检工作由持证的报检员专职负责。货物出境报检，报检员应填写"出境货物报检单"。

2．受理报检和计费

检验检疫机构收到报检单位交来的报检申请及各种证单后，即将报检数据录入计算机，并对单据进行审核，合格后即按规定计收检验检疫费用并拟实施检验检疫。

3．实施检验检疫

实施检验检疫，一般在商品的生产制造地进行。报检人应提供必要的工作条件，预先与检验检疫机构约定检验检疫时间。检验检疫机构进行抽样检验。

不宜在产地实施检验的商品，检验检疫机构应指定其他地点进行检验。

4．出具证单

检验检疫机构对商品检验后，即根据报检人的要求签发相应证单。

凡产地和报关地相一致的出境货物，检验检疫机构经检验检疫合格，出具"出境货物通关单"；产地和报关地不一致的出境货物，检验检疫机构经检验检疫合格，出具"出境货物换证凭单"，发货人或其代理人凭其到报关地检验检疫机构换发"出境货物通关单"。

检验检疫机构对检验检疫不合格的出境货物，出具"出境货物不合格通知单"。

经检验检疫合格的出口商品，必须在效期内申报出口，逾期报运出口的，须重新报检。

为提高工作效率，方便出口，检验检疫机构对某些常年出口且信誉好的出口企业以及非易腐烂变质、非易燃易爆的货物，接受其电话预约报检或传真报检，特殊情况实行急事急办，这样既有利于检验检疫工作的开展，又保证做到出口检验不误发运，防止国内不合格货物运出口岸。

三、报检时应提供的单证

报检单位报检时，应填写"中华人民共和国出入境检验检疫出境货物报检单"(参见样单 6-3)，同时还应提供出口合同(销售确认书或订单等)、商业发票、装箱单、信用证等必备单证。如有下列情况，还应按要求提供相应文件。

样单 6-3 中华人民共和国出入境检验检疫出境货物报检单

中华人民共和国出入境检验检疫
出境货物报检单

报检单位(加盖公章):				*编号----------------	
报检单位登记号:		联系人:	电话:	报检日期: 年 月 日	

发货人	(中文)
	(外文)
收货人	(中文)
	(外文)

货物名称(中/外文)	H.S.编码	产地	数/重量	货物总值	包装种类及件数

运输工具名称号码		贸易方式		货物存放地点	
合同号		信用证号		用途	
发货日期		输往国家(地区)		许可证/审批号	
启运地		到达口岸		生产单位注册号	
集装箱规格、数量及号码					

合同、信用证订立的检验检疫条款或特殊要求	标记及号码	随附单据(打"√"或补填)	
		□合同	□厂检单
		□信用证	□包装性能结果单
		□发票	□许可/审批文件
		□换证凭单	□
		□装箱单	□

需要证单名称(打"√"或补填)					*检验检疫费
□品质证书	正 副	□动物卫生证书	正 副	总金额	
□重量证书	正 副	□植物检疫证书	正 副	(人民币元)	
□数量证书	正 副	□熏蒸/消毒证书	正 副		
□兽医卫生证书	正 副	□出境货物换证凭单	正 副	计费人	
□健康证书	正 副	□通关单	正 副	收费人	
□卫生证书	正 副	□			

报检人郑重声明:	领取证单
1. 本人被授权报验。	
2. 上列填写内容正确属实,货物无伪造或冒用他人的厂名、标志、认证标志,并承担货物质量责任。	日期
签名:	签名

注: 有*号的栏目由商检机构填写。　　　　　　　◆国家出入境检验检疫局制

(1) 实施卫生注册及质量许可证管理的货物，应提供出入境检验检疫机构签发的卫生注册/质量许可证副本，并在报检单上注明卫生注册证号或质量许可证号，同时提供厂检合格证。

(2) 出境货物须经生产者或经营者检验合格并加附检验合格证或检测报告；申请重量鉴定的，应加附重量明细单或磅码单。

(3) 凭样成交的货物，应提供经买卖双方确认的样品。

(4) 报检出境运输工具、集装箱时，还应提供检疫证明，并申报有关人员健康状况。

(5) 法定检验检疫的出境货物外包装(如纸箱、木箱、麻袋、集装箱、塑编袋等)报检时应提供"出境货物运输包装容器性能检验结果单"正本。危险品还须提供危险货物包装性能鉴定结果单和使用鉴定结果。

(6) 凡凭样成交的出境货物，报检时应提供买卖双方共同确认/铅封的成交样品。

(7) 若经外地检验检疫机关检验检疫合格，需在本地实施查验后装运出口的出境货物，报检时应加附该批出境货物的"换证凭单"(正本)。

四、出境货物报检单的内容与缮制方法

出口货物应以一个品种或一份提单为一批，一批货物一份出境货物报检单。报检单由我国出入境检验检疫机构统一印制，除带有"*"标记的内容由商检机构填写之外，其他内容均由报检员依照合同及有关单证的内容如实填写，不得留有空项，并不得涂改，无内容或无法填写时用"****"表示。

其具体填制要求如下。

(1) 报检单位及其登记号、联系人、电话、日期等：填申报检验、检疫、鉴定业务的单位名称及其在检验检疫机构注册的登记号，报检员姓名及其联系方式，以及申报日期，并加盖单位公章。

(2) 发货人：指本批货物贸易合同中卖方名称或信用证中受益人名称。如需要出具英文证书的，填写英文名称。

(3) 收货人：指本批出境货物贸易合同中或信用证中的买方名称。如需要出具英文证书的，填写英文名称。

(4) 货物名称：按合同、信用证上所列名称及规格，填写货物具体的类别名称，不能用统称。

(5) H.S.编码：按《商品名称及编码协调制度》中所列编码分类填写货物的 8 位数商品编码。

(6) 产地：填写货物生产/加工的省(自治区、直辖市)以及地区(市)名称。

(7) 数/重量：按实际申请检验检疫货物的数/重量填写。重量一般填净重，如填写毛重则应注明。

(8) 货物总值：按本批货物合同或发票所列总值填写，并注明币种。

(9) 包装种类及数量：本批货物运输包装的种类及包件数量。

(10) 运输工具名称号码：填写货物实际装载的运输工具类别名称(如船舶、飞机、货柜车、火车等)及运输工具编号(船名、飞机航班号、车牌号码、火车车次)。报检时，未能确定运输工具编号的，可只填写运输工具类别。

(11) 贸易方式：按该批货物出口的贸易方式填写，如一般贸易、来料加工等。

(12) 货物存放地点：注明具体地点、仓库。

(13) 合同号、信用证号：即本批货物的合同(确认书或订单)、信用证号。

(14) 用途：指本批出境货物的用途。出境货物的用途有 9 种，分别为种用或繁殖、食用、奶用、观赏或演艺、伴侣动物、试验、药用、饲用和其他。

(15) 发货日期：填实际出境日期。

(16) 输往国家(地区)：填合同中买方所在的国家或地区。

(17) 许可证/审批号：须办理出境许可证或审批的货物应填写有关许可证号或审批号。

(18) 启运地：货物离境的交通工具的启运口岸/地区城市名称。

(19) 到达口岸：指装运本批货物的交通工具最终抵达目的地停靠的口岸名称。

(20) 生产单位注册号：指生产/加工本批货物的单位在检验检疫机构的注册登记编号。

(21) 集装箱规格、数量及号码：填写装载本批货物的集装箱规格(如 40 英尺、20 英尺等)以及分别对应的数量和集装箱号码。若集装箱太多，可用附单形式填报。

(22) 合同、信用证订立的检验检疫条款或特殊要求：指贸易合同或信用证中贸易双方对本批货物特别约定而订立的质量、卫生等条款和报检单位对本批货物检验检疫的特别要求。

(23) 标记及号码：按发票填写，若没有标记号码则填"N/M"。

(24) 随附单据：按报检时实际提供的单据，打"√"或补填。

(25) 需要证单名称：按需要检验检疫机构出具的证单，在对应的"□"打"√"，并对应注明所需证单的正副本的数量。

(26) 签名：由持有"报检员证"的报检人员手签。

(27) 领取证单：报检人在领取证单时填写，申报时无须填写。

五、商检证书的种类

我国企业出口法检商品，海关均凭商检机构签发的"出境货物通关单"验放，但是有时合同或信用证中还会要求商检证明书，此时，商检证书就成为议付单据之一，出口商必须按要求提供。合同或信用证中要求的商检证书多种多样，主要有以下几种。

(1) 品质检验证书(INSPECTION CERTIFICATE OF QUALITY)，是证明出口商品的

品质、规格、等级等方面情况的证书，证明卖方已经按合同履行了交货义务，是出口商交单结汇和进口商结算、索赔的有效凭证。

(2) 重量或数量检验证书(INSPECTION CERTIFICATE OF WEIGHT OR QUANTITY)，是证明出口商品的重量或数量情况的证书，证明卖方已按合同履行了交货义务。是出口商交单结汇和进口商结算、索赔的有效凭证，也是国外进口商及其当事人报关纳税和计算运费、装卸费用的证件。

(3) 兽医检验证书(VETERINARY INSPECTION OF CERTIFICATE)，是证明出口动物产品或食品经过检疫合格的证件。适用于冻畜肉、冻禽、禽畜罐头、冻兔、皮张、毛类、绒类、猪鬃、肠衣等出口商品。是对外交货、银行结汇和进口国通关输入的重要证件。

(4) 卫生/健康证书(SANITARY/HEALTH INSPECTION CERTIFICATE)，是证明可供人类食用的出口动物产品、食品等经过卫生检验或检疫合格的证件。适用于肠衣、罐头、冻鱼、冻虾、食品、蛋品、乳制品、蜂蜜等，是对外交货、银行结汇和通关验放的有效证件。

(5) 消毒检验证书(DISINFECTION INSPECTION CERTIFICATE)，是证明出口动物产品经过消毒处理，保证安全卫生的证件。适用于猪鬃、马尾、皮张、山羊毛、羽毛、人发等商品，是对外交货、银行结汇和国外通关验放的有效凭证。

(6) 熏蒸证书(INSPECTION CERTIFICATE OF FUMIGATION)，是用于证明出口粮谷、油籽、豆类、皮张等商品，以及包装用木材与植物性填充物等，已经过熏蒸灭虫的证书。

(7) 船舱检验证书(INSPECTION CERTIFICATE ON TANK/HOLD)，是证明承运出口商品的船舱清洁、密固、冷藏效能及其他技术条件是否符合保护承载商品的质量和数量完整与安全的要求的证书。它可作为承运人履行租船契约适载义务、对外贸易关系方进行货物交接和处理货损事故的依据。

另外，根据实际情况需要，检验检疫机构出具的商检证书还有残损检验证书(INSPECTION CERTIFICATE OF DAMAGED CARGO)、积载鉴定证书、财产价值鉴定证书、生丝品级及公量检验证书(INSPECTION CERTIFICATE OF RAW SILK CLASSIFICATION CONDITIONED WEIGHT)、舱口检视证书、监视装/卸载证书、舱口封识证书、油温空距证书、集装箱监装/拆证书等。

六、商检证书的内容

各类商检证书虽然需要证明的内容不同，但包含的项目基本相近(参见样单 6-4)，一般应包括证书编号、发货人、收货人、货物名称、唛头、包装情况、产地、运输工具、报验数量、检验日期、检验结果等。

样单6-4 品质检验证明书

中华人民共和国出入境检验检疫
ENTRY-EXIT INSPECTION AND QUARANTINE
OF THE PEOPLE'S REPUBLIC OF CHINA

正 本
ORIGINAL

共1页第1页 Page 1 of 1

编号 No.: 0067   54

品质证书
CERTIFICAT DE COMFORMITE

发货人 Consignor	JUNJING INDUSTRIAL CO LTD 4/F JINQIAO BUILDING HUA YUAN ROAD EAST FOSHAN, CHINA
收货人 Consignee	SA MACO OUSTRIELLE PALMAN CONSTANTINE RIE
品 名 Description of Goods	COMPACTO
标记及号码 Mark & No.	N/M
报检数量/重量 Quantity/Weight Declared	78685.2KGS/60CBM
包装种类及数量 Number and Type of packages	2765 PACKAGES
运输工具 Means of Conveyance	BY AIR.

检验结果:
RESULTS OF INSPECTION:
一、包装:上述货物外包装,包装完好,
二、型号和数量:
　　　型号　　　数量
MODEL&QUANTITY: COMPACTO TOTAL 3 CONTAINERS
MODEL   QUANTITY

三、品质外观全新,所检项目符合IEC60335-1;1991+A1;1994标准要求。
QUALITY: THE GOODS ARE BRAND-NEW,THE INSPECTED ITMES ARE UP TO
THE REQUIREMENT OF THE SANDARD IEC60335-1; 1991+A1;1994.

注意:本证书译文如有异点,概以中文为主。
N.B:IN CASE OF DIVERGBNCE,THE CHINESE TEXT SHALL BE REGARDED AS AUTHENTIC.
INVOICE NO.: 11 092001   L/C NO.:11 5   167
CONTAINER NO.: TRLU3822 5/CMAU1460730/ECMU 4951
WE TESTIFY THESE GOODS HAVE BEEN PROVEN TO BE IN COMPLLANCE
WITH THE APRROVED INTERNATIONAL STANDARDS.
　　　　　********

签证地点 Place of Issue ___JING ,CHINA___ 签证日期 Date of Issue NOV.25,
授权签字人 Authorized Officer ___李广瑞___ 签 名 Signature ___Liguangrui___

Official Stamp

中华人民共和国出入境检验检疫机关及其官员或代表不承担签发本证书的任何财务责任。No financial liability with respect to this certificate shall attach to the entry-exit inspection and quarantine authorities of the P. R. of China or to any of its officers or representatives.
[c 7-1(2000. 1. 1)]

AA0200303

(1) 出证机关、地点及证书的名称。如果信用证未规定出具检验证明书的具体单位，则由出口商决定。检验证明书的出证地点一般在货物装船口岸或装货地，除非信用证另有规定。检验证明书的名称则应与合同或信用证规定相符。

(2) 发货人名称及地址。一般为出口商名称。该栏内容应符合合同或信用证的规定，并与其他单据保持一致。

(3) 收货人名称与地址。一般为进口商名称。该栏内容应符合合同或信用证的规定，并与其他单据保持一致。

(4) 品名、报验数量、重量、包装种类及数量、到达口岸、运输工具、唛头等。应与商业发票及提单等单据所描述的内容完全一致。货物名称可以用统称。

(5) 检验结果。此栏是检验证明书中最重要的一项，在此栏中记载报验货物经检验的现状。货物现状是衡量货物是否符合合同或信用证规定的凭证，也是交接货物或索赔、理赔的具有法律效力的证明文件。

(6) 签证日期。检验证明书的出具日期应不迟于提单日期，但也不得过早于提单日期，最好在提单日之前一两天或至少与提单日期相同。

(7) 签字盖章。一般而言，盖章与签字一样有效。但是有的国家则要求出具的检验证书一定要经过手签，在这种情况下，只有盖章而无签字的检验证明书则被视为无效。

第三节　原产地证明书

在当前世界经济区域化、集团化、贸易垄断不断加强、贸易摩擦日益激烈的情况下，各国政府出于贸易保护的需要，根据各自的对外贸易政策，一般都实行进口贸易管制，对来自不同贸易伙伴的进口商品采取各种各样的限制措施，如实施差别关税和数量限制，并由海关执行统计。

在货物贸易中，进口国进行贸易保护的重要工具之一，就是利用原产地规则来限制某些国家或地区产品的进口，此时进口国往往要求出口商出具货物的原产地证明。另外，随着越来越多区域性和双边自由贸易协定的签订，相互给予关税优惠待遇的国家也越来越多。按照协定，出口成员国出口关税减让表内的产品，只要凭规定格式的产地证书即可在进口成员国的海关享受到相应的关税减免，因此，进口商为了在进口时享受较低的关税税率，降低贸易成本，一般都要求出口商提供产地证。

在当前的国际贸易中，要求产地证已成为国际惯例。我国出口企业应加强对各种产地证的认识与应用，扩大产品的出口。

一、原产地证明书的概念

原产地证明书(CERTIFICATE OF ORIGIN，C/O)是出口商应进口商的要求而提供的、由公证机构或政府或出口商出具的证明货物原产地和制造地的一种证明文件。

中华人民共和国出口货物原产地证明书(CERTIFICATE OF ORIGIN OF THE PEOPLES'S REPUBLIC OF CHINA，C/O，简称产地证)，是证明出口货物的生产、制造地为中华人民共和国，并符合《中华人民共和国出口货物原产地规则》的证明文件，即证明有关出口货物是在中国关境内获得或经过加工制造，并发生了实质性改变的证明文件。

二、原产地证明书的作用

原产地证明书的作用主要表现在以下几个方面。

1．原产地证明书是实行差别关税待遇的主要依据

进口国海关根据产地证来确定进口商品的来源，并按进口货物的原产地归属，对不同的进口货物实行差别关税待遇，课征不同的进口关税。

2．原产地证明书是进口国实行国别贸易政策和出口国享受配额待遇的通关凭证

有些国家对一些进口商品实行配额管理，按年度给有关出口国一定的进口配额或关税配额，即规定特定国家在一定时期内输入本国的某种商品不能超过一定的限额，超过限额即征收重税，或者不准进口。因此要求出口国提供产地证，作为海关按所给配额准予进口通关或在关税配额内给予关税优惠待遇的凭证。

3．原产地证明书是进口国海关进行贸易统计的依据

海关通过对产地证的监督使用，确定商品的原产地国别，并进行贸易统计。

三、我国原产地证明书的种类

我国的原产地证明书主要有两大类。

1．普通原产地证

不使用海关发票或领事发票的国家，通常要求提供原产地证明书来确定对进口货物征税的税率。在限制进口货物的国别时，产地证则用来确定货物的来源国。

普通原产地证根据签发者的不同，分为以下几种。

(1) 出口商或厂商出具的原产地证明书。

(2) 国家出入境检验检疫机构签发的原产地证明书。

(3) 中国国际贸易促进委员会(中国国际商会)出具的原产地证明书。

其中，中国国际贸易促进委员会(CCPIT，简称贸促会)和出入境检验检疫机构(CIQ，简称商检机构)签发的普通原产地证的格式相同，称为一般原产地证明书，这种证书由国家指定机构统一印制，有长城防伪花纹和统一的编号。出口商需要时，向商检机构或贸促

会购买。

一般原产地证是出口产品享受最惠国待遇的有效证件。

2．特殊原产地证

1) 普惠制产地证

普遍优惠制(GENERALIZED SYSTEM OF PREFERENCES)，简称普惠制(G.S.P.)，是发达国家给予发展中国家出口制成品和半制成品(包括某些初级产品)普遍的、非歧视的、非互惠的一种关税优惠制度。这种制度使发展中国家能以较低的税率向发达国家出口产品，从而增加出口收益，促进工业化，加速经济的发展。在普惠制中，给予关税优惠待遇的国家称为给惠国，享受关税优惠待遇的国家称为受惠国。截至 2013 年 6 月，世界上共有 40 个给惠国，它们是：欧盟 27 国(法国、英国、爱尔兰、德国、丹麦、意大利、比利时、荷兰、卢森堡、希腊、西班牙、葡萄牙、奥地利、瑞典、芬兰、波兰、捷克、斯洛伐克、匈牙利、保加利亚、罗马尼亚、爱沙尼亚、拉脱维亚、立陶宛、塞浦路斯、马耳他、斯洛文尼亚)、瑞士、列支敦士登公国、挪威、日本、加拿大、美国、澳大利亚、新西兰(已与中国签订自由贸易协定)、俄罗斯、乌克兰、白俄罗斯、哈萨克斯坦、土耳其。其中，除美国之外，其他国家都对中国给惠。

各给惠国政府或国家集团为实施普惠制，都定期或不定期地公布给惠产品范围、关税削减幅度、保护措施、原产地规则、受惠国家(或地区)名单以及有效期等。受惠国出口给惠范围内的产品到给惠国，须持有能证明其原产资格的证明文件才能享受优惠关税，这种证明文件就是"普惠制原产地证明书(申报与证明联合)"，英文为 GENERALIZED SYSTEM OF PREFERENCES CERTIFICATE OF ORIGIN (COMBINED DECLARATION AND CERTIFICATE)，简称 GSP 证书。普惠制的绝大多数给惠国都接受 GSP 证书的 FORM A 格式，我国企业向给予我国普惠制关税优惠待遇的发达国家出口关税减让范围内的货物，一般都提供这种产地证。

我国普惠制产地证书 FORM A 格式由出口商用英文或法文填制并申报，由中国出入境检验检疫局及其分支机构审核、证明以及签发，并负责对已签证书的事后查询。该证书正本印有绿色扭索底纹，以便于识别任何机械或化学方法进行的涂改或伪造。

由于普惠制产地证实行毕业制度，发展中国家的某种产品或产业一旦接近发达国家的水平就不再享受关税优惠，因此，随着中国经济的发展，从普惠制中毕业的产品越来越多，受惠产品范围正逐步减小。

2) 区域性经济集团国家原产地证

区域性经济集团国家原产地证，是订有区域性贸易协定的经济集团内的国家享受互惠的、减免关税的凭证，如英联邦特惠税产地证、北美自由贸易区产地证等。

中国与东盟十国、亚太经贸协定国家(印度、老挝、韩国、斯里兰卡)、巴基斯坦、智利、新西兰、新加坡等国家以及中国香港、澳门、台湾地区都签署了多边或双边的贸易协定。向这些国家或地区出口协定内优惠关税的产品，可以按要求申请签发相应的原产地证书。这些原产地证书有：中国－东盟自由贸易区(CHINA AND ASEAN FREE TRADE AREA，缩写 CAFTA)原产地证 Form E 格式、亚太贸易协定原产地证书、中国－巴基斯坦自由贸易区产地证 Form P 格式、中国－智利自由贸易区产地证 Form F 格式、中国内地与香港、澳门发展更紧密经贸关系的 CEPA 原产地证、海峡两岸经济合作框架的 ECFA 原产地证等。

其中，中国—东盟自由贸易区原产地证书是根据《中国—东盟自贸区原产地规则》签发的，证明货物为自贸区内某一国家或地区原产的、具有法律效力的官方证明文件。按照中国—东盟自由贸易区《货物贸易协议》的规定，中国产品出口到东盟 10 个成员国文莱、柬埔寨、印度尼西亚、老挝、马来西亚、缅甸、菲律宾、新加坡、泰国、越南，如果需要享受优惠关税待遇，必须使用中国—东盟自贸区出口货物原产地证明书。该证书使用 FORM E 格式，在我国，检验检疫机构是唯一有权签发这种证书的签证机构。

2012 年，中国与东盟的双边贸易额高达 4000.9 亿美元，东盟连续 4 年成为中国第三大贸易伙伴，FORM E 产地证的使用范围将越来越广。

3) 专用原产地证

专用原产地证是针对某一特定或特殊行业的特定产品而使用的专用原产地证书。这些产品必须符合特定的原产地规则，如纺织品(产地)证、烟草真实性证书、输欧盟的蘑菇罐头产地证、输美的洋菇罐头产地证等。

四、我国原产地证书的申领程序

1. 注册登记

需要申请签发原产地证书的单位，必须先到产地证的签证单位办理注册登记，取得注册登记号之后才可以申请办理原产地证书。

2. 申请签证

企业申领产地证，应由持证的申领员负责。可以书面进行，也可以安装产地证电子申报系统后在互联网上进行。申领员须经过签证机构培训、考试后取得申领员证。

申请签证，出口企业应在每批货物报关出运之前 3~5 天(一般原产地证最少 3 天，特殊原产地证最少 5 天)，根据合同、信用证规定同时填写原产地证明书以及原产地证申请书，交签证机构审核。

3. 审核

签证机构在收到企业的申请后，即对申请资料进行表面审核，必要时派专员对生产企业的原材料情况、生产和加工工序进行实地调查，以确认产品是否符合相关的原产地规则。

签证机构审核后,在一个工作日之内,将审核结果反馈给申报单位。对符合原产地签证要求的产品,签证机构将予以签发产地证。

4. 领取证书

申领员收到签证机构审核同意的回执后,即可到签证机构领取产地证。领证时,企业应缴纳相应的产地证签证费,并提交以下文件。

(1) 原产地证书申请书一份,加盖申请单位公章。
(2) 缮制完整的原产地证书一套,并签字盖章。
(3) 签署的出口商业发票、装箱单各一份。
(4) 含进口成分的商品,需有"含进口成分商品成本明细单"一份。
(5) 必要时,需有合同、信用证、提单等。

五、一般原产地证的内容及其缮制要求

申请一般原产地,产地证申领员应填写"一般原产地证书申请书"(参见样单 6-5)一份和"中华人民共和国原产地证明书"(参见样单 6-6)一套(一正三副)。一般原产地证书除证书号码由签证机构统一编发外,其余内容均由产地证申领员填写,其内容及缮制要求如下。

1. 出口方

本栏填写出口商(EXPORTER)的名称及详细地址,一般为合同的卖方,不能填境外的中间商。出口方的名称应与商业发票上的公司名称一致。

2. 收货人

本栏填写本批货物最终目的地收货人(CONSIGNEE)的名称及详细地址。收货人的名称一般是出口合同中的买方或信用证上规定的运输单据的被通知人。若进口商或信用证要求此栏空白,则可以填"TO ORDER"。

3. 运输方式和路线

"MEANS OF TRANSPORT AND ROUTE(运输方式和路线)"栏中具体运输方式填写海运、空运或陆运;路线应填写合同或信用证规定的启运地、目的地和转运地,并应与提单所列内容一致,如"FROM SHANGHAI TO OSLO VIA HONGKONG BY SEA"。

4. 目的地国家或地区

"COUNTRY/REGION OF DESTINATION(目的地国家或地区)"栏填写货物最终运抵的目的地所在的国家或地区,一般与最终收货人或最终目的地的国家或地区一致,不能填中间商所在的国家。

样单 6-5　一般原产地证书/加工装配证书申请书

一般原产地证书/加工装配证书申请书				
申请单位(盖章)　　　　　　　　　　证书号：				
注　册　号：				
申请人郑重声明：				
本人是正式被授权代表出口单位办理和签署本申请书的。				
本申请书及一般原产地证明书所列内容正确无误；如发现弄虚作假，冒充产地证所列货物，擅改证书，自愿接受签证机关的处罚并负法律责任。现将有关情况申报如下。				
企业名称		发票号		
商品名称		H.S.税目号 (以8位数码计)		
商品(FOB)总值(以美元计)		最终目的港及所在国家		
拟出运日期(以提单日期为准)		转口国(地区)		
贸易方式和企业性质(请在适处打"√")				
一般贸易 C		灵活贸易 L		其他贸易方式 Q
国营企业	三资企业	国营企业　三资企业		国营企业　三资企业
毛重、包装数量或其他数量				
原产地标准： (打"√")	1. 本项商品完全国产，未使用任何进口原材料。＿＿＿＿＿ 2. 本项商品含进口成分。＿＿＿＿＿＿＿＿＿＿＿＿＿＿ (含进口成分的商品，须提交"含进口成分产品加工工序成本明细表"。)			
现提交中国出口商业发票副本一份，一般原产地证书/加工装配证书一正三副，以及其他附件＿＿＿＿份，请给予审核签证。 申请人说明： 申请人：(签名) 电　话： 日　期：　　年　月　日				

样单 6-6 一般原产地证明书

1. Exporter	Certificate No. **CERTIFICATE OF ORIGIN OF THE PEOPLE'S REPUBLIC OF CHINA**
2. Consignee	
3. Means of transport and route	5. For certifying authority use only
4. Country/region of destination	

6. Marks and numbers	7. Number and kind of packages; description of goods	8. H.S. code	9. Quantity	10. Number and date of invoices

11. Declaration by the exporter The undersigned hereby declares that the above details and statements are correct; that all the goods were produced in china and that they comply with the rules of origin of the people's republic of china. …………………………………………… Place and date, signature and stamp of certifying authority	12. Certification It is hereby certified that the declaration by the exporter is correct. …………………………………………… Place and date, signature and stamp of certifying authority

5. 供签证机构使用

在正常情况下，企业应在货物装运之前申请签发产地证，如果是在装运后才申请签发的产地证，称为"后发证书"，如果是丢失或损坏后重新补发的产地证，称为"补发证书"。在正常情况下签发的产地证，"供签证机构使用(FOR CERTIFYING AUTHORITY USE ONLY)"栏空白不填；如为后发证书，此栏加盖"ISSUED RETROSPECTIVELY"(后发)英文印章；如为补发证书，此栏加盖"DUPLICATE"(复本)印章，同时加注"THIS CERTIFICATE IS IN REPLACEMENT OF CETIFICATE OF ORIGINAL NO. ×××DATED×××WHICH CANCELLED(此证为某年某月某日所签发的第×××号证书复本，原证作废)"等内容。

6. 运输标志

"MARKS AND NUMBERS (运输标志)"栏填写内容应与商业发票一致，并符合信用证或合同规定。当唛头过多此栏不够填写时，可占用第7、8、9、10栏的空白处；如没有运输标志，则填"NO MARKS"或"N/M"。

7. 品名、包装种类和件数

"DESCRIPTION OF GOODS, NUMBERS AND KIND OF PACKAGES (品名、包装种类和件数)"栏应按商业发票和装箱单填写，商品名称要具体详细，并注明规格型号，不能填统称；包装种类和件数应用数字和文字两种表示方法，如货物是散装，用"IN BULK"表示。

本栏内容填完后要在下一行加上"****"表示结束，以防伪造或添加。若信用证中要求产地证中显示信用证号，可加注在此栏结束符号下方。

8. 商品编号

"H.S. CODE(商品编号)"栏按报关单中的8位数商品编码填写，不能留空。

9. 数量

QUANTITY(数量)栏按商业发票和装箱单填写。以重量计算的商品填重量，但要注明毛重或净重。

10. 发票号码及日期

"NUMBER AND DATE OF INVOICE(发票号码及日期)"栏按商业发票的同类内容，分两行填写。为避免月份、日期的误解，月份一律用英文缩写表示，如"INVOICE NO.：234-1A""INVOICE DATE：OCT. 20, 2013"。

11. 出口商声明

"DECLARATION BY THE EXPORTER(出口商声明)"栏为出口商声明、签字盖章栏。应填写的内容如下。

(1) 出口商声明：已事先印好，说明本批商品产地为中国，符合中国出口货物原产地规则，并声明所列内容正确无误。

(2) 签字盖章：出口商在本栏空白处加盖单位中英文公章，公章应与商业发票签章一致。同时由持证的申领员签字，签字应为手签，并不得与公章重合。

(3) 申报地点和日期：签证机构通常不接受货物出运后才递交的原产地证申请，因此申报日期应在装运日期之前 3 天，并不得早于商业发票日期，地点应为出口商所在地的城市名称。

12. 签证机构证明

"CERTIFICATION(签证机构证明)"栏是对出口商声明的内容所做的证明，内容已事先印好。签证机构对所申请的证书经审核无误后，在此栏加盖签证机构印章并由授权签字人签名，两者不能重合，同时注明签署地点、日期。注意签发日期不得早于发票日期(第 10 栏)和申报日期(第 11 栏)。

根据信用证的要求，若买方要求商检机构出具证书，则由出入境检验检疫机构签署，若要求贸促会或中国国际商会签署，则由贸促会签署。

六、普惠制产地证书表格 A 的内容及其缮制要求

申领普惠制产地证书表格 A，产地证申领员应填写"普惠制产地证书申请书"(参见样单 6-7)一份和"普惠制产地证书 FORM A 格式"(参见样单 6-8)一套，对含有进口成分的出口商品，还应填写"含进口成分商品成本明细单"一份。除证书号码(REFERENCE NO.)由签证机构统一编发外，其余内容全部由申领员填写。普惠制产地证表格 A 的内容及缮制要求如下。

1. 出口商的名称、地址、国别

"GOODS CONSIGNED FROM(EXPORTER'S BUSINESS NAME, ADDRESS, COUNTRY (出口商的名称、地址、国别)"栏要求填写出口商的全称和详细地址，并注明国别。出口商一般为合同的卖方，信用证方式下为信用证的受益人。

样单 6-7　普惠制产地证明书申请书

<h3 style="text-align:center">普惠制产地证明书申请书</h3>

申请单位(盖章):　　　　　　　　　　　　　　　　证书号:
申请人郑重声明:　　　　　　　　　　　　　　　　注册号:
本人是正式被授权代表出口单位办理和签署本申请书的。
本申请书及普惠制产地证格式 A 所列内容正确无误；如发现弄虚作假，冒充格式 A 所列货物，擅改证书，自愿接受签证机关的处罚并负法律责任。现将有关情况申报如下。

生产单位		生产单位联系人电话			
商品名称(中英文)		H.S.税目号(以六位数码计)			
商品(FOB)总值(以美元计)				发票号	
最终消费国		证书种类打"√"		加急证书	普通证书
货物拟出运日期					
贸易方式和企业性质(请在适处打"√")					
正常贸易 C	来料加工 L	补偿贸易 B	中外合资 H	中外合作 Z	外商独资 D	零售 Y	展卖 M
包装数量或毛重或其他数量							

原产地标准:
本项商品系中国生产，完全符合该给惠国给惠方案规定，其原产地情况符合以下第____条。
1. "P"(完全国产，未使用任何进口原材料)。
2. "W"其 H.S.税目号为_____(含进口成分)。
3. "F"(对加拿大出口产品，其进口成分不超过产品出厂价值的40%)。
本批产品系:
1. 直接运输从_____到_____；
2. 转口运输从_____中转国(地区)_____到_____。

申请人说明:

申请人:(签名)
电　话:
日　期:　　年　月　日

　　现提交中国出口商品发票副本一份，普惠制产地证明书格式A(FORM A)一正二副，以及其他附件，请予审核签证。
　　注：凡含有进口成分的商品，必须按要求提交《含进口成分受惠商品成本明细单》。

样单 6-8　普惠制产地证书表格 A

1. goods consigned from (Exporter's name, address, country)	Reference No. **GENERALIZED SYSTEM OF PREFERENCES CERTIFICATE ORIGIN** (combined declaration and certificate) **FORM A** Issued in **THE PEOPLE'S REPUBLIC OF CHINA** (COUNTRY) <div align="right">see notes. overleaf</div>
2. goods consigned to (Consignee's name, address, country)	
3. Means of transport and route (as far as known)	4. For official use

5. Item number	6. Marks and numbers of packages	7. Number and kind of packages; description of goods	8. Origin criterion (see notes overleaf)	9. Gross weight or other quantity	10. Number and date of invoices

11. Certification It is hereby certified, on the basis of control carried out, that the declaration by the exporter is correct. ……………………………………… Place and date, signature and stamp of certifying authority	12. Declaration by the exporter The undersigned hereby declares that the above details　and statements are correct; that all the goods were produced in＿＿＿＿＿CHINA＿＿＿＿＿and that they comply with the origin requirements specified for those goods in the generalized system of preferences for goods exported to ……………………………………… (importing country) ……………………………………… Place and date, signature and stamp of certifying authority

2. 收货人的名称、地址、国别

"GOODS CONSIGNED TO(CONSIGNEE'S NAME, ADDRESS, COUNTRY(收货人的名称、地址、国别)"栏要求填写给惠国最终收货人的名称及地址，并注明国别。若收货人不明确，则填写商业发票的抬头人或提单的被通知人，但不能填中间商的名称及地址。信用证若有特殊规定，应按规定填写，如欧洲、瑞典的客户要求此栏留空时可填写"TO ORDER"。

3. 运输方式及运输路线

"MEANS OF TRANSPORT AND ROUTE(运输方式及运输路线)"栏应按信用证或合同规定的运输方式和路线，尽可能详细(AS FAR AS KNOWN)地填写，如果可能，还需要加注货物预计离开中国的日期、所装运的船名等。

为避免运至给惠国的产品在途经第三国时可能进行的再加工和被换包，以保证运输的产品就是受惠国出口发运的原产品，所有给惠国(澳大利亚除外)都要求货物必须直接运输，即符合直运原则。若因地理原因和运输的需要不得不转运的，也允许货物途经第三国，但货物必须处于该途经国海关监管之下，使其未进入第三国市场，未经过当地使用和消费，未经过除对货物进行包装加固、分类挑选等使货物保持良好状态的必要处理外的任何再加工。

因此，货物需要申请 FORM A 产地证时，企业在办理运输时应注意尽量直达，中途不转运。

4. 供官方使用

一般情况下，签证机构不接受货物发运后递交的产地证申请，故"供官方使用(FOR OFFICIAL USE)"栏仅在后发或补发证书时供发证机构根据需要做批注用，出口企业制单时不必填写。

5. 项目号

对同一批出口货物有不同品种的，可按不同品种归类后，用阿拉伯数字按顺序编号后填入"ITEM NUMBER(项目号)"栏，如"1"、"2"、"3"等。如只有一种商品，此栏用"1"表示，或省略不填。

6. 运输标志及号码

"MARKS AND NUMBERS OF PACKAGES (运输标志及号码)栏应按发票上的唛头填写，若货物无唛头，则填"NO MARKS"或"N/M"。若唛头过多，此栏不够填写，可填写在第 7、8、9、10 栏的空白处，如还不够填写，则另加附页，打上原证书号，由商检机构授权签证人手签，并加盖签证章。

7．包装种类及件数、货物描述

NUMBER AND KIND OF PACKAGES; DESCRIPTION OF GOODS(包装种类及件数、货物描述)栏应按商业发票和装箱单填写,其中,包装种类及件数应有数字和文字两种表示方法,货物描述应尽量详细、具体,不得与合同或信用证规定相矛盾。

此栏内容缮打完毕后应在次行加上表示结束的符号"＊＊＊",以防添加其他内容。

8．原产地规则

"ORIGIN CRITERION(SEE NOTES OVERLEAF)(原产地规则)"栏是本证书的核心内容,是国外海关审核的重点项目,必须按规定如实填写,尤其是含有进口成分的商品,更应认真仔细。

各给惠国为确保在发展中国家生产、收获和制造,并从发展中国家运出的产品能享受到普惠制关税优惠待遇的好处,都制定了详细的原产地规则,规定只有符合要求的商品,才能享受到关税优惠。该规则除要求受惠商品必须持有书面证书之外,还将商品分为两类,一类为"完全原产地",即商品完全是受惠国生产或制造,没有使用任何进口原料或零部件;另一类为全部或部分使用了进口原料或零部件(包括来源不明的原料和零部件)生产的产品。从普惠制的角度来说,受惠国出口的商品要获得享受普惠制关税的待遇,该出口商品必须在受惠国进行生产和制造,其中所使用的进口原料或零部件必须经过充分的加工,使这些进口原料或零部件有了实质性的改变,或者符合给惠国提出的其他条件。

因此,原产地规则栏的填写分两种情况。

(1) 完全是中国原产的商品,无进口成分,不论出口到哪个给惠国,均填"P"。

(2) 含有进口成分的商品,出口到欧盟、瑞士、挪威、土耳其、列支敦士登、日本等国,填"W"和商品的 H.S. 税目号的前四位;出口到加拿大,进口成分价值占产品出厂价的 40%以下,填"F";出口至俄罗斯、白俄罗斯、哈萨克斯坦、乌克兰等,进口成分价值不得超过商品离岸价的 50%,填"Y",并加注该商品进口成分的价值占商品离岸价的百分比。

9．毛重或其他数量

"GROSS WEIGHT OR OTHER QUANTITY(毛重或其他数量)"栏填写出口货物的量值及商品计量单位。以重量计量的商品,填毛重,若无毛重则填净重,但要注明"N.W.",如计量单位是台、打、匹等,则除毛重外再加×台、×打、×匹等。

10．发票号码及日期

"NUMBER AND DATE OF INVOICES(发票号码及日期)"栏按实际发票号及日期填写。日期中"月份"的填法要求用英文填写,以免误解。

11．签证当局证明

"CERTIFICATION(签证当局证明)"栏中证明的内容在印制单据时一般已事先印好。

本栏由出入境检验检疫局签章并由其授权签字人手签。出证日期及地点由申请单位一起填写。其日期不得早于第 10 栏的发票日期和第 12 栏的申请日期，也不能晚于提单的装运日期。签章与手签不能重叠或覆盖。检验检疫机构只签正本单据，不签署副本。

12. 出口商声明

"DECLARATION BY THE EXPORTER (出口商声明)"栏应填写的内容包括以下几点。

(1) 生产国：声明本批产品的原产地为中国，即"CHINA"，一般在印制单据时已事先印妥。

(2) 进口国：填给惠国的国名，应与证书第 2 栏收货人所在国的国别一致。

(3) 申报单位盖章、签字：由出口商加盖本单位中、英文对照图章，并由产地证申领员进行签字，图章名称必须与第 1 栏一致，签字应为手签，图章与签字不能重叠。

(4) 申请日期、地点：日期应晚于发票日期，早于第 11 栏签证日期和装运期；地点应为出口商所在地的城市名称。

七、中国—东盟自由贸易区原产地证书表格 E 的内容及缮制要求

中国的中国—东盟自贸区产地证表格 E(以下简称 FORM E 证书，参见样单 6-9)所用文字为英语，由一份正本及三份副本组成，正本为灰棕色，印有扭索图案底纹，副本为浅绿色。证书的正本和第二副本由出口人提供给进口人以供其在进口国通关使用，第一副本由出口成员方签证机构留底，第三副本由出口人留存。当进口国海关对收到的 FORM E 证书产生怀疑时，将 FORM E 证书第二副本退给签证机构作为核查。每份 FORM E 证书应注明签证机构的单独编号。

证书各栏填制要求如下。

1. 出口商名称、地址、国家

此栏带有强制性，应填在中国境内的出口商名称、地址和国名。中国香港及台湾地区的中间商除外。

2. 收货人的名称、地址、国家

此栏应填中国—东盟自贸区成员国最终收货人的名称(即信用证上规定的提单通知人或特别声明的收货人)、地址和国名。中国香港及台湾地区的中间商除外。

3. 运输方式及路线(就所知而言)

此栏应填离港日期、运输工具及卸货口岸。比如，DEPARTURE DATE(离港日期)：JAN 22，2013；VESSEL'S NAME/ AIRCRAFT ETC.(船名/飞机等)：HEUNG A SINGAPORE V.123；PORT OF DISCHARGE(卸货口岸)：BANGKOK，THAILAND。

样单 6-9　中国—东盟自由贸易区原产地证书表格 E

1.Goods consigned from(Exporter's business name, address, country)	Reference No.
	ASEAN-CHINA FREE TRADE AREA PREFERENTIAL TARIFF CERTIFICATE OF ORIGIN (Combined Declaration and Certificate) **FORM E** Issued in THE PEOPLE'S REPUBLIC OF CHINA (country)
2.Goods consigned to (Consignee's name, address, country)	
	see notes. overleaf
3.Means of transport and route (as far known) Departure date Vessel's name/Aircraft etc. Port of discharge	4.For official use ☐ Preferential Treatment Given Under ASEAN-CHINA Free Trade Area Preferential Tariff ☐ Preferential Treatment Not given(Please state Reasons) --- Signature of Authorized Signature of the Importing Country

5.Item number	6.Marks and numbers of packages	7.Number and type of packages; description of goods (including quantity where appropriate and HS number of the importing country)	8.Origin criterion (See Notes overleaf)	9.Gross weight or other quantity and value(FOB)	10.Number and date of invoices

11.Declaration by the exporter The undersigned hereby declares that the above details and statement are correct that all the goods were produced in ------------**CHINA**---------------- (country) and that they comply with the origin requirements specified for those goods in the Generalized System of Preferences for goods exported to ------------------------------------- (importing country) ------------------------------------- Place and date, signature of authorized signature	12.Certification It is hereby certified, on the basis of control carried out, that the Declaration by the exporter is correct. ------------------------------------- Place and date, signature and stamp of certifying authority

4. 供官方使用

此栏分两项，一是根据中国—东盟自由贸易区优惠关税协议给予优惠待遇，二是不给予优惠待遇，并要求注明原因。

此栏由进口国海关进行相应的标注，并由授权签字人签字。出口商不须填写。

5. 商品顺序号

如同批出口货物有不同品种，则按不同品种分列"1"、"2"、"3"……，以此类推。单项商品，此栏填"1"。

6. 唛头及包装号

此栏应按货物外包装上的实际唛头，填打完整的图案文字标记及包装号，并与发票相符，唛头中不得出现中国以外的地区或国家制造的字样，也不能出现香港、澳门、台湾原产地字样。

如果唛头过多，此栏不够填，可填在第 7、8、9、10 栏结束符以下的空白处。

如果货物没有唛头，应填打"N/M"或"NO MARKS"字样，不得留空不填。

7. 包装数量及种类，商品的名称及 HS 编码

(1) 包装数量及种类。应具体填明货物的包装种类(如 CASE，ARTON，BAG 等)，不能只填"PACKAGE"。如果无包装，应填明货物出运时的状态，如"NUDE CARGO (裸装货)"、"IN BULK(散装货)"、"HANGING GARMENTS(挂装)"等。包装数量必须用英文数字描述后再用括号加上阿拉伯数字同时表示。

(2) 商品的名称及 HS 编码。商品名称应详细、具体，以便通过品名可以准确判定该商品的 HS 品目号，不能笼统填写"MACHINE"、"GARMENTS"、"FABRIC"等，商品的商标、牌名(BRAND)及货号(ARTICLE NUMBER)可以不填。如果信用证中品名笼统或拼写错误，必须在括号内加注具体描述或正确品名。商品名称后面还要求填写对应的四位 HS 编码。

本栏内容填完后，应在末行加上截止线，以防止加填伪造内容。如果信用证要求填写合同、信用证号码等，可加在此栏截止线下方，并以"REMARKS"作为开头。

8. 原产地标准

(1) 货物系出口国完全生产的，不含任何非原产成分，填"×"。

(2) 货物在出口成员国加工但并非完全生产，未使用原产地累计规则判断原产地标准的，填该成员国成分的百分比，比如"40%"。

(3) 货物在出口成员国加工但并非完全生产的，使用了原产地累计规则判断原产地标准的，填中国-东盟累计成分的百分比，如"40%"。

(4) 货物符合产品特定原产地标准的，填"PSR(产品特定原产地标准)"。

9. 毛重或其他数量，货值(FOB)

此栏应以商品的正常计量单位填，如"只"、"件"、"双"、"台"、"打"等，例如，1 000DOZ.或 625KG。以重量计算的商品，填毛重，只有净重的，填净重亦可，但要注明"N.W."。

货值为正式出口商业发票上的价值，以 FOB 价计。货值单位系美元。

10. 发票号码及日期

此栏按实际填写，注意：发票日期不能迟于出货日期和申报日期。

11. 出口商声明

此栏填申报地点、申报日期，由申报单位的申报员在此栏手签，并加盖申报单位已在签证机构注册的中英文印章。

应注意以下两点。

(1) 进口国必须是中国—东盟自贸区的成员国，且必须与第三栏目的港的国别一致。

(2) 申报日期不得早于发票日期，不迟于出运日期(后发证书除外)。

12. 签证当局证明

此栏填打签证机构的签证地点和签证日期。签证机构授权签证人员经审核后在此栏手签，并加盖签证局印章。

应注意以下两点。

(1) 签证日期不得早于发票日期和申报日期，不迟于货物的出运日期(后发证书除外)。

(2) 如系后发证书，此栏需加打"ISSUED RETROACTIVELY"。

(3) 如系重发证书，此栏需加打"CERTIFIED TRUE COPY"。

13. 其他说明

共有 4 个选项，"Issued Retroactively"，"Exhibition"，"Movement Certificate"，"Third Party Invoicing"。

如签证日期超过船开后 3 天，则勾选第一选项"Issued Retroactively"，即是后发证书；如目的港使用第三方发票清关，即勾选第四选项"Third Party Invoicing"，即是第三方发票，同时在第 7 栏品名和件数描述下面注意第三方发票抬头的公司名和详细地址。

思 考 题

1. 我国实行出口许可证管理的商品在出口时需要办理哪些手续？如何办理？

2．出口商品的报检应具备哪些条件？
3．商检证书的种类有哪些？
4．原产地证书有哪些种类？什么是普惠制产地证？
5．我国的出口许可证如何使用？

操 作 题

1．根据以下信用证有关内容及所给出的资料，按照前面已介绍过的样单 6-1、样单 6-3 和样单 6-6 填制出口许可证申请表(参见样单 6-10)、出境货物报检单(参见样单 6-11)、一般原产地证书(参见样单 6-12)各一份。

L/C NO.: FLS-JHLCO8
DATE OF ISSUE: MAR. 15,2013
　BENEFICIARY: JINSHAN TRADING CORP. LTD. 5TH FLOOR, YUDU BUILDING, 132
　　　　　　　　ZHONGSHAN ROAD NANJING, CHINA(金山贸易股份公司 企业代码申报：456987)
　APPLICANT: JOHNSMITH COMPANY, VIGERSLEV ALLE, DK-2900 VALBY, COPENHAGEN，
　　　　　　　DENMARK
LATEST SHIPMENT DATE: MAY 28, 2013
LOADING PORT: SHANGHAI, CHINA
DESTINATION: COPENHAGEN, DENMARK
TRADE TERMS: CIF COPENHAGEN
CONTRACT NO.: JH-FLSSCO5
DRAFT AT … : AT 30 DAYS AFTER SIGHT
QUANTITY, PACKAGES: EACH 600 SETS, 1200 SETS IN 1200 CARTONS
DESCRIPTION OF GOODS, UNIT PRICE: XINGFU　BRAND MOTORCYCLE(HS CODE：87120081)
　　　　　　YE803 26'　　　600 SETS USD66.00 /SET
　　　　　　TE600 24'　　　600 SETS USD72.00/SET
　　　　　　　———————————————————————
　　　　　　　　　　　　TOTAL:USD82800.00
DOCUMENT REQUIRED:
FULL SET OF CLEAN ON BOARD OCEAN MARINE BILLS OF LADING MADE OUT TO ORDER AND BLANK ENDORSED MARKED FREIGHT PREPAID, NOTIFY APPLICANT.
　SHIPPING MARK：FLS/9711/COPENHAGEN/CARTON 1-1200

该批商品的出口商业发票号码为 JH-FLSINV05，日期为 APR. 10, 2013。货物存放于公司仓库，预计于 2013 年 5 月 20 日从上海装运，金山贸易股份公司在商检机构的生产单位注册号为 12121212，公司于 2013 年 5 月 10 日向南京商检机构申请换证凭单。

样单 6-10　中华人民共和国出口许可证申请表

1. 出口商：　　　　代码：	3. 出口许可证号：
领证人姓名：　　　电话：	
2. 发货人：　　　　代码：	4. 出口许可证有效截止日期： 年　　　月　　　日
5. 贸易方式：	8. 进口国(地区)：
6. 合同号：	9. 付款方式：
7. 报关口岸：	10. 运输方式：
11. 商品名称：　　　　　　　　商品编码：	

12. 规格、等级	13. 单位	14. 数量	15. 单价 (币别)	16. 总值 (币别)	17. 总值折美元
18. 总　计					

19. 备　注 　　　　　　　　申请单位盖章 申领日期：	20. 签证机构审批(初审)： 　　　　　　　　经办人： 终审：

填表说明：1. 本表应用正楷逐项填写清楚，不得涂改、遗漏，否则无效
　　　　　2. 本表内容需打印多份许可证的，请在备注栏内注明。

样单6-11 中华人民共和国出入境检验检疫出境货物报检单

报检单位(加盖公章):　　　　　　*编号----------------
报检单位登记号:　　　联系人:　　　电话:　　　报检日期:　年　月　日

发货人	(中文)				
	(外文)				
收货人	(中文)				
	(外文)				

货物名称(中/外文)	H.S.编码	产地	数/重量	货物总值	包装种类及件数

运输工具名称号码		贸易方式		货物存放地点	
合同号		信用证号		用途	
发货日期		输往国家(地区)		许可证/审批号	
启运地		到达口岸		生产单位注册号	
集装箱规格、数量及号码					

合同、信用证订立的检验检疫条款或特殊要求	标记及号码	随附单据(打"√"或补填)	
		□合同	□厂检单
		□信用证	□包装性能结果单
		□发票	□许可/审批文件
		□换证凭单	□
		□装箱单	□

需要证单名称(打"√"或补填)						*检验检疫费	
□品质证书	正	副	□动物卫生证书	正	副	总金额	
□重量证书	正	副	□植物检疫证书	正	副	(人民币元)	
□数量证书	正	副	□熏蒸/消毒证书	正	副	计费人	
□兽医卫生证书	正	副	□出境货物换证凭单	正	副		
□健康证书	正	副	□通关单	正	副	收费人	
□卫生证书	正	副	□				

报检人郑重声明: 1. 本人被授权报验。 2. 上列填写内容正确属实,货物无伪造或冒用他人的厂名、标志、认证标志,并承担货物质量责任。 签名:_____	领取证单	
	日期	
	签名	

注:有*号的栏目由商检机构填写。　　　　　　　　　　◆国家出入境检验检疫局制

样单 6-12　一般原产地证书

1. Exporter	Certificate No.
	CERTIFICATE OF ORIGIN
2. Consignee	**OF**
	THE PEOPLE'S REPUBLIC OF CHINA
3. Means of transport and route	5. For certifying authority use only
4. Country/region of destination	

6. Marks and numbers	7. Number and kind of packages; description of goods	8. H.S.code	9. Quantity	10. Number and date of invoices

11. Declaration by the exporter	12. Certification
The undersigned hereby declares that the above details and statements are correct; that all the goods were produced in china and that they comply with the rules of origin of the people's republic of china.	It is hereby certified that the declaration by the exporter is correct.
………………………………………………	………………………………………………
Place and date, signature and stamp of certifying authority	Place and date, signature and stamp of certifying authority

2. 根据下列提供的发票(参见样单 6-13)及装箱单(参见样单 6-14)等有关资料，缮制普惠制产地证书一份(参见样单 6-15)。注意该批商品完全由中国自产，不含进口成分。

样单6-13　商业发票

JIANGSU YUEGANG CHEMICAL LTD.
NO.3 TAIPING NORTH ROAD NANJING 210003 CHINA

COMMERCIAL INVOICE

TO: NALKRILA INDUSTRIES LIMITED　　　　　　　　NO.: I34A65-2
　　VIGERSLEV ALLE，DK-2900 VALBY, COPENHAGEN　DATE: 2013.05.10
　　DENMARK

FROM　SHANGHAI TO COPENHAGEN BY SHIP

MARKS	DESCRIPTION OF GOODS	QUANTITY	UNIT PRICE	AMOUNT
B.I.L	NYLON TYRE CORD FABRIC (DIPPED)		CFR COPENHAGEN	
COPENHAGEN	GRADE – 1260D/2 AND 1680D/2			
1-750		15 MT	USD2450/MT	USD36,750.00
TOTAL		15 MT		USD36,750.00

JIANGSU YUEGANG CHEMICAL LTD.

样单6-14　装箱单

JIANGSU YUEGANG CHEMICAL LTD.
NO.3 TAIPING NORTH ROAD NANJING 210003 CHINA

PACKING LIST

TO: NALKRILA INDUSTRIES LIMITED　　　　　　　　NO.: I34A65-2
　　VIGERSLEV ALLE，DK-2900 VALBY, COPENHAGEN　DATE: 2013.05.10
　　DENMARK

FROM　SHANGHAI TO COPENHAGEN PORT BY SHIP

MARKS	DESCRIPTION OF GOODS	QUANTITY PACKAGES	G.W	N.W	MEAS.
B.I.L	NYLON TYRE CORD FABRIC (DIPPED)				
COPENHAGEN	GRADE – 1260D/2 AND 1680D/2				
1-750	15 MT	750BAGS	15300KGS	15000KGS	25M3
TOTAL	15 MT	750BAGS	15300KGS	15000KGS	25M3

ALL THE GOODS ARE PACKAGED IN SEVEN HUNDRED AND FIFTY BAGS

JIANGSU YUEGANG CHEMICAL LTD.

样单6-15　普惠制产地证书

1. goods consigned from (Exporter's name, address, country)	Reference No. **GENERALIZED SYSTEM OF PREFERENCES CERTIFICATE ORIGIN** (combined declaration and certificate) **FORM A** Issued in **THE PEOPLE'S REPUBLIC OF CHINA** (COUNTRY) see notes. overleaf
2. goods consigned to (Consignee's name, address, country)	
3. Means of transport and route(as far as known)	4. For official use

5. Item number	6. Marks and numbers	7. Number and kind of packages; description of goods	8. Origin criterion (see notes overleaf)	9. Gross weight or other Quantity	10. Number and date of invoices

11. Certification 　It is hereby certified, on the basis of control out, that the declaration by the exporter is correct. .... Place and date, signature and stamp of certifying authority	12. Declaration by the exporter 　The undersigned hereby declares that the above details and statements are correct; that all the goods were produced in ＿＿＿＿CHINA＿＿＿＿ and that they comply with the origin requirements specified for those goods in the generalized system of preferences for goods exported to .... (importing country) .... Place and date, signature and stamp of certifying authority

第七章 其他单据

学习目标

了解装船通知、受益人证明、船公司证明的基本含义,并掌握这些单据的缮制方法。

在国际贸易中,有时卖方应买方的要求,或者根据信用证或合同的规定,还会出具一些与货物的包装、装运、运输等有关的单据,用以补充说明履约情况,便于进口商办理进口并销售。这些单据有的由出口企业自行缮制,有的则由出口企业向其他单位申请,虽然其内容比较简单且一般都没有固定的格式,但是从结汇的角度来看,只要是合同或信用证要求了,这类单据就与发票、提单等同样重要,出口企业必须按要求缮制或索取。这类单据常见的有装运通知、受益人证明、船公司证明、寄样证明、寄单证明等。

第一节 装 运 通 知

一、装运通知概述

装运通知(SHIPPING ADVICE),或称装船通知、装运声明(SHIPPING STATEMENT),有时也叫"SHIPMENT DETAILS"或"INSURANCE DECLARATION",是发货人在货物装船并取得提单后,向买方或其指定的人发出的有关货物装运情况的说明。

在信用证有明确要求时,装运通知是议付单据之一。

卖方发送装运通知,主要有以下几个方面的原因。

(1) 在以 FOB 或 CFR 术语成交时,买方应自行办理保险。为了了解货物以及有关货物的装运情况,以方便自己向保险公司办理投保,一般买方都要求卖方发送装运通知。如果卖方未能及时发送通知而使买方不能投保,则由此而产生的所有损失,按惯例都应由卖方负责。

(2) 在以 CIF 或 CIP 价格成交时,卖方负责运输,收货人或买方要了解货物装运情况以便租订仓库、安排运输工具以做好接货的准备工作,或者筹措资金准备付款,此时也需要装运通知。

基于上述原因,买方为避免卖方因疏忽而不及时通知,所以经常在合同或信用证中明确规定,卖方必须在装运后及时发出装运通知,并同时规定了通知的内容,要求卖方必须与其他单据一起向银行交单议付。

二、装运通知发送的时间及方式

装运通知一般应以快捷方式及时发送给合同的买方。这里的"及时",按惯例应是货物装船以后的 3 个工作日以内,但若信用证规定了日期,则按信用证规定。因此,装运通知的日期一般只能在提单日期以后的 3~5 天之内,否则银行即视为单证不符而拒绝接受单据。

"快捷方式"在当前主要是采用传真(FAX)和电子邮件(E-MAIL)等方式,也有少数企业采用电报(CABLE)或电传(TELEX)方式发送。如果用电报、电传方式发送装运通知,向银行交单时需提供电报或电传抄本即副本。

三、装运通知的内容与缮制方法

装运通知由卖方根据自己的习惯自行制定,并没有固定的格式(参见样单 7-1),其内容主要如下。

1. 出口企业名称

发送装运通知,应表明出口企业。一般出口方的名称都已事先印好。

2. 单据名称

装运通知的名称有多种,如 SHIPPING ADVICE、SHIPPING STATEMENT、SHIPMENT DETAILS、INSURANCE DECLARATION 等,当以信用证为支付方式时,名称应符合信用证的要求。

3. 抬头

抬头是(TO...)指收受通知的人,可以是买方、开证申请人或买方指定的保险公司,也可以用统称,如"WHOM IT MAY CONCERN(迳启者)"。若信用证有规定,应符合规定。

4. 制单日期

制单日期即制作装船通知的日期,应在提单日期后的 3 天之内,信用证项下应符合信用证的规定。

5. 参考号码

参考号码使该通知与其他单据有机地联系起来,一般应表明发票号码、信用证号码、提单号码等,若发送装船通知的目的是让买方及时投保,一般还有预约保单号码(OPEN POLICY NO./COVER NOTE NO.)。

样单 7-1　装运通知

南京高福纺织品进出口公司
NANJING GULF TEXTILES IMPORT & EXPORT CORP.
86, ZHUJIANG ROAD, HEXI DISTRICT, NANJING, CHINA

SHIPPING ADVICE

TO: TO WHOM IT MAY CONCERN　　　　　　　　　　　DATE: 2013.11.18
RE: L/C NO.: 104975-W2 ，INV. NO.:2014AX

WE HEREBY INFORM YOU THAT THE GOODS ABOVE MENTIONED L/C HAVE BEEN SHIPPED, THE DETAILS ARE AS FOLLOWS:

COMMODITY:　CUNCOU(BRAND) DOWN JUMPER
QUANTITY: 1300 PIECES
PACKAGES: 130CTNS
VALUE: USD28600
S/C NO. 009762-32
PORT OF LOADING: SHANGHAI
PORT OF DISCHARGE: OSLO
VESSEL: SHENGLI V.VH-07861
ETD: 2012.11.20.　　　**ETA**: 2013.01.20
MARKS: GDH
　　　　　OSLO
　　　　　009762-32
　　　　　1-130

WE HEREBY CERTIFY THAT THE ABOVE CONTENT IS TRUE AND CORRECT.

南京高福纺织品进出口公司
NANJING GULF TEXTILES IMPORT & EXPORT CORP.

6．有关装运情况

一般应包括装运港、目的港、转运港、装载船名、预计开船日期(ETD)、预计到达日期(ETA)等。

7．货物的有关情况

应包括唛头、货名、数量、包装件数、总值等。

8. 其他

信用证规定的其他需要加注的内容。

9. 签署

装运通知可不必签署，但合同或信用证有要求时，应依规定签署。

四、信用证中装运通知条款举例

信用证中对装运通知的描述有很多，具体如下。

【例1】INSURANCE COVERED BY BUYERS, SHIPPING ADVICE MUST BE SENT TO CREDIT & COMMERCIAL INSURANCE CO., LTD. NO. NO.123 MILANO STREET, GENOVA, ITALY BY REGISTERED AIRMAIL IMMEDIATELY AFTER SHIPMENT, ADVISING FULL DETAILED SHIPPING PARTICULARS AND COVER NOTE NO. SUCH COPY OF SHIPPING ADVICE TO ACCOMPANY THE DOCUMENTS FOR NEGOTIATION.

该条款要求买方投保，装船通知必须在货物装船后立即通过航空挂号信邮寄给指定的保险公司 CREDIT &COMMERCIAL INSURANCE CO., LTD.(NO.123 MILANO STREET, GENOVA, ITALY)，告知详细的装运情况和预约保单号码，该装船通知副本必须与其他单据一起提交银行议付。

【例2】INSURANCE COVERED BY APPLICANT. ALL SHIPMENTS UNDER THIS CREDIT MUST BE ADVISED BY BENEFICIARY IMMEDIATELY AFTER SHIPMENT DIRECT TO M/S NEW INDIA INSURANCE CO. AND TO THE APPLICANT REFERRING TO COVER NOTE NO. AD435 GIVING FULL DETAILS OF SHIPMENTS. A COPY OF THIS ADVICE TO ACCOMPANY EACH SET OF DOCUMENTS.

该条款要求由申请人投保，本证项下的所有货物装船后，应由受益人直接通知 NEW INDIA INSURANCE CO.(新印度保险公司)及申请人，通知书上应注明第 AD435 号预约保单，并说明装船的详情。这份通知书副本须随附在整套单据上进行议付。

【例3】CERTIFICATE FROM BENEFICIARY STATING THAT HAVE ADVISED APPLICANT BY FAX DATE OF SHIPMENT, NUMBER OF PACKAGES, NAME OF COMMODITY, TOTAL NET AND GROSS WEIGHT，NAME OF VESSEL AND NUMBER OF VOYAGE WITHIN 5 DAYS AFTER SHIPMENT.

该条款要求受益人出具证明书，声明货物在装船后 5 天内以传真通知开证人装运日期、包装数量、商品名称、总净重和总毛重、船名和航次等有关事项。

【例4】BENEFICIARY'S CERTIFIED COPY OF TELEX DISPATCHED TO THE ACCOUNTEE WITHIN 3 DAYS AFTER SHIPMENT ADVISING NUMBER AND DATE OF B/L，QUANTITY AND VALUE OF SHIPMENT，NAME OF VESSEL，SAILING DATE AND ESTIMATED TIME OF ARRIVAL.

该条款要求交单时须向银行提交受益人证明的电传副本。该电传必须在货物装船后 3 天内发给开证人,告知提单号码与日期、货物数量和金额、装运船名、开船日期以及预计到达目的港的日期。

【例 5】SHIPMENT ADVICE IN FULL DETAILS INCLUDING SHIPPING MARKS, CARTON NUMBERS, VESSEL NAME, B/L NUMBER, VALUE AND QUANTITY OF GOODS MUST BE SENT TO THE FOLLOWING PARTIES ON THE DATE OF SHIPMENT: 1)CONSIGNEE, 2)APPLICANT, 3)NOTIFY PARTY. COPY OF THIS TELEX REQUIRED FOR NEGOTIATION.

该条款要求提供的装船通知必须具备唛头、箱数、船名、提单号码、货值和数量,于装船日以电传告知收货人、开证人和被通知人。凭电传副本议付。

【例 6】INSURANCE IS COVERED BY APPLICANT HENCE UPON EFFECTING SHIPMENT THE SUPPLIER SHOULD SEND A FAX NO. (91-22-5663897/56663898) E-MAIL(RMMUNDADA @ BKT-TIRES.COM AND IMPORTS @ BKT-TIRES.COM)TO THE OPENER'S GIVING ALL SHIPMENT DETAILS WITHIN FIVE DAYS AND TO ICICI LOMBARD GENERAL INSURANCE COMPANY LTD MUMBAI QUOTING POLICY NO. 2002/000050/01 DATED 01/04/2013 ON FAX NO. 91-22-26531105

该条款要求开证申请人投保,供货人应该在 5 天内发送传真(91-22-5663897/56663898)或 E-MAIL(RMMUNDADA @ TIRES.COM AND IMPORTS @ TIRES.COM)给开证申请人,并给出所有装运详情,同时发送传真(FAX NO. 91-22-26531105)给保险公司 ICICI LOMBARD GENERAL INSURANCE COMPANY LTD MUMBAI,报出 01/04/2013 签署的 2002/000050/01 号保单。

【例 7】CABLE COPY ADVISING CONTRACT NUMBER, CREDIT NUMBER, COMMODITIES, AMOUNT, VESSEL NAME AND SHIPPING DATE IMMEDIATELY AFTER SHIPMENT IS EFFECTED.

该条款要求在装船之后立即电报通知合同号、信用证号、商品名称、金额、船名和装船日期,并提供该电报的抄本。

【例 8】SHIPMENT ADVICE MUST BE SENT BY TELEX TO ×××INS. CO.(TELEX NO.11125 SANAA) WITH DETAILS OF SHIPMENT INCLUDING VALUE, NAME OF VESSEL AND DATE OF SHIPMENT QUOTING THEIR POLICY NO. H/MAR/23371.COPY OF THIS TELEX TO BE PRESENTED WITH DOCUMENTS UPON NEGOIATION.

该条款要求装船通知以电传方式将货物装运情况及预约保单号码通知保险公司,并在议付时提交电传抄本。

第二节 各种证明

一、出口商证明

出口商证明是由出口商出具的，证明自己已经按合同或信用证要求履行了某项义务，或者证明自己已经按要求办理了某件事情，并达到了进口商的要求或进口国的有关规定等。比如，证明自己已按规定寄出了有关单据的副本，或已按要求寄送了某种样品，或已经在装运后发出了装船通知等。在信用证支付方式下，这种证明一般由受益人出具，因此也称为受益人证明(BENEFICIARY'S CERTIFICATE)，或称受益人声明(BENEFICIARY'S DECLARATION)等。它是一种内容多样、格式简单的单据。

其内容一般包括以下几个方面。

1．单据名称

通常为 CERTIFICATE，信用证项下一般按信用证要求的名称。

2．单据抬头

一般采用笼统称呼，如"WHOM IT MAY CONCERN"。

3．制单日期

应与证明的内容符合。比如，提单日期是 4 月 20 日，证明的有关内容是："WE HEREBY CERTIFY THAT ONE SET OF NON-NEGOTIABLE SHIPPING DOCUMENTS HAS BEEN AIRMAILED TO THE BUYER WITHIN 2 DAYS AFTER THE SHIPMENT DATE."，则该证明的日期应该在提单日期之后的 2 天内，即不能早于 4 月 20 日，也不能晚于 4 月 22 日。但是如果证明的内容是："WE HEREBY STATEMENT THAT MERCHANDISE PACKED IN WOODEN CRATES WITH PLASTIC FOAM BOX."，则该证明的日期就无特别要求，只要在发票日期之后、议付日期之前即可。

4．参考号码

一般应注明信用证号码、发票号码或合同号码。

5．证明内容

证明内容应根据要求缮制。在信用证支付方式下，可以依照信用证条款照抄，但有时应对所用时态做相应调整。比如，信用证规定"THE SELLER SHOULD CERTIFY THAT ALL THE PACKAGES TO BE LINED WITH WATERPROOF PAPER AND BOUND WITH TWO IRON STRAPS OUTSIDE"，则证明应做成："…PACKAGES HAVE BEEN LINED…"。

6. 签署

作为证明,应有签章,由出具证明的当事人签署。

如信用证单据条款规定:"BENEFICIARY'S CERTIFICATE IN TWO COPIES CERTIFY THAT THREE SETS OF EACH NON-NEGOTIABLE B/L HAVE BEEN AIRMAILED DIRECT TO THE BUYER IMMEDIATELY AFTER SHIPMENT"。则受益人证明可做成如下样式(参见样单 7-2)。

样单 7-2 受益人证明

CHINA NATIONAL METALS AND MINERALS EXP & IMP CORP.,JIANGSU BRANCH.

201 ZHUJIANG ROAD , NANJING, JIANGSU, CHINA

BENEFICIARY'S CERTIFICATE

TO: WHOM IT MAY CONCERN   DATE: 2013.12.21

RE: L/C NO.: ×× , INV.: ××

WE HEREBY CERTIFY THAT THREE SETS OF EACH NON-NEGOTIABLE B/L HAVE BEEN AIRMAILED DIRECT TO THE BUYER IMMEDIATELY AFTER SHIPMENT.

CHINA NATIONAL METALS AND MINERALS EXP & IMP CORP.,JIANGSU BRANCH.

××SIGNATURE

二、船公司证明

船公司证明(SHIPPING COMPANY'S CERTIFICATE)系信用证受益人应开证申请人的要求,请船公司出具的不同认定内容的证明。常见的船公司证明有以下几种。

1. 黑名单证明

很多国家对从事国际贸易运输的船舶进行不良安全记录和安全隐患进行跟踪,实行"黑名单"记录,不允许这些船只进行运输,或者不允许本国企业与这些船舶发生业务关系。黑名单证明则是为了说明载货船只未被列入黑名单的证明(参见样单 7-3)。

样单 7-3　黑名单证明

BLACKLIST CERTIFICATE

TO：WHOME IT MAY CONCERN　　　　　　　　　　　　　　PLACE：××

RE：B/L NO. ...

WE ARE ADVISED BY HER OWNERS THAT THIS VESSEL IS NOT ISRAELI OWNED.

TO THE BEST OF OUR KNOWLEDGE AND BELITEF THIS VESSEL IS NOT INCLUDED IN THE ARABIAN BOYCOTT OF ISRAEL BLACKLIST.

（×××SIGNATURE）

---

2. 航程证明

航程证明(ITINERARY CERTIFICATE)是说明载货船舶航程中停靠港口的证明。红海和波斯湾一带的国家在进口时常常要求船公司或其代理出具航程证明，以证明载货船只在本次航行中所经过的港口或航行路线及船籍等。比如，阿拉伯国家开来的信用证通常要求运输由非以色列船只承担，船舶航行过程中不得停靠以色列港口，不得悬挂以色列国旗等。

再如，来证要求："SHIPMENT MUST NOT BE EFFECTED ON ISRAELI VESSEL AND NOT CALL AT ANY ISRAELI PORTS."，则航程证明可按以下格式出具(参见样单7-4)。

样单 7-4　航程证明

ITINERARY CERTIFICATE

TO：WHOME IT MAY CONCERN　　　　　　　　　　　　　　PLACE：

RE：S. S. ...

THIS IS TO CERTIFY THAT S.S. ... FLYING THE PEOPLE'S REPUBLIC OF CHINA FLAG, WILL NOT CALL AT ANY ISRAELI PORTS DURING THIS PRESENT VOYAGE, AND SHE IS NOT BLACK LISTED BY THE ARAB COUNTRIES.

××SIGNATURE

---

3. 船长收据

船长收据(MASTER'S/CAPTAIN'S RECEIPT)是由船长签发的收据，证明已收到单据，并会转交进口商。在一些国际贸易运输尤其是近洋运输中，有时会出现"货等单"的现象，进口商为了及时提取货物，往往要求出口方在装船时，将某些货物单据如检验证、提单副本等交装货船只的船长随船代交收货人。此时，需船长签发收据，收据上必须有由船长转递单据的承诺。

比如，买方来证要求如下："SHIPPING DOCUMENTS MUST BE SENT TO THE MASTER OF THE CARRYING VESSELS, AND THE MASTER'S RECEIPT REQUIRED FOR NEGOTIATION."。按此条款，应提供由船长签发的收据。船长收据的样式(参见样单 7-5)如下。

样单 7-5　船长收据

RECEIPT

TO: WHOME TI MAY CONCERN

RE: B/L NO. … L/C NO. …

　　I, THE UNDERSIGNED, MASTER OF THE CARRYING VESSEL S.S ×× HEREBY CERTIFY HAVING RECEIVED FROM ××× THE FOLLOWING SHIPPING DOCUMENTS WHICH SHALL BE HANDED OVER TO MESSERS ×××.

1) ONE COPY OF B/L
2) TWO COPEIS OF INVOICES
3) TWO COPIES OF PACKING LIST

　　　　　　　　　　　　THE MASTER OF S.S ×× (SIGNATURE)

随着运输业的发展、电放提单、海运单的使用，船长收据已经渐遭淘汰，退出使用。

4．船龄以及船级证明

船龄是指船舶自建造完毕时起计算的使用年限。在某种程度上，船龄可以表明船舶的现有状况，在有关船舶和海上运输的交易中，船龄是租船人接受船舶、确定租船运费或租金的重要依据，是保险人确定保险费率要考虑的重要因素。一般船龄在 15 年以上的船为超龄船，许多保险公司对 15 年以上的船舶不予承保。为了保证货物运输的安全，信用证有时要求提供船龄证明，以证明运输船舶的船龄不得超过多少年。

船龄证明主要出现在印度、孟加拉、巴基斯坦及科威特等阿拉伯国家，其格式可参考前述证明的格式。

船级是表示船舶技术状态的一种指标，在国际航运界，船舶入级可保证航行安全，便于租船人和托运人选择适当的船只，便于保险公司决定船、货的保险费用。各国船级社均绘制了不同的船级符号，其中，英国劳埃德船级社(LR)的船级符号为 100A，美国船级社

(AB)的船级符号为 A1，挪威船级社(DNV)的船级符号为 1A1。如要求装货船只为 100A 的船，表示该船的船体和机器设备是根据劳氏规范和规定建造，船舶的装备如船锚、锚链和绳索等处于良好和有效状态。

船级证明是用于说明运输货物的船舶符合一定的船级标准的证明。

5. 运费证明

运费证明是承运人签发给托运人的有关货物运费收讫的凭证。在以 CFR 和 CIF 条件成交的信用证中，有时买方会要求提供有关运输费用方面的数据。如果信用证要求提供船公司运费账单，则应事先向船公司或其代理言明，并将船公司收账的运费账单复印即可。单据的名称通常为"FREIGTH INVOICE"，"FREIGHT ACCOUNT"，"FREIGHT VOUCHER"。

在际业务中，船公司证明通常由出口商的单证员按合同或信用证要求缮打，然后委托货代或直接交船公司签章。

三、寄单证明

有些信用证经常规定，受益人在货物装运后，应立即直接邮寄某些单据给收货人或其指定的人，并出具有关证明即寄单证明作为议付单据之一，以证实其已按信用证的规定办事。寄单证明通常由出口公司或受益人出具，此时，寄单证明也可以称作受益人证明，其格式一般与受益人证明的要求基本一致，但通常包括所寄单据的份数、寄出时间、寄送方式和寄送对象等(参见样单 7-6)。如：

样单 7-6 寄单证明

```
                      CERTIFICATE
TO WHOM IT MAY CONCERN:                      DATE: ××
RE:SHIPPING DOCUMENTS UNDER L/C NO. ×××
WE HEREBY CERTIFY THAT WE HAVE SENT THE FOLLOWING DOCUMENTS TO MESSERS ×××
CO., LTD. BY REGISTERED AIRMAIL:
1. TWO COPIES OF COMMERCIAL INVOICE
2. ONE COPIES OF PACKING LIST
                                        ×××SIGNATURE
```

有时寄单证明还须使用由邮局或快递公司承办的收据。比如，信用证规定："ORIGINAL BENEFICIARY'S SIGNED LETTER/CERTIFICATE TOGETHER WITH THE COURIERS RECEIPT CERTIFYING THAT THE FULL SET OF ORIGINAL DOCUMENTS HAVE BEEN SENT TO ×× CO. BY AIRMAIL/DHL/SPEED POST 3 DAYS AFTER B/L

DATE."

按此类条款的规定，受益人除了出具由其本公司出具的书面寄单证明外，还要随附信用证指定的快递公司出具的邮寄(POST RECEIPT)或快递收据(SPEED POST RECEIPT)。

一般办理出国快递业务的快邮公司主要有：EMS(国际特快专递)、DHL(信使专递)、FED EXPRESS(联邦快递)、TNT 等。

四、其他

除了上述提及的各种证明之外，有时根据信用证的要求，卖方还可能需要出具其他相关的证明文件，如借记通知单(DEBIT NOTE)、扣佣通知书、木材包装声明、非木材包装声明、生产过程证明等。比如，对伊拉克出口，须有包装、唛头证明；对港、澳出口，须在包装上刷制"请勿用钩"字样，并出具证明；对澳大利亚、新西兰出口，通常要求包装清洁完好的证明等。

这些证明的具体书写格式与上述证明基本相同，在此不另做介绍。

思 考 题

1. 装船通知、受益人证明、船公司证明的签署者分别是谁？
2. 装船通知的主要功能是什么？

操 作 题

1. 根据下列提供信用证条款及有关资料缮制装船通知一份。

信用证如样单 7-7 所示。

样单 7-7　信用证

CREDIT NUMBER	: LRT9903887
DATE OF ISSUE	: 100505
EXPIRY	: DATE 100716 PLACE CHINA
APPLICANT	: ABC CORP．AKEKSANTERINK AUTO
	P．O．BOX9，FINLAND
BENEFICIARY	: GUANGDONG RONGHUA TRADE CO．，LTD.
	168，DEZHENG ROAD SOUTH，GUANGZHOU，CHINA
AMOUNT	: CURRENCY USD AMOUNT 36,480.00(SAY US DOLLARS THIRTY SIX THOUSAND FOUR HUNDRED AND EIGHTY ONLY．)

LOADING IN CHARGE	: GUANGZHOU
FOR TRANSPORT TO	: HELSINKI
SHIPMENT PERIOD	: AT THE LATEST JULY 16, 2013
DESCRIP. OF GOODS	: 9,600PCS OF WOMEN'S SWEATERS
	UNIT PRICE: USD3.80/PC, PACKING: 12PCS/CTN
	OTHER DETAILS AS PER S/C NO.99SGP468001
	CFR HELSINKI

DOCUMENTS REQUIRED:

　　…

　　+ADVICE OF SHIPMENT MUST BE SENT BY FAX TO MARKE INSURANCE CO. HELSINKI, FINLAND(FAX NO.33333)WITH DETAILS OF SHIPMENT INCLUDING VALUE, NAME OF VESSEL, DATE OF SHIPMENT, NAME OF COMMODITY, NUMBER OF PACKAGES; TOTAL NET AND GROSS WEIGHT QUOTING THEIR POLICY NO.3RT20053. COPY OF THIS FAX TO BE PRESENTED WITH DOCUMENTS UPON NEGOTIATION.

ADDITIONAL COND.: 1. T/T REIMBURSEMENT IS PROHIBITED
　　　　　　　　　2. ALL DOCUMENTS MUST BE MARKED THE S/C NO. AND THE L/C NO.
　　　　　　　　　3. SHIPPING MARKS: ABC/HELSINKI/NO. 1-UP

该批商品其他的有关资料如下。

INV.NO.　　　　　　: 2013PCI448
DATE OF SHIPMENT: MAY. 20,2013
B/L NO.　　　　　　: FKK9078533
MEASUREMENT：(40×50×80)CM/CTN
GW.　　　　　　　　: 23KGS/CTN
NW.　　　　　　　　: 18KGS/CTN
NAME OF VESSEL　: DONGFRNEG E003
DATE OF ADVICE　　: MAY 21,2013

GUANGDONG RONGHUA TRADE CO.,LTD.
168,DEZHENG ROAD SOUTH,GUANGZHOU,CHINA

第七章 其他单据

2．请根据以下资料制定一份受益人证明书。

BENEFICIARY: SHANGHAI MACHINERY IMP.& EXP. CORPORATION
L/C NO．：HU65926
DOCUMENTS REQUIRED:
　　BENEFICIARY'S CERTIFICATE CERTIFYING THAT COMMERCIAL INVOICE，PACKING LIST AND ORIGINAL EXPORT LICENCE HAVE BEEN DESPATCHED BY COURIER DIRECTLY TO YOUTA TRADING COMPANY.
INVOICE NO．：TB-M85062
DATE OF CERTIFICATE: AUG．3，2013.

SHANGHAI MACHINERY IMP.& EXP. CORPORATION

第八章 汇 票

学习目标

了解汇票在国际贸易中的使用；掌握汇票的概念、基本内容以及在信用证及托收支付方式下汇票的填制方法。

在国际贸易的货款收付过程中，由于交易双方相距较远，采用现金交易时，会带来保管、携带不便等诸多问题。因此，采用资金单据作为流通和支付手段来结算货款，保证了货款收付的安全。

资金单据(FINANCIAL DOCUMENTS)是指以支付一定的金钱为目的，并可以流通转让的债权凭证，是国际通行的结算工具。买卖双方无论采用何种结算方式，大多与资金单据息息相关。目前国际贸易中使用的资金单据，主要有汇票、支票、本票以及其他用以取得付款的类似凭证。在这些资金单据中，买卖双方结算货款又以汇票的使用为主。

作为国际结算的工具，汇票严格来讲是票据，而不是单据，各国对其项目、要求都有一定的规定和立法。因此汇票的使用不仅应符合有关当事人的国内立法及相关的国际贸易惯例，同时作为外贸单证的重要组成部分，其内容还必须要符合信用证和合同的规定。

第一节 汇票的概念

汇票(BILL OF EXCHANGE 简称 BILL 或 DRAFT 或 EXCHANGE)，是国际结算中使用十分广泛的票据。根据我国《票据法》的规定，汇票是出票人签发的，委托付款人在见票时或者在指定日期无条件支付确定的金额给收款人或者持票人的票据。

汇票是一种要式的有价证券。它必须具备法定的形式、载明必要的法定事项，才能成为完整的汇票，具有票据的效力。

第二节 汇票在国际贸易中的使用

在国际贸易结算中，汇款、托收和信用证方式都可能使用汇票。

以票汇(D/D)方式结算货款时，汇款人(买方)购买银行即期汇票，并将其寄交国外收款人(卖方)，由国外收款人按汇票指定的银行来支取款项。这种情况下的汇票由银行签发，属银行汇票，一般不随附货运单据，称为光票，结汇方式为顺汇。

以托收和信用证方式结算货款时，进口商或银行对出口商提交的单据审核无误后，即按规定付款。在这种情况下使用的汇票，是出口商用以索取款项的重要凭证，通常由出口商向进口商或银行签发，属商业汇票，一般都附有货运单据，为跟单汇票，结汇方式为逆汇。

在国际贸易货款收付中使用的汇票，一般都是出口商或受益人填写的商业汇票，故本章仅介绍托收和信用证方式下商业汇票的内容及缮制方法。

第三节　汇票的份数

在国际贸易中，汇票通常都签发一套，一式两份，即"FIRST OF EXCHANGE(1)"和"SECOND OF EXCHANGE(2)"，两份汇票具有同等的法律效力，但付款人仅对其中的一份进行付款或承兑，先到先付，后到无效。因此，在汇票上通常都写明"付一不付二(SECOND OF EXCHANGE BEING UNPAID)"或"付二不付一(FIRST OF EXCHANGE BEING UNPAID)"。

在邮政业务比较落后的时期，签发一套汇票，最初主要是为了防止单据在寄送过程中丢失，随着邮政寄送业务的发展，丢失邮件的现象几乎已经不会发生，但汇票签发一套的这种习惯做法却被作为一种惯例保存下来。

第四节　汇票的内容与缮制方法

一般银行都有自己印制好的空白格式的汇票，出口商可以向银行购买，也可以自行印制。虽然各银行及出口企业使用的汇票格式不完全相同，但其内容和项目基本一致(参见样单 8-1、样单 8-2)。

汇票主要包括以下内容。

1. 出票条款

出票条款(DRAWN UNDER)又称出票依据，即开立本汇票的根据，说明汇票与哪一家银行在何时开立的某号信用证的关系。包括 3 个内容，即"DRAWN UNDER(开证行名称)"、"L/C NO.(信用证号码)"和"DATED(开证日期)"。

信用证方式下的汇票，应根据信用证的内容进行填写：即"DRAWN UNDER"栏填开证行完整的名称，"L/C NO."栏填信用证号码，"DATED"栏填写信用证的开立日期。如信用证有特殊要求，还应按信用证规定填写。

托收方式下的汇票，出票条款一般仅填"FOR COLLECTION"或者不需要填写任何内容。

2. 年息

"年息(PAYABLE WITH INTEREST@…% PER ANNUAL)"栏由结汇银行填写，用以结算企业与银行间的利息费用，出口企业可留空不填。有时来证条款要求在汇票上加注自汇票签发日起至开证行向进口商收回垫款之日止这段时间的利息，尽管这部分利息结算与出口商无关，出口商仍须按照此要求缮制汇票，以符合信用证要求。

3. 出票地点及出票日期

"出票地点及出票日期(PLACE AND DATE OF ISSUE)"栏中出票地点是汇票的重要项目之一，一般应是出口商交单所在地或议付所在地，通常位于汇票的右上方，与出票日期相连。在实际业务中，汇票出票地点通常已事先印好，无须现填。若未印好则由银行填写。

汇票的出票日期直接关系到汇票的提示、承兑、付款期限等。汇票的出票日期一般为卖方交单的日期，即交单期，由托收行或议付行在收到出口商提交的单证时填写，所以出票日期应晚于所有跟单单据的签发日期。

样单8-1 汇票(第一联和第二联，信用证项下使用)

```
凭
Drawn under ………………………………………………..…………………………..
信用证        第            号
L/C No………………………………………………….
日期
Dated …………………………………….
按           息           付款
Payable  with  interest  @...................%  per  annum
号码          汇票金额                              中国，南京     年    月    日
No: ……………....Exchange  for                     Nanjing , China………………….. …...
见票                                                  后(本 汇 票 之 副 本 未 付)
At……...………………Sight of this   FIRST   of Exchange (Second of exchange being unpaid)
  pay to the order of  BANK OF CHINA, JIANGSU BRANCH  或 其 指 定 人
付金额
The sum of

           To:……………………………………..
                ………………………………………..
```

凭
Drawn under ……………………………………..………………………….
信用证　　　　　第　　　　号
L/C No.…………………………….….………
日期
Dated ………………….……………..
按　　　　息　　　　付款
Payable with interest @..……….....%per annum
号码　　　汇票金额　　　　　　　　　中国，南京　年　月　日
No: ………….……Exchange　for　　　　　　　Nanjing，China………………... ……
见票　　　　　　　　　　　　日　后(本　汇　票　之　副　本　未　付)
At……..……………Sight of this　SECOND　of Exchange (first of exchange being unpaid)
pay to the order of **BANK OF CHINA, JIANGSU BRANCH** 或其指定人
付金额
The sum of

To.…………………………………..
　　…………………………………..

样单 8-2　汇票(托收项下使用)

号码　　　汇票金额　　　　　　　　中国，南京　年　月　日
No.: ………….……Exchange　for　　　　　　Nanjing，China………………... ……
见票　　　　　　　　　　　　日　后(本　汇　票　之　副　本　未　付)
At……..……………Sight of this　FIRST　of Exchange (Second of exchange being unpaid)
pay to the order of _____ -
金额
The sum of

Against shipment of _____

_____

此致
To.…………………………………..
　　…………………………………..

信用证项下的汇票，出票日期同时也是交单日期。因此出票日期必须在信用证规定的交单期限及有效期之前。信用证规定的交单期一般在运输单据签发日期之后的 10 天或 15 天之内；若信用证没有规定，按《UCP600》的规定，交单期不得超过提单签发日期后的 21 天，且不得超过信用证的有效期。

出票日期需用英文填写。

4．汇票号码

"汇票号码(NO.)"栏填写此项交易的发票号码或其他有利于识别的号码，可以填写每一笔业务的顺序编号，也可采用此项交易的商业发票号码，以使整套单据有机地联系起来，以便核对发票与汇票中相关的内容。

5．汇票金额

"汇票金额"栏即汇票上的两条灰色区域，包括小写和大写两部分。汇票金额应根据发票金额填写，货币名称与发票或信用证规定一致。大、小写金额保持一致，否则，汇票无效，在信用证支付方式下，银行还会以"单单不一致"而拒付。

汇票小写金额(EXCHANGE FOR)由货币代号和阿拉伯数字组成，小数保留两位，若小数有三位，第三位小数四舍五入，如 1002.344 美元写为：USD1002.34。

汇票大写金额由小写金额翻译而成，包括货币全称和金额数目文字两部分，要求顶格填写，不留空隙，并在大写金额之后加"ONLY"，表示"整"，如上例可表示为"US DOLLARS ONE THOUSAND AND TWO POINT THREE FOUR ONLY"，或"US DOLLARS ONE THOUSAND AND TWO 34% ONLY"。

在填写汇票金额时，还应注意以下几点。

(1) 如信用证规定汇票金额为发票金额的百分之几，如 97%，那么发票金额为 100%，汇票金额为 97%，其差额 3%为应付的佣金。

(2) 如信用证规定以"贷记通知单"扣除应付佣金的，那么发票金额开 100%，而汇票金额应是发票金额减去"贷记通知单"金额后的余额。

(3) 如信用证规定部分信用证付款、部分托收，出口人应作两套汇票，信用证项下支款的应按信用证允许的金额支取，托收部分的按托收的金额支取，两套汇票的金额之和与发票金额一致。

6．付款期限

汇票的付款期限(AT SIGHT)有即期和远期之分，在汇票中用"AT…SIGHT"表示。

即期汇票在印就的"AT … SIGHT"之间空白处打上"———"或"＊＊＊"或"……"，表示"AT SIGHT(即期)"，不能留空不填。

远期汇票的付款期限，主要有如下 4 种。

(1) 见票后若干天付款,如"AT 30 DAYS AFTER (见票后 30 天)"。
(2) 出票后若干天付款,如"AT 30 DAYS AFTER DATE OF DRAFT (出票后 30 天)"。
(3) 提单签发后若干天付款,如"AT 30 DAYS AFTER DATE OF B/L (提单出单日后 30 天)"。
(4) 某一特定日期付款,如"ON APRIL 24,2013 SIGHT(2013 年 4 月 24 日)"。

此时,在"AT…SIGHT"之间空白处加打远期天数,如"AT 30 DAYS AFTER DATE OF B/L SIGHT"。

汇票的付款期必须与合同或信用证条款一致。如果汇票不是见票即付或见票后定期付款,则必须能从汇票自身内容确定到期日。比如,汇票为提单日后 60 天付款,而提单日为 2013 年 5 月 12 日,则汇票期限可用"提单日 2013 年 5 月 12 日后 60 天"或"2013 年 5 月 12 日后 60 天"或"提单日后 60 天",同时在汇票其他地方表明提单日 2013 年 5 月 12 日,或在出票日期与提单日期相同的汇票上标注"出票后 60 天"或"2013 年 7 月 11 日",即后 60 天的任一方式表明。

如果远期汇票的付款期为"提单日后 60 天付款",而一张汇票提交了不止一套提单,如果从这些提单上判别货物为分批装运,则使用最早的装船批注日期计算汇票到期日,如果从这些提单上判定货物不属于分批装运,则使用最晚的装船批注日期计算汇票到期日。

托收项下,汇票还必须注明交单条件,即注明买方是凭 D/P 还是 D/A 付款,一般在"AT SIGHT"的"AT"之前注明"D/P"或"D/A",或者在汇票左上角注明交单条件,如即期付款交单,可填为"D/P AT＊＊＊SIGHT"。

7．受(收)款人

汇票的受款人(PAY TO THE ORDER OF /PAYEE)也称汇票的抬头,汇票常见的抬头有限制性抬头(PAY TO ××× ONLY 或 PAY TO ××× NOT TRANSFERABLE)、持票人抬头(PAY TO THE BEARER)和指示式抬头(PAY TO THE ORDER OF ×× 或 PAY TO×× OF ORDER)3 种。限制性抬头的汇票不能转让,只有指定的受款人才有权收取款项,较少使用;持票人抬头的汇票无须背书,交付即可转让,风险很大,极少使用;指示式抬头的汇票可经持票人背书后转让,在实际业务中最为常用。

在我国出口业务中,汇票的受款人一般都是限制性抬头,通常已事先印好"凭×××银行的指示",如"PAY TO THE ORDER OF BANK OF CHINA, ×× BRANCH",无须填写。通常,在信用证方式下,是凭议付行的指示收款;在托收方式下,是凭托收行的指示收款。

8．付款人

汇票的付款人(DRAWEE/PAYER)又称受票人,即"TO…"栏,一般位于汇票左下角。信用证项下,银行承担第一性付款责任,汇票的付款人应是开证行或信用证指定的付款行;托收项下,汇票的付款人应是合同的买方。

根据《UCP600》的规定,"信用证不应要求开立以申请人为付款人的汇票",否则该汇票就成为附加单据,而不能作为支付工具。

付款人名称应填写完整,托收项下还应列出详细地址。

9. 出票人

出票人(DRAWER)即出具汇票的人,通常情况下出票人为出口商或信用证的受益人,习惯上把出票人的名称填在汇票的右下角,与付款人对应,并由负责人签字或盖章,表示出票人对此票据承担责任。

汇票必须由出票人签署才能生效。信用证项下,汇票的出票人必须是受益人。如果汇票有修正和变更,必须经出票人证实。

第五节 信用证中汇票条款举例

【例1】THIS CREDIT IS AVAILABLE WITH ANY BANK IN CHINA BY NEGOTIATION, AGAINST PRESENTATION OF BENEFICIARY'S DRAFT AT 30 DAYS AFTER SIGHT DRAW ON US.

该条款规定:本信用证在中国任何一家银行凭受益人出具的、以我方(即开证行)为付款人、见票后30天付款的汇票进行议付均有效。

【例2】CREDIT AVAILABLE BY NEGOTIATION AGAINST PRESENTATION OF DOCUMENTS DETAILED HEREIN AND OF BENEFICIARY'S DRAFTS IN DUPLICATE AT SIGHT DRAWN ON OUR BANK.

该条款规定:议付时需凭受益人出具的、以我行(即开证行)为付款人的一式两份的即期汇票信用证才有效。

【例3】DRAFTS AT SIGHT FOR 97% OF THE INVOICE VALUE, DRAWEE ASAHI BANK LTD; TOKYO.

该条款规定:即期汇票,付款金额为发票金额的97%,汇票付款人为 ASAHI BANK LTD TOKYO。

【例4】CREDIT AVAILABLE WITH BANK OF CHINA JIANGSU BRANCH BY NEGOTIATION AGAINST THE DOCUMENTS DETAILED HEREIN AND BENEFICIARY'S DRAFTS AT SIGHT DRAW ON SANWA BANK, OSAKA, UNDER D/C NO.168 FOR 100PCT OF THE INVOICE VALUE.

该条款规定:本信用证凭受益人出具的即期汇票到中国银行江苏省分行议付有效,付款金额为168号跟单信用证项下的发票金额,付款人为 SANWA BANK, OSAKA。

【例 5】 THIS L/C IS AVAILABLE WITH ANY BANK IN CHINA BY NEGOTIATION, DRAFTS AT SIGHT IN DUPLICATE INDICATING THIS L/C NUMBER, DRAWEE ISSUING BANK.

该条款规定：本信用证凭受益人出具的即期汇票到中国任何一家银行议付有效，汇票一式两份，应标明本 L/C 号码，付款人为开证行。

【例 6】 CREDIT FREELY AVAILABLE BY NEGOTIATION AGAINST PRESENTATION DRAFTS AT 90 DAYS AFTER DATE OF B/L.

该条款规定：本信用证可自由议付，付款期限为 B/L 签署后 90 天。

思 考 题

1．试判断下列汇票中的支付命令是否正确。

(1) PAY TO AAA COMPANY IF THE QUALITY OF GOODS THEY SUPPLY ARE COMPLIED WITH THE CONTRACT.

(2) PAY TO BANK OF CHINA ,JIANGSU BRANCH OR THEIR ORDER THE SUM OF US DOLLARS ONE HUNDRED THOUSAND ONLY.

(3) IN CASE YOU RECEIVED THE GOODS, PLEASE PAY TO THE ORDER OF BANK OF CHINA JIANGSU BRANCH THE SUM US DOLLARS OF ONE HUNDRED THOUSAND ONLY.

(4) PAY TO AAA COMPANY TWENTY US DOLLARS THOUSAND OR TWENTY ONE THOUSAND ONLY.

2．如信用证规定："THIS L/C IS AVAILABLE AT 90 DAYS AFTER ACCEPTANCE OF DRAFT DRAW ON APPLICANT"，卖方能否接受？如不能接受，可有几种修改的办法？

3．信用证项下汇票的付款人应为银行还是进口商？托收项下的汇票呢？

操 作 题

1．根据下列信用证及有关资料，缮制汇票一份(参见样单 8-3)。
ISSUING BANK: SANWA BANK , OSAKA BRANCH
L/C NO. AND DATE: SW05199, NOV. 20, 2013
AMOUNT: USD55000.00
APPLICANT: SUMITA TRADING CORP (28/F EMPERIAL BUILDING, OSAKA, JAPAN)

BENEFICIARY: GUANGYIN IMP & EXP CO.,LTD. (5188 ZHONGSHAN EAST ROAD, NANJING, CHINA)

EXPIRY DATE: JAN. 20, 2014

WE OPENED IRREVOCABLE DOCUMENTS CREDIT AVAILABLE BY NEGOTIATION AGAINST PRESENTATION OF THE DOCUMENTS DETAILED HEREIN AND OF BENEFICIARY'S DRAFTS IN DUPLICATE AT 30 DAY AFTER SIGHT DRAWN ON SANWA BANK , NEWYORK BRANCH.

INV. NO.: ITBE001121

B/L DATE：DEC.20,2013

样单 8-3 汇票(一)

凭
Drawn under ……………………………………………………………..

信用证　　　　第　　　　号
L/C No………………………………….

日期
Dated …………………………………..

按　　　　息　　　　付款
Payable with interest @..…………..% per annum

号码　　汇票金额　　　　　　　　中国，南京　年　月　日
No.: ………………Exchange for ……………… Nanjing , China……………. …..

见票　　　　　　　　　　　　后(本 汇 票 之 副 本 未 付)
At……..………………Sight of this FIRST of Exchange (Second of exchange being unpaid) pay to the order of BANK OF CHINA, JIANGSU BRANCH 或 其 指 定 人

付金额
The sum of

To…………………………………………..
………………………………………..

2. 卖方根据下列合同条款出口商品，缮制的商业发票号码为 YG-0140，货物于 12 月 30 日装船完毕，现需缮制汇票委托银行收款，请根据售货确认书(参见样单 8-4)及相关资料，缮制汇票一份(参见样单 8-5)。

样单 8-4 售货确认书

SALES CONFIRMATION

NO.: HR051108
DATE: NOV.08, 2013

THE SELLER: HUAMAO TRADING CO.,LTD.
  288 TIANTANG ROAD, NANJING, CHINA
  FAX:86-025-23456789   TEL: 86-025-23456789
THE BUYER: ROYAL TRADING CO.,LTD.
  18/F HELENA BUILDING,TORONTO,CANADA
  FAX :33-56-12345678   TEL: 33-56-12345678

THIS SALES CONFIRMATION IS HEREBY MUTUALLY CONFIRMED, TERMS AND CONDITIONS ARE AS FOLLOWS:

NAME OF GOODS AND SPECIFICATIONS	QTY	UNIT PRICE	AMOUNT
MAN'S SHIRT 100%COTTON	2000PCS.	USD8.00/PC.	FOB TORONTO USD16000.00
TOTAL	2000PCS.		USD16000.00
SAY US DALLARS SIXTEEN THOUSAND ONLY			

...
...

SHIPMENT: ×   TO BE MADE (45 DAYS BY SEA AFTER RECEIVED 30% T/T
            PAYMENT) FROM CHINA PORT TO TORONTO
            PARTIAL SHIPMENTS AND TRANSHIPMENT TO BE ALLOWED.
   PAYMENT: ×   30% T/T IN DEPOSIT, 70% D/P AT SIGHT
INSURANCE: TO BE EFFECTED BY THE BUYER
  SELLER : HUAMAO TRADING CO.,LTD.
  BUYER: ROYAL TRADING CO.,LTD.

样单 8-5　汇票(二)

凭
Drawn under ....
信用证　　　　　第　　　　　号
L/C No..
日期
Dated ....
按　　　　　息　　　　　付款
Payable with interest @.............% per annum
号码　　　汇票金额　　　　　　　　　　　中国，南京　年　月　日
No.: ....Exchange for　　　　　　　Nanjing, China..................... ......
见票　　　　　　　　　　　　　　　　后(本 汇 票 之 副 本 未 付)
At…….................Sight of this FIRST of Exchange (Second of exchange being unpaid)
pay to the order of .... 或 其 指 定 人
付金额
The sum of ....
....

To………………………………………..
　　……………………………………..

第九章　出口货物通关与单据

学习目标

了解出口货物通关的程序、报关单位及报关范围；掌握报关的基本操作规程以及出口货物报关单的填制规范。

第一节　进出口货物通关概述

各国政府都对进出本国国境或关境的运输工具、货物和物品进行管理，并由特定主体机构执行政府管理制度。根据中国《海关法》的规定："进出境运输工具、货物、物品，必须通过设立海关的地点进境或出境，如实向海关申报，接受海关监督。"

因此，在设立海关的地点进出境并办理规定的海关手续是我国运输工具、货物、物品进出境的基本规则，也是进出境运输工具的负责人、进出口货物的收货人和发货人、进出境物品的所有人应履行的一项基本义务。

海关作为货物进出关境的国家监管机关，对内对外都统一按照有关法律法规对货物的进出境实施有效的监管，代表国家执法，以维护国家主权。

海关对进出境运输工具、货物、物品依法进行监督管理，核准其进出境的管理过程即称为通关。而进出口货物的收货人和发货人、进出境运输工具的负责人、进出境物品的所有人或其代理人向海关办理货物、运输工具、物品进出境手续及相关手续的全过程，则称为报关。按照我国《海关法》的规定，所有进出境运输工具、货物、物品都需要办理报关手续。

在进出口贸易的实际业务中，绝大多数都是卖方负责出口货物报关，买方负责进口货物报关，即绝大多数的进出口商只是同自己国家的海关打交道。

1. 报关的范围

报关的具体范围如下。
1) 进出境运输工具

它主要包括用以载运人员、货物、物品进出境，并在国际运营的各种境内或境外船舶、车辆、航空器和驮畜等。
2) 进出境货物

它主要包括一般进出口货物、保税货物、暂准进出境货物、特定减免税货物、过境、转运和通运货物及其他进出境货物。

3) 进出境物品

它主要包括进出境的行李物品、邮递物品和其他物品。以进出境人员携带、托运等方式进出境的物品为行李物品；以邮递方式进出境的物品为邮递物品；其他物品主要包括享有外交特权和豁免的外国机构或者人员的公务用品或自用物品等。

2．报关单位

报关单位是指依法在海关注册登记的报关企业和进出口货物收发货人。

报关注册登记制度是我国海关对进出口货物报关管理的主要制度。凡是在中华人民共和国进出境口岸办理进出口货物报关手续的企业必须向海关办理报关注册登记，必须经海关批准成为报关单位。可以向海关办理申报进出口货物手续的单位，即报关单位一般有以下几种。

1) 进出口货物收发货人

一般包括依法办理了备案登记的对外贸易经营者，和一些未取得对外贸易经营者备案登记但按照国家有关规定需要从事非贸易性进出口活动的单位，如境外有关机构在中国境内设立的常驻代表机构，少量货样进出境的单位，国家机关、学校、科研院所等组织机构，临时接受捐赠、礼品、国际援助的单位，国际船舶代理企业等。

进出口货物收发货人经向海关注册登记后，只能为本单位进出口货物报关。

2) 专业报关行

专业报关行即经海关总署批准，专门接受进出口货物收发货人的委托，向海关办理进出口货物报关纳税等海关事务，具有境内法人地位并独立核算的经济实体。

3) 代理报关企业

代理报关企业即接受承揽、承运范围内的进出口收发货人的委托，并以其名义向海关办理承揽运输货物报关纳税等海关事务的国际货物运输公司、国际船舶代理企业，也就是经营国际货物运输的船代及货代。

上述企业一般按海关要求，由具有报关员资格的专职报关员负责报关。

3．报关期限

出口货物应当在出口货物运抵海关监管区后、在装货的 24 小时以前向海关申报。否则，海关可以拒绝接受通关申报，出口货物将得不到海关的检验、征税和放行，无法装货运输，从而影响运输单据的取得，甚至导致延迟装运、违反合同。

进口货物应当自载运货物的运输工具申报进境之日起 14 天内向海关申报，否则，海关将征收滞报金。若进口货物的收货人自运输工具申报进境之日起超过 3 个月未向海关申报的，其进口货物由海关按照《海关法》的规定提取并变卖处理。对属于不宜保存的货物，海关可以根据实际情况提前处理。

第二节 出口通关的程序

货物的出口通关程序，一般分为 4 个基本环节，即申报、查验、征税、放行。加工贸易进出口货物、经海关批准的减免税或暂缓缴纳进出口税费的进出口货物，以及其他在放行后一定期限内仍需接受海关监管的货物的通关，在放行后还应办理结关手续。

1. 申报

申报是指出口货物的发货人或者其代理人，依照《海关法》以及有关法律、行政法规的要求，在海关规定的期限内，以书面和/或电子数据交换方式向海关报告其出口货物的情况，接受海关的审查和放行，并对所报告内容的真实准确性承担法律责任的行为。申报，即常说的"报关"。

一般情况下，出口货物的发货人或其代理人应在货物运抵海关监管区后、在装货的 24 小时之前，向货物的出境地海关进行申报。申报数据自被海关接受之日起即产生法律效力。

2. 查验

查验是出境地海关在其监管区内对出口货物实施监管的一种具体行为，即通过对出口货物进行实际的核查，以确定单货是否相符，有无瞒报、伪报和申报不实等走私违规行为，并为今后的征税、统计和后续管理提供可靠的监管依据。

进出口货物除按照国家规定、国际惯例以及经海关总署特准的可以免验以外，均应当接受海关查验。

查验的时间一般由海关规定。海关查验货物时，出口货物的发货人或其授权的报关员应当到场，并负责协助搬移货物、开拆和重封货物的包装。海关认为必要时，可以径行开验、复验或者提取货样。

出口货物应于查验完毕后半个工作日内予以放行，涉嫌走私、违规等情况的除外。

3. 征税

征税是指海关根据国家的有关政策、法规对进出口货物征收关税及进口环节税(海关代征税)。

关税是保护和促进国民经济发展的重要手段，对于保护国内工农业生产十分重要。目前，随着国内对稀缺资源的保护和利用，以及中国加入世界贸易组织所做的承诺，国家开始对一些资源性商品，以及纺织品等的出口征收出口关税。

海关查验后，即核对计算机系统计算的税费，开具税款缴款书和收费票据。货物发货人或其代理人在规定时间内持缴款书或收费票据向指定银行或通过电子口岸办理税费缴付手续。一旦收到银行缴款成功的信息，即可报请海关办理货物放行手续。

完税价格=离岸价(海关审定)-出口税

4．放行

放行是口岸海关监管现场作业的最后一个环节。口岸海关在接受出口货物的申报，并经过审核报关单据、查验实际货物，依法办理了征收货物税费手续或减免税手续后，即在有关单据上签盖放行章，允许出口货物离开海关监管现场，至此，海关的监管行为结束。在这种情况下，放行即为结关。出口货物的发货人或其代理人即可要求承运人将货物装到指定运输工具上离境。

第三节　进出口货物报关单

报关单位向海关申报货物进出口，必须填制进出口货物报关单。

报关单是报关单位在货物装运前向海关报告进出口货物情况，请求海关审查、放行货物的法律文书。有出口货物报关单(参见样单 9-1)和进口货物报关单两种。它既是海关监督管理、征收关税、海关统计以及开展稽查和调查的重要依据，又是加工贸易出口货物核销，以及出口退税和外汇管理的重要凭证，还是海关处理走私、违规案件，及税务、外汇管理部门查处骗税和套汇犯罪活动的重要证书，同时还作为国家法定统计资料的重要来源。所以，报关单位要如实填写报关单，不得虚报、瞒报、拒报和迟报，更不得伪造和篡改。

我国进出口货物报关单由海关总署统一印制。报关单左上角注有编号，如 JG01、JG02、JG08 等；特殊用途报关单的右上角注有特殊标记，如进料加工专用、来料加工补偿贸易专用、出口退税专用、便捷通关担保验放专用等。因统计和管理上的需要，海关对不同用途的报关单使用不同的颜色加以区分，如一般贸易用蓝色底纹报关单、进料加工专用红色底纹报关单、来料加工补偿贸易专用绿色底纹报关单、出口退税专用黄红色底纹报关单、进出境快件专用白色报关单等。

向海关递交的报关单，如果事后发现有差错，应立即填写报关单更正单以办理更正手续。对于海关放行后的出口货物，由于运输工具配载等原因，全部或部分未能装载上原申报运输工具的，也应进行更改。

报关单经海关审核、签发后生效。

第九章　出口货物通关与单据

样单 9-1　中华人民共和国海关出口货物报关单

预录入编号				海关编号	
出口口岸 深圳蛇口海关 5304		备案号	出口日期 2013.12.09	申报日期 2013.12.09	
经营单位　深圳市电子进出口 有限公司(××××××××)		运输方式 水路运输	运输工具名称 深圳海/661	提运单号 SSAB01-001	
发货单位 深圳市电子进出口有限公司		贸易方式 一般贸易	征免性质 一般征税	结汇方式 L/C	
许可证号		运抵(国地区) 德国	指运港 不来梅	境内货源地 深圳	
批准文号		成交方式 CIF	运费 502/3000/3	保费 0.69/1	杂费
合同协议号 SSAB01-0032		件数 901	包装种类 纸箱	毛重(千克) 5966	净重(千克) 5065
集装箱号 SZWU7891012/40/4000		随附单据		生产厂家 深圳翔达电声器材厂	
标记唛码及备注 N/M　　　SZWU7891013					
项号	商品编号	商品名称规格型号	数量及单位	最终目的国(地区)	单价　　总价　　币制　征免
01	85182100	汽车喇叭 PY-1009A	6720 对 13440 个	德国	3.30/对　22176.00　美元　照章
		PY-6960A	1705 对 3410 个		17.10/对　29155.50　美元
税费征收情况					
录入员　　录入单位		兹声明以上申报无讹并承担法律责任		海关单批注及放行日期 (签章)	
报关员				审单审价	
			申报单位(签章)	征税　　　　统计	
单位地址 邮编　　　　　电话			填制日期	查验　　　　放行	

第四节　出口货物报关时应提交的单据

出口企业在办好托运手续并取得装货单(S/O，俗称下货纸)后，应按照装运期的要求，在货物装运的 24 小时之前向海关办理报关手续。报关时需提供下述单据。
(1) 商业发票和装箱单。
(2) 已签注船名的托运单的"装货单"联。
(3) 出口货物报关单。
(4) 出境货物通关单(法定检验商品)。
(5) 出口许可证、配额证(出口许可证管理的货物)。
(6) 加工贸易登记手册(加工贸易方式出口)。
(7) 其他海关监管证件。

其中，其他海关监管证件是指出口货物报关单"许可证号"栏填报的出口许可证之外的海关监管证件，如两用物项和技术出口许可证、出境货物通关单、濒危物种允许出口证明书等。

必要时，还需提供出口合同、产地证、信用证等文件。

第五节　出口货物报关单的内容及缮制方法

我国海关规定，报关应采用电子和纸质两种报关单同时申报。一份报关单上最多允许填报 20 项海关统计商品编号的货物，一张纸质报关单上最多也只能填报 5 项商品。凡不同合同、不同运输工具名称、不同贸易方式、不同征免性质以及不同许可证号的货物，都不能使用同一份报关单进行申报。

报关单应使用中文填写，按海关总署 2008 年修订后的《中华人民共和国海关进出口货物报关单填制规范》最新规定，海关出口货物报关单的内容及填制要求如下。

1. 预录入编号、海关编号

申报单位在申报出口时，一般是先填写纸质报关单(即报关单录入凭单)交预录入公司，预录入公司将有关资料输入计算机，将录入数据联网传送到海关并打印，该打印的预录入报关单即作为向海关申报的凭据。

预录入编号仅限于报关或录入单位与接受申报的海关之间使用，是内部编号，一般由计算机自动打印。

海关编号是指海关接受申报时给予报关单的顺序编号，由各直属海关在接受申报时确定，应标记在报关单的每一联上。

2. 出口口岸

出口口岸是货物运离我国关境的最后一道海关。本栏目应根据货物实际出境的口岸海关，填报海关规定的"关区代码表"中相应口岸海关的名称及代码，而不能填写直属海关的名称和代码。比如，货物由上海吴淞口岸出境，本栏填"吴淞海关"+"2202"而非"上海口岸"、"上海海关"。

特殊情况填报要求如下。

(1) 出口转关运输货物应填报货物出境地海关名称及代码。按转关运输方式监管的跨关区深加工结转货物，出口报关单填报转出地海关名称及代码。

(2) 在不同海关特殊监管区域或保税监管场所之间调拨、转让的货物，填报对方特殊监管区域或保税监管场所所在的海关名称及代码。

(3) 其他无实际进出境的货物，填报接受申报的海关名称及代码。

3. 备案号

备案号是指进出口货物收发货人在海关办理加工贸易合同备案或征、减、免税备案审批等手续时，海关核发的加工贸易手册、电子账册及其分册、征免税证明、实行优惠贸易协定项下原产地证书联网管理的原产地证书、适用 ITA 税率的商品用途认定证明等有关备案审批文件的编号。

备案号长度为 12 位，其第 1 位为大写英文字母，是备案或审批文件的标记(参见表9-1)。

表9-1　备案号的首位字母代码表

首位代码	备案审批文件	首位代码	备案审批文件
B	加工贸易手册(来料加工)	K	保税仓库备案式电子账册
C	加工贸易手册(进料加工)	Y	原产地证书
D	加工贸易不作价进口设备	Z	征免税证明
E	加工贸易电子账册	RB	减免税货物补税通知书
H	出口加工区电子账册	RT	减免税进口货物同意退运证明
J	保税仓库记账式电子账册	RZ	减免税进口货物结转联系函

一份报关单只允许填报一个备案号。无备案审批文件的报关单，本栏目免予填报。备案号的首位标记必须与报关单"贸易方式"、"征免性质"、"征免"、"用途"及"项号"等栏目内容相对应。

其具体填报要求如下。

(1) 加工贸易项下的货物，除少量低值辅料按规定不使用加工贸易手册及后续退补税监管方式办理内销征税外，应填报加工贸易手册或账册编号。

(2) 涉及征、减、免税备案审批的货物，填报"征免税证明"的编号。减免税货物退运出口,填报"减免税进口货物同意退运证明"的编号;减免税货物结转出口,填报"减免税进口货物结转联系函"的编号。

(3) 进出特殊区域的保税货物,填报标记代码为"H"的电子账册的备案号。

4．出口日期、申报日期

出口日期是指运载所申报货物的运输工具办结出境手续的日期。本栏目供海关打印报关单证明联用,预录入报关单及 EDI 报关单均免予填报。

申报日期是指海关接受出口货物发货人或其代理人申报数据的日期。以电子数据报关单方式申报的,申报日期为海关计算机系统接受申报数据时记录的日期。以纸质报关单方式申报的,申报日期为海关接受纸质报关单并对报关单进行登记处理的日期。

无实际进出口的报关单,办理申报手续的日期即申报日期,以海关接受申报的日期为准。

本栏目为 8 位数字,按顺序分别为年 4 位、月 2 位、日 2 位。比如,2013 年 3 月 27 日填写为 2013.03.27。出口日期应迟于申报日期。

5．经营单位

经营单位是指已在海关注册登记,对外签订并执行进出口贸易合同的中国境内法人、其他组织或个人。本栏目应填报经营单位名称及其海关注册编码,缺一不可。签订和执行合同的如为两个单位,经营单位应填执行合同的单位。

经营单位编码为 10 位数字或字母组成,报关单位办理海关注册登记手续时,海关给其编制的海关注册编码,是其办理海关报关手续的唯一标志。该编码的第 1 位至第 4 位数为企业属地的行政区划代码,第 5 位数为企业属地的经济区域代码("1"表示经济特区;"2"表示经济技术开发区和上海浦东新区、海南洋浦经济开发区、苏州工业园区等;"3"表示高新技术产业开发区;"4"表示保税区;"5"表示出口加工;"6"表示保税港区;"7"表示保税物流园区;"9"表示其他),第 6 位数为企业经济类型代码("1"表示有进出口经营权的国有企业;"2"表示中外合作企业;"3"表示中外合资企业;"4"表示外商独资企业;"5"表示有进出口经营权的集体企业;"6"表示有进出口经营权的私营企业;"7"表示有进出口经营权的个体工商户;"8"表示有报关权而没有进出口经营权的企业;"9"表示其他),第 7 位至第 10 位数为顺序编号。

6．运输方式

运输方式是指载运货物进出关境所使用的运输工具的分类,即海关规定的运输方式,包括实际运输方式和特殊运输方式两类。

实际运输方式按货物进出境所使用的运输工具分类,分为水路运输、铁路运输、公路运输、航空运输、邮件运输和其他运输(包括人力、畜力、管道、输电网)等。

特殊运输方式仅指没有实际进出境的运输方式,按货物在境内的流向分类。

本栏应根据货物实际进出境的运输方式或货物在境内流向的类别,按照海关规定的"运输方式代码表"选择填报相应的运输方式或代码。其中,非邮件方式进出境的快递货物,按实际运输方式填报;进出境旅客随身携带的货物,按旅客所乘运输工具填报;出口转关运输货物,按载运货物驶离出境地的运输工具填报;不复运出(入)境而留在境内(外)销售的进出境展览品、留赠转卖物品等,填报"其他运输"(代码9)。

无实际进出境货物在境内流转时,填报要求如下。

(1) 境内非保税区运入保税区货物和保税区退区货物,填报"非保税区"(代码0)。

(2) 保税区运往境内非保税区货物,填报"保税区"(代码7)。

(3) 境内存入出口监管仓库和出口监管仓库退仓货物,填报"监管仓库"(代码1)。

(4) 保税仓库转内销货物,填报"保税仓库"(代码8)。

(5) 从境内保税物流中心外运入中心或从中心运往境内中心外的货物,填报"物流中心"(代码W)。

(6) 从境内保税物流园区外运入园区或从园区运往境内园区外的货物,填报"物流园区"(代码X)。

(7) 从境内保税港区外运入港区(不含直通)或从港区运往境内港区外(不含直通)的货物,填报"保税港区"(代码Y),综合保税区比照保税港区填报。

(8) 从境内出口加工区、珠澳跨境工业区珠海园区(以下简称珠海园区)外运入加工区、珠海园区或从加工区、珠海园区运往境内区外的货物,区外企业填报"出口加工区"(代码Z),区内企业填报"其他运输"(代码9)。

(9) 境内运入深港西部通道港方口岸区的货物,填报"边境特殊海关作业区"(代码H)。

(10) 其他境内流转货物,填报"其他运输"(代码9),包括特殊监管区域内货物之间的流转、调拨货物,特殊监管区域、保税监管场所之间相互流转货物,特殊监管区域外的加工贸易余料结转、深加工结转、内销等货物。

7. 运输工具名称

运输工具名称是指载运货物出境的运输工具的名称(或编号)及航次号。本栏填报内容应与运输部门向海关提供的载货清单所列相应内容一致。具体填报要求如下。

1) 直接在出境地办理报关手续的报关单

(1) 水路运输:填报船舶编号(来往港澳小型船舶为监管簿编号)或者船舶英文名称及其航次号。

(2) 公路运输:填报该跨境运输车辆的国内行驶车牌号及其出境的8位数字日期,深圳提前报关模式的报关单填报国内行驶车牌号+"/"+"提前报关"。

(3) 铁路运输:填报车厢编号或交接单号及其出境的8位数字日期。

(4) 航空运输：填报航班号。
(5) 邮件运输：填报邮政包裹单号及其出境的8位数字日期。
(6) 其他运输：填报具体运输方式名称，如管道、驮畜等。
2) 出口转关运输货物的报关单
(1) 水路运输：非中转货物，填报"@"+16位转关申报单预录入号(或13位载货清单号)，如多张报关单需要通过一张转关单转关的，填报"@"。中转货物，境内水路运输填报驳船船名及其航次号；境内铁路运输填报车名(主管海关4位关别代码+"TRAIN")及其6位起运日期；境内公路运输填报车名(主管海关4位关别代码+"TRUCK")及其6位起运日期。
(2) 铁路运输：填报"@"+16位转关申报单预录入号(或13位载货清单号)，如多张报关单需要通过一张转关单转关的，填报"@"。
(3) 航空运输：填报"@"+16位转关申报单预录入号(或13位载货清单号)，如多张报关单需要通过一张转关单转关的，填报"@"。
(4) 其他运输方式：填报"@"+16位转关中报单预录入号(或13位载货清单号)。
3) 无实际进出境货物的报关单
本栏目免予填报。
4) 在特殊区域之间、特殊区域与保税监管场所之间流转的货物的报关单
对同一特殊区域或不同特殊区域之间、特殊区域与保税监管场所之间流转的货物，在出口备案清单的"运输工具名称"栏应填报：转入方的关区代码前两位及进口货物报关单的海关编号。

8．提运单号

提运单号是指出口货物提单或运单的编号。一份报关单只允许填报一个提单或运单号，一票货物对应多个提单或运单时，应分单填报。

本栏具体填报要求如下。
1) 直接在出境地办理报关手续的报关单
(1) 水路运输：填报出口提单号。有分提单的，填报"提单号*分提单号"。
(2) 铁路运输：填报运单号。
(3) 公路运输：免予填报。
(4) 航空运输：填报"总运单号_分运单号"，无分运单的填报总运单号。
(5) 邮件运输：填报邮运包裹单号。
2) 出口转关运输货物的报关单
(1) 水路运输：中转货物填报提单号；非中转货物免予填报；广东省内汽车运输提前报关的转关货物，填报承运车辆的车牌号。
(2) 其他运输方式：广东省内提前报关的转关货物填报承运车辆的车牌号。其他地区

免予填报。

3) 采用"集中申报"通关方式办理报关手续的

凡采用"集中申报"通关方式办理报关手续的，填报归并的集中申报清单的 8 位出口起止日期。

4) 无实际进出境的报关单

无实际进出境的，本栏目免予填报。

9. 发货单位

发货单位是指出口货物在境内的生产或销售单位，包括自行出口货物的单位和委托有外贸进出口经营权的企业出口货物的单位。

根据 2013 年 7 月海关总署最新规定："发货单位已在海关注册登记的，本栏目应填报其中文名称及海关注册编码；未在海关注册登记的，本栏目应填报其中文名称及组织机构代码；未在海关注册登记且没有组织机构代码的，本栏目应填报"NO"。使用加工贸易手册管理的货物，报关单的发货单位应与加工贸易手册的'经营企业'或'加工企业'一致；减免税货物报关单的发货单位应与征免税证明的'申请单位'一致。"

10. 贸易方式

本栏目应根据实际情况按海关规定的"贸易方式代码表"选择填报相应贸易方式的简称或代码。比如，一般贸易、来料加工、进料对口、加工贸易设备、合资合作设备、暂时进出货物等。

贸易方式中的"一般贸易"是指我国境内有进出口经营权的企业单边进口或出口的贸易，通常包括：以正常交易方式成交的进出口货物，贷款援助的进出口货物，外商投资企业为加工内销产品而进口的料件，外商投资企业用国产原材料加工成品出口或采购产品出口，供应外籍船舶、飞机等运输工具的国产燃料、物料及零配件，保税仓库进口供应给中国籍国际航行运输工具用的燃料、物料等保税货物，境内企业在境外投资以实物投资进出口的设备物资，来料养殖和种植进出口货物，国有公益性收藏单位通过合法途径从境外购入的藏品。

加工贸易有来料加工和进料加工之分，一般情况下，来料加工主要适用于来料加工项下进口的料件和加工出口的成品，进料加工主要适用于进料加工项下进口料件和出口成品，以及进料加工贸易中外商免费提供进口的主辅料和零部件。

一份报关单只允许填报一种贸易方式。

本栏填报内容应与"备案号"栏、"征免性质"栏、"用途"栏、"征免"栏相对应，如当"备案号"栏空白时，本栏填"一般贸易"。

部分贸易方式、征免性质、用途、征免及备案号首位对照情况(参见表 9-2)。

表 9-2　常用贸易方式、征免性质、用途、征免及备案号首位对照表

贸易方式	征免性质	用途	征免	备案号首位
一般贸易	一般征税	外贸自营内销	照章	
	自有资金	企业自用	全免	Z
来料加工	来料加工	加工返销	全免/照章	B
进料对口	进料加工	加工返销	全免/照章	C
来/进料料件内销	一般征税	其他内销	照章	
来/进料料件深加工	—	加工返销	全免	C
来/进料余料结转	—	加工返销	全免	C
合资合作设备	鼓励项目	企业自用	全免/特案	Z
外资设备物品	鼓励项目	企业自用	全免/特案	Z
不作价设备	加工设备	企业自用	特案	D
加工贸易设备	一般征税	企业自用(作价提供)	照章	
暂时进出货物	其他法定	收保证金	保证金/保函	

特殊情况下加工贸易货物监管方式填报要求如下。

(1) 加工贸易料件深加工或结转的，贸易方式按海关批准的监管方式，填报来料深加工、进料深加工、来料余料结转、进料余料结转。

(2) 加工贸易成品凭征免税证明转为减免税进口货物的，应分别填制进、出口货物报关单，出口报关单本栏目填报"来料成品减免"或"进料成品减免"，进口报关单本栏目按照实际监管方式填报。

(3) 加工贸易出口成品因故退运进境，经加工后复出口的，填报"来料成品退换"或"进料成品退换"；加工贸易保税料件退运出境，更换后复进口的，填报"来料料件退换"或"进料料件退换"；加工贸易料件退运出境或加工过程中产生的剩余料件、边角料退运出境，且不再更换同类货物进口的，分别填报"来料料件复出"、"来料边角料复出"、"进料料件复出"、"进料边角料复出"。

11．征免性质

征免性质是指海关对进出口货物实施征、减、免税管理的性质类别。

本栏目应按照海关核发的"征免税证明"中批注的征免性质填报，或根据实际情况按海关规定的"征免性质代码表"选择填报相应的征免性质简称或代码。加工贸易货物报关单应按照海关核发的加工贸易手册中批注的征免性质简称及代码填报。

一份报关单只允许填报一种征免性质。

12．结汇方式

结汇方式即出口货物的发货人或其代理人收结外汇的方式。本栏目应根据合同规定，按海关规定的"结汇方式代码表"选择填报相应的结汇方式名称或代码。比如，信汇 M/T、电汇 T/T、票汇 D/D、付款交单 D/P、承兑交单 D/A、信用证 L/C 等。

13．许可证号

许可证包括出口许可证、两用物项和技术出口许可证、加工贸易出口许可证、边境小额贸易出口许可证等。若出口货物属于必须申领出口许可证才能出口的货物，本栏填出口许可证的编号，否则空白不填。

一份报关单只允许填报一个许可证号。

14．运抵国(地区)

运抵国是指出口货物离开我国关境直接运抵的国家或地区。一般为货物的目的地国家或地区，但是对发生运输中转的货物，如果在中转地发生了商业性交易，则以中转地作为运抵国(地区)填报。无实际进出境的，填报"中国"。

本栏目应按海关规定的"国别(地区)代码表"选择填报相应国家(地区)的中文名称及代码。

出口到港、澳、台的货物，运抵国(地区)栏分别填中国香港、中国澳门、中国台湾金马关税区。

15．指运港

指运港是指出口货物运往境外的最终目的港。

本栏目应填报目的港的中文名称或代码。最终目的港不可预知的，按尽可能预知的目的港填报。无实际进出境的，本栏目填报"中国境内"。

16．境内货源地

境内货源地即出口货物在国内的产地或原始发货地。出口货物产地难以确定的，最早发运该出口货物的单位所在地即为境内货源地。

本栏要填报具体的最小行政区域即区(县)。

17．批准文号

2012 年 8 月以前，本栏目仅适用于实行出口收汇核销管理的出口货物，填本批出口合同项下的"出口收汇核销单"编号。自 2012 年 8 月起，经国务院批准，取消出口收汇核销单，调整出口报关流程，本栏目无须填报。

18．成交方式

成交方式即贸易术语。本栏应根据出口货物实际成交的价格条款，按海关规定的"成交方式代码表"选择填报相应的成交方式名称或代码，如 FOB、CFR、CIF。

无实际进出境的货物，进口填报 CIF，出口填报 FOB。

19．运费、保费、杂费

若出口成交价格中含有运费、保险费及杂费的出口货物，应填该份报关单所含全部货物的国际运输费用、保险费和杂费。填制标准为："货币代码"+"/"+"实际费用数字"+"/"+"费用标记"。具体填报时，应根据情况进行区分，如：以 CFR 价格出口时，买方办理保险，保费栏应空白不填；以 FOB 术语出口时，"运费"和"保费"栏均应空白不填。

我国进出口贸易中常用的货币代码分别为：美元 502，欧元 300，日元 116，英镑 303，港元 110 等；费用有总价、单价和费率之分，其中费率用"1"做标记，单价用"2"做标记，总价用"3"做标记。如：7320 美元的运费总价填报为：502/7320/3，6‰的保险费率填报为 0.6/1；32 欧元的运费单价填报为 300/32/2。

应计入完税价格的杂费填报为正值或正率，应从完税价格中扣除的杂费填报为负值或负率。如：应从完税价格中扣除的 732 英镑杂费总价，填报为-303/732/3。

20．合同协议号

本栏目填报进出口货物合同(包括协议或订单)编号。

21．件数

本栏目填报出口货物的外包装数量，不得填报为零。件数为集装箱(TEU)的填报集装箱个数，件数为托盘的填报托盘数，既列明集装箱数又列明托盘数的填托盘数。裸装和散装货物填报为1。

22．包装种类

本栏目应填报出口货物的实际外包装种类，如：木箱、纸箱、铁桶、散装等。

23．毛重、净重(千克)

本栏目按发票及装箱单填写。计量单位为千克，不足 1 千克的填报为 1。

24．集装箱号

集装箱号是在每个集装箱箱体两侧标示的全球唯一的编号。本栏仅填一个集装箱号码，填制规范为"集装箱号"+"/"+"规格"+"/"+"自重"。其余集装箱号填在"标记唛码及备注"栏中。非集装箱货物填报为"0"。

25．随附单据

随附单据是指随进出口货物报关单一并向海关递交的，在"许可证号"栏填报的出口许可证以外的海关监管证件。合同、发票、装箱单等出口报关必备单证不在本栏目填报。

本栏目应按海关规定的"监管证件代码表"选择填报相应证件的代码及其编号，填报格式为"监管证件代码"+"："+"监管证件编号"。所申报货物涉及多个监管证件的，本栏只填报一个监管证件代码和编号，其余填在"标记唛码和备注"栏。如：出境货物通关单，代码为B，如其编码为0245A，则本栏填报"B：0245A"。

含预归类商品的报关单，本栏目填写"r"+"："+"××关预归类书××号"。

优惠贸易协定项下出口货物，本栏目填报原产地证书代码和编号。

一份原产地证书只能对应一份报关单。

26．生产厂家

生产厂家是指出口货物的境内生产企业，本栏目必要时需手工填写。

27．标记唛码及备注

本栏应填：唛头中除图形以外的文字和数字；集装箱号栏中其余的集装箱号码；随附单据栏中其余的监管证件代码及编号；与本报关单有关联关系的，同时在业务管理规范方面又要求填报的备案号、报关单号；其他申报时需要说明的情况。

28．项号

本栏目分两行填报及打印。

第一行填报报关单中的商品排列序号。第二行专用于加工贸易、减免税等已备案、审批的货物，填报该项货物在"加工贸易手册"或"征免税证明"等备案、审批单证中的顺序编号。

29．商品编号

商品编号是指按海关规定的商品分类编码规则确定的出口货物的商品编号。

本栏目应根据《中华人民共和国海关统计商品目录》或《中华人民共和国海关进出口税则》(两本目录的商品编号一致)所规定的归类总规则，及商品的注释要求，正确填写出口货物的商品编号。

30．商品名称、规格型号

本栏目分两行填写。第一行填出口货物规范的中文商品名称，第二行填规格型号。

其中，规范的中文商品名称是指我国海关制定的《中华人民共和国海关进出口商品规范申报目录》中的商品名称。如果发票中的商品名称为非中文名称,应翻译成规范的中文名称填报,必要时加注原文。

31．数量及单位

出口货物必须按海关法定计量单位填报。本栏填出口商品的实际成交数量及计量单位。分三行填报及打印:第一行填海关法定第一计量单位及数量;第二行填海关法定第二计量单位及数量,无第二计量单位的,本栏第二行空白;第三行填合同成交计量单位,成交计量单位与海关法定计量单位一致时,本栏目第三行为空。

32．最终目的国(地区)

最终目的国(地区)是指出口货物的最终实际消费、使用或进一步加工制造国家(地区),指运港和标记唛码中的目的港可作为确定最后运往国的参考。

33．单价

本栏目应填报同一项号下出口货物实际成交的商品单位价格,单价填报到小数点后4位,第5位及以后略去;无实际成交价格的本栏目填报货值;应按发票填写。

34．总价

本栏目应填报同一项号下出口货物实际成交的商品总价,总价填报到小数点后4位,第5位及以后略去;无实际成交价格的本栏目填报货值;应按发票填写。

35．币制

币制是指出口货物实际成交价格的币种,应按发票填写。

36．征免

征免是指海关对进出口货物进行征税、减税、免税或特案处理的实际操作方式。

本栏目应按照海关核发的"征免税证明"或有关政策规定,对报关单所列每项商品选择填报海关规定的"征减免税方式代码表"中相应的征减免税方式填报。

加工贸易货物的报关单应根据"加工贸易手册"中备案的征免规定填报,如果备案的征免规定为"保金"或"保函"的,应填报"全免"。

37．录入员、录入单位

本栏目用于预录入和EDI报关单,打印录入人员的姓名及录入单位名称。

38．申报单位

申报单位是指对申报内容的真实性直接向海关负责的企业或单位。自理报关的,应填报出口货物的经营单位名称及代码;委托代理报关的,应填报经海关批准的专业或代理报关企业名称及代码。本栏目内应加盖申报单位有效印章，并应有报关员和所属企业的法定代表人(或其授权委托的业务负责人)的签字。

本栏目还包括报关单位地址、邮编和电话等分项目，由申报单位的报关员填报。

39．其他

其他的由海关填写或计算机自动打印。

思 考 题

1．简述报关与通关的概念。通关与报关有何联系与区别？
2．报关的范围包括哪些？
3．报关单位有哪些？
4．简述通关的程序。

操 作 题

1．根据以下信息，填制一张出口货物报关单(参见样单9-2)。

华利达家具(中国)有限公司(海关注册号：3223940094)向新加坡出口一批皮沙发(HS CODE:9401 6109,计量单位:个)。该批货物列手册(手册号码：C23257402884)第5项。经营单位委托上海宝丰联报关有限公司于2013年3月25日向上海宝山海关申报，同日上海宝山海关接受该申报。上海海关采用H2000通关系统。该批货物的运费为4000美元,保险费费率为0.3%。40英尺集装箱自重为4000千克。

VESSEL:MSC ANIELLO/0435R   B/L NO.: OOLU03422317

该批货物的出口商业发票和装箱单如样单9-3和样单9-4所示。

样单 9-2　中华人民共和国海关出口货物报关单

预录入编号　　　　　　　　　　　　　　　　　　　　　　海关编号

出口口岸	备案号		出口日期	申报日期
经营单位	运输方式	运输工具名称		提运单号
发货单位	贸易方式	征免性质		结汇方式
许可证号	运抵(国地区)	指运港		境内货源地
批准文号	成交方式	运费	保费	杂费
合同协议号	件数	包装种类	毛重(千克)	净重(千克)
集装箱号	随附单据		生产厂家	
标记唛码及备注				
项号　商品编号　商品名称规格型号　数量及单位　最终目的国(地区)　单价　总价　币制　征免				
税费征收情况				
录入员　　录入单位　　兹声明以上申报无讹并承担法律责任 报关员			海关单批注及放行日期 (签章)	
		申报单位(签章)	审单审价	
单位地址			征税	统计
邮编　　　　电话　　　　　填制日期			查验	放行

第九章　出口货物通关与单据

样单9-3　商业发展

HWA TAT LEE FURNITURE (CHINA) CO., LTD.
ZHUHAI RD. KUNSHAN, JIANGSU, CHINA

商 业 发 票
COMMERCIAL INVOICE

To: LAAUSE DESING PTE LTD.　　　　　　　　　　No.: KS03021-1
11 GUL CIRCLE, SINGAPORE 2262　　　　　　　Date: MAR.22,2013
　　　　　　　　　　　　　　　　　　　　　　　　　　S/C No.: KS03021

Terms of Payment: DOCUMENTS AGAINST PAYMENT

SHIPMENT FROM SHANGHAI CHINA TO SINGAPORE BY VESSEL

Marks & Nos.	Description of Goods	Quantity	Unit Price	Amount
N/M	LEATHER FURNITURE	261PCS	CFR SINGAPORE USD300/PC	USD78,300.00
TOTAL:		261PCS		USD78,300.00

SAY US DOLLARS SEVENTY-EIGHT THOUSAND THREE HUNDRED ONLY

HWA TAT LEE FURNITURE (CHINA) CO., LTD.
华 利 达 家 具（中国）有 限 公 司
× × ×

样单 9-4 装箱单

HWA TAT LEE FURNITURE (CHINA) CO., LTD.
ZHUHAI RD. KUNSHAN, JIANGSU, CHINA

装 箱 单
PACKING LIST

To: LAAUSE DESING PTE LTD.
11 GUL CIRCLE, SINGAPORE 2262

No.: KS03021-1
Date: MAR.22,2013
S/C No.: KS03021

SHIPMENT FROM SHANGHAI CHINA TO SINGAPORE BY VESSEL

Marks & Nos.	Number and Kind of Packages; Description of Goods	G.Weight	N. Weight
N/M	LEATHER FURNITURE 261PCS	@27.985KGS	@27.985KGS
TOTAL:	261PCS ON 10 PALLETS	7304KGS	7304KGS

3×40' CONTAINERS
CONTAINER NO AND SEAL NO.: OOLU5283793/277552
OOLU5216324/267484
OOLU5269060/287432

HWA TAT LEE FURNITURE (CHINA) CO., LTD.
华 利 达 家 具 (中国) 有 限 公 司
× × ×

2．下列报关单(参见样单 9-5、样单 9-6 和样单 9-7)中有 20 个已填栏目(包括空填，标号为 A-T)，请根据所提供的原始单据，指出其中的 5 处填制错误。

昆山华成织染有限公司(3223940019)向香港出口一批尼龙染色布(HS CODE：54074200)，海关法定计量单位为：米/千克。该票货物已申领加工贸易手册(手册号：C23257402136)，并列手册第 5 项。经营单位委托上海亚东国际货运有限公司于 2013 年 5 月 23 日向上海海关申报。该批货物的国外运费费率和保险费费率分别为 5%和 0.27%。20 英尺集装箱自重为 2300 千克。

样单 9-5　发票

昆 山 华 成 织 染 有 限 公 司　　昆税外(13)票字符 0005 号准
KUNSHAN HUACHENG WEAVING & DYEING CO., LTD.

江苏省昆山市陆家镇华成路 8 号
8 HUACHENG RD., LUJIA TOWN, KUNSHAN, JIANGSU
Tel: 0086-512-57755690　　Fax: 0086-512-57755691

发　票
INVOICE

No.: 0040512
Date: MAY. 23, 2013

For account and risk of Messrs.: YOU DA TRADE CO., LTD.
Shipment from: SHANGHAI　　To: HONGKONG
Shipped per: DANU BHUM/S009
Contract No.: 13WS061　Terms of payment: T/T　B/L No.: SHANGG00710

Marks & Nos.	Description of Goods	Quantity	Unit Price	Amount
		CIF HONG KONG (INCOTERMS 2010)		
YOU DA HONG KONG R/NO.:1-3298	DYED SHEETING 100% NYLON FABRICS	182,600M	USD0.3368/M	USD61,499.68
TOTAL:		182,600M		USD61,499.68

SAY US DOLLARS SIXTY-ONE THOUSAND FOUR HUNDRED AND NINTY-NINE CENTS SIXTY-EIGHT ONLY

KUNSHAN HUACHENG WEAVING & DYEING CO., LTD.
昆 山 华 成 织 染 有 限 公 司

样单 9-6　装箱单

昆山华成织染有限公司
KUNSHAN HUACHENG WEAVING & DYEING CO., LTD.
江苏省昆山市陆家镇华成路 8 号
8 HUACHENG RD., LUJIA TOWN, KUNSHAN, JIANGSU
Tel: 0086-512-57755690　　　Fax: 0086-512-57755691

装　箱　单
PACKING LIST

No.: 0040512
Date: MAR. 23, 2013

For account and risk of Messrs.: YOU DA TRADE CO., LTD.
Shipment from: SHANGHAI　　To: HONGKONG
Shipped per: DANU BHUM/S009
Contract No.: 13WS061　　Terms of payment: T/T　　B/L No.: SHANGG00710

Marks & Nos.	Description	Quantity	N WT	G WT	Measurement
YOU DA HONG KONG R/NO.:1-3298	DYED SHEETING 100% NYLON FABRICS	182,600M	20,584.69KGS	24,077.50KGS	56M^3
	TOTAL:	182,600M	20,584.69KGS	24,077.50KGS	56M^3

SAY TOTAL PACKED IN THREE THOUSAND TWO HUNDERED AND NINETY-EIGHT (3298) ROLLS ONLY.

2 × 20' CONTAINERS
CONTAINER NO./SEAL NO: HSTU 1575045/09567
　　　　　　　　　　　　TSTU 1564176/09564

KUNSHAN HUACHENG WEAVING & DYEING CO., LTD.
昆 山 华 成 织 染 有 限 公 司

样单 9-7 中华人民共和国海关出口货物报关单

预录入编号 528079233   海关编号

出口口岸	备案号(A) C23257402136	出口日期		申报日期
经营单位(B) 昆山华成织染有限公司 3223940019	运输方式(C) 海洋运输	运输工具名称(D) DANU BHUM/S009		提运单号
发货单位(E) 昆山华成织染有限公司	贸易方式(F) 进料对口(0615)	征免性质(G) 进料加工(503)		结汇方式(H) 电汇
许可证号	运抵(国地区)(I) 中国香港(110)	指运港(J) 香港		境内货源地(K) 江苏昆山(32239)
批准文号(L)	成交方式(M) CIF(1)	运费(N) 5	保费(O)	杂费
合同协议号	件数	包装种类(P) 捆	毛重(千克)	净重(千克)
集装箱号(Q) HSTU1575045	随附单据(R)		生产厂家	
标记唛码及备注(S)	YOU DA HONGKONG R/NO 1-3298		TSTU1564176	

项号(T)商品编号 商品名称规格型号 数量及单位(U)最终目的国(地区) 单价 总价 币制 征免

01		182600 米 20584.69 千克		

税费征收情况

录入员 录入单位 报关员	兹声明以上申报无讹并承担法律责任 申报单位(签章)	海关单批注及放行日期 (签章) 审单审价
单位地址		征税 统计
邮编 电话	填制日期	查验 放行

第十章　进出口单证工作程序

学习目标

了解我国进出口单证工作的一般程序；掌握进出口单证的审核要点；掌握信用证开证申请书的内容及填制要求。

第一节　出口单证工作的一般程序

买卖合同签好后，出口方就应按合同规定备货、催证、审证、出运、制单、审单、交单，以便能够顺利履行合同。在此过程中，要不断缮制、签发、交换和使用各种相应的单证，如果在某一环节不能及时、准确地缮制或使用有关单证，整个交易的进度就可能会受影响，出口方也就不能按时履行合同。因此出口方的单证工作是否顺利，是买卖合同能否顺利履行的关键。

由于贸易方式、运输方式及支付方式的不同，也由于各出口单位的工作量与组织形式不同，单证工作的程序也不可能是同一种模式，但主要程序和最基本的环节都包括以下几个方面。

一、备货

出口方在合同签好后，对内应根据合同或信用证的要求，按时、按质、按量抓紧备货，以保证在装运期内能够按时出运。

备货工作的主要内容是根据合同或信用证的要求，向指定工厂或储运仓库安排或催交货物，核实应交货物的品名、品质、数量、规格、包装及标记等情况，以保证货物的质量合格、包装完好、数量齐备、唛头清楚醒目。如发现问题，必须进行重新加工和整理。

二、催证、审证与改证

如果合同规定以信用证方式支付货款，则信用证就成了买卖双方履行合同的核心，是卖方缮制和获取各种单证的依据，所以加强信用证的管理工作是出口单证工作的首要环节。

在正常情况下，进口商应该在合同规定的时间内及时向其所在地银行申请开立信用证，如果国外进口商在合同规定的期限内迟迟没有开来信用证，则出口商应催促买方尽快办理开证手续。

出口商收到银行转来的以自己为受益人的信用证后，必须将信用证号码、合同号、开证申请人、开证行、总金额、装运期和有效期等内容进行登记，并对照合同条款对信用证进行仔细、认真的审查和核对，发现问题应及时修改。在确定信用证无误后，受益人才能根据企业内部工作的需要，使用"信用证分析单"对信用证进行归纳和整理，交各部门进行流转。

出口商修改信用证，应向进口商提出修改要求，进口商根据出口商的改证要求，结合业务实际，向信用证的开证行进行申请，开证行同意后即向受益人发出修改通知。对于修改通知，受益人可以明确向通知行表示接受或不接受，也可以不予理会。

未经开证行及受益人同意，信用证不得修改。

三、申请出口许可手续

我国对货物的进出口管理，有自由进出口、限制进出口和禁止进出口之分。

国家对部分自由进出口的货物，基于监测进出口情况的需要，实行进出口自动许可并公布其目录。凡实行自动出口许可管理的出口货物，发货人在办理海关报关手续前，应办理自动出口许可申请手续，否则，海关不予放行。

国家对限制和禁止进出口货物，实行配额和许可证管理，通过颁发相关的货物目录来限制和禁止某些货物的进出口。凡国家规定实行配额、许可证管理的货物，企业在办理报关手续之前需申领许可证后才能进口或出口，否则海关不予放行。

出口货物的许可证包括出口许可证、两用物项和技术出口许可证、边境小额贸易出口许可证、濒危物种出口许可证、加工贸易出口许可证等。凡列入当年《出口许可证管理货物目录》、《两用物项和技术进出口许可证管理目录》、《边境小额贸易出口许可证管理货物目录》、《进出口野生动植物种商品目录》等的出口货物，出口企业均需在货物出口报关之前，向商务部授权机构申请相应的出口许可证。

四、缮制商业发票和装箱单

商业发票是对货物详细和全面的描述，是全套出口单据的核心而装箱单则是对货物包装情况的说明，是对商业发票的补充。

出口企业向承运人办理出口货物的托运手续，向商检机构办理出口货物的报检手续，向海关申请报关，向保险公司办理出口货运险，以及申请产地证等，均需提供商业发票和装箱单，以便了解货物的基本情况，从而方便配载、计数、查验和装船等。因此，出口商在审核并确认信用证后，在备货的同时，首先应根据合同或信用证的规定，结合货物实际，制作商业发票和装箱单，以配合上述各项工作的需要。

由于商业发票是全套出口单据的核心，其他单据都是根据商业发票来制作的，所以，商业发票和装箱单的内容要完整、准确，不能有任何差错。

五、办理出口货物托运手续

如采用 CIF 或 CFR 术语成交,出口商必须自担风险、自付费用办理出口货物的运输手续。办理出口货物的运输手续,应提前最少 10 天,并做好以下几点。

1. 选择合适的货运代理公司

我国出口货物,以海运和空运两种运输方式居多。相比之下,海运方式下的海运提单由于是物权证书,其内容的正确与否通常是货主付款的关键,而空运单并非物权证书,如果集中托运,运价反而更便宜,因此,空运方式出口,货主一般都全权委托货运代理公司(以下简称"货代")代为办理运输手续,而海运方式出口,货主既可以自行办理出口货物的运输手续,也可以委托货代代为办理。

货代是专业提供货运代理服务的企业,它通常跟船公司或者航空公司签有价格或者舱位协议,可以获得出口商个人无法从船公司或航空公司申请到的舱位和优惠运价,尤其是空运的集中托运方式,出口商获得的运价优惠会更多,而且,与一般货主或者船务人员相比,货代在国际货运操作实务中还能够提供更加专业的服务,如可以提供拖车、租借仓库,还可以代理商品的出入境检验检疫和报关服务等。但是,不同的货代,其自身的业务优势也有区别,因此,出口商在委托货代代为办理出口货物的运输手续时,首先需要选择一个适合自己的货运代理公司。

2. 委托订舱

货主委托货代代为办理出口货运业务时,通常使用专门的"货运代理委托书",或空运方式下的"国际货物托运委托书",委托货代代为订舱。若货主与货代订有长期的货运代理合同,也可以使用"出口货物明细单"(参见样单 10-1)代替委托书。

委托订舱时,货主应提供商业发票、装箱单等单据。 货代接受委托后,即根据发票、箱单以及合同或信用证对货物运输的有关规定,填制"海运出口货物托运单"或空运的"国际货物托运书",向船公司或航空公司订舱。

空运订舱时,货代一般先根据货物情况向航空公司预订舱,预订舱成功后,航空公司才会要求货代对每批货物加注标记、拴挂或粘贴航空公司的有关标签,并要求货代填写订舱单。货代只有收到航空公司签发的订舱单和装货集装器领取凭证后,才表示舱位已订妥。

海运订舱时,如果船公司或其代理接受了"海运出口货物托运单",就会结合船期和舱位,在托运单各联上加填船名、航次及编号,然后在托运单的"装货单"联上盖章,并将托运单相关各联退还给货代,货代收到加填了船名和航次的托运单后,即表示已经办妥了租船订舱手续。

第十章　进出口单证工作程序

样单 10-1　出口货物明细单

出 口 货 物 明 细 单 年　　月　　日		信用证号码			
		银行编号		外运公司编号	
开证银行		合同号			
		开证日期		收到日期	
收货人		金额		收汇方式	
		货物性质	（　）贸易 （　）补偿 （　）退运	贸易国别/ 地区	
提单或承运收据	抬头人	汇票付款人			
		汇票期限	见票		天
	通知人	出口口岸		目的港	
		可否转运		可否分批	
	运费	预付	到付	装运期限		有效期限	
标记唛头	货名规格及货号	件数及包装样式	数量或尺码	毛重(千克)	净重(千克)	价格(成交条件)	
						单价	总价
结汇单证			总体积：		立方米		
			中间商名称及地址		佣金　　　% 另汇		
外运外轮注意事项		保险单	险别				
			保额	按发票金额加　　%			
			赔款地点				
		船名					
本公司注意事项		装货单号					
		海关编号					
		放行日期					
		制单员					
		储存地点					

六、办理出口签证和认证手续

出口货物的签证与认证手续包括：办理报检手续、申办原产地证、申请使馆认证等方面。

1．办理报检手续

我国出口商品中，凡列入《出入境检验检疫机构实施检验检疫的进出境货物目录》中的进出口商品和其他法律法规规定须经检验检疫的进出口商品，以及合同或信用证中明确规定由商检部门检验检疫并出证的商品，在出厂(仓库)未装箱前，必须经出入境检验检疫部门或其指定的检验检疫机构检验检疫后方可出口。

报检应在货物出口报关之前，在货物的产地进行。

申请报检，出口商必须填写"出境货物报检单"，并提供商业发票和装箱单，有时还需提供出口合同和信用证，以使商检部门了解所出口货物检验检疫的内容和要求。商检机构接受报检并收取检验检疫费用后，即实施检验检疫并出具相应证单。

对于某些经常出口、非易腐烂变质、非易燃易爆的货物，在不能确定出运数量、运输工具和唛头，而生产工厂或经营单位又已经检验合格并堆存于仓库时，为了方便对外贸易，我国检验检疫机构接受对这些货物的预报检。这类货物的出口商可以在合同签好之前或者在收到信用证之前，向检验检疫机构申请整批货物的预报检，正式装运出口时，既可以申请放行整批货物，也可以申请逐批放行货物。

出口商在领取检验检疫证单后，凡是超过检验检疫有效期限仍未装运出口，或者在装运前变更了货物的包装或重新进行了拼装的，或者变更了输入国家或地区，而新的输入地又有不同检验检疫要求的，都需向检验检疫机构交还已发证单并重新申请报检。

2．申办原产地证

如果合同或信用证要求了原产地证明书，出口企业应在货物出口装运之前的 3～5 天，填制原产地证书申请书和原产地证明书，到相应主管机构签证。

出口企业申请产地证应注意签证机构的不同。我国的出入境检验检疫局及其分支机构对外代表了中国的官方机构签发原产地证明书，而贸促会或国际商会则代表了民间机构对外签发原产地证。因此，出口企业凡申请具有官方性质的产地证如 GSP FORM A 产地证、中国—东盟自由贸易区的 FORM E 产地证、中国—智利自由贸易协定的 FORM F 等时，应向官方机构提出申请；申请具有民间性质的产地证如对台湾地区出口所用的海峡两岸经济合作框架协议产地证时，应向民间机构提出申请；而申请一般原产地证时书时，则可根据需要自由选择签证机构。

3．申请使馆认证

使馆认证有民事认证和商业认证之分，国际贸易中对出口货物的认证属于商业认证。

使馆认证是指一国政府授权其驻外机构对进入本国境内货物所涉及的单据进行核查，以确认单据上的印章、签字等是否属实。经过认证的单据可为文件使用的有关当局承认。

要求使馆认证，可以有效地限制产品进口，从而保护本国市场，因此被很多国家所采用。

我国出口货物的使馆认证手续，通常由进口国驻中国各地的使领馆负责，出口企业可通过出入境检验检疫机构、贸促会或国际商会办理。

由于各国使领馆对所认证的单据有不同的要求，如需要提交的证明材料、单据所使用的文种、办理认证的时间等都有不同的要求，收取的认证费用也有差别，而且，手续烦琐，因此，当合同或信用证要求对出口单据要求认证时，出口企业必须在各国使馆规定的时间内，按其认证要求及早办理相关手续，以防影响交单结汇。

七、办理出口货运险

凡是以 CIF、CIP 等条件达成的合同，办理出口货运险是卖方的义务之一，出口商在货物发运前，应及时向保险公司投保出口货物的运输保险，取得保险单据。

办理出口货运险，应在办妥租船订舱手续、取得托运单的"配舱回单联"后进行。出口商应根据合同或信用证要求填写"出口货物运输保险投保单"，并随附商业发票和装箱单，或者直接在商业发票副本上加注有关保险条款的内容进行投保。保险公司审核无误后，愿意承保，即向出口商收取保险费并出具保险单据，出口商审核确认后保险公司即予以签发。

凡是以出口商为被保险人的保险单，出口商在交单前应对保险单进行背书。

八、办理出口报关手续

按照我国《海关法》以及有关法律、行政法规的规定，出口企业出口货物，需填写"中华人民共和国海关出口货物报关单"，向海关申报出口。

海运方式出口，出口商在办好托运手续并取得"装货单"后，在装货的 24 小时之前向货物出境地的海关申报出口。空运方式出口，应在取得航空货运单后、在装载货物的航空器离境前 4 小时向海关申报出口。

出口报关工作，应由专职报关员负责。出口企业也可以委托货代代为办理货物的出口报关手续。报关时，出口企业应根据需要向海关提供相应的报关单据，包括：商业发票、装箱单、装货单等。凡属加工贸易出口以及按规定享受减、免税或免验的货物，还需提供加工贸易登记手册等有关证明文件；属法定检验检疫的货物，发货人应提交盖有检验检疫专用章的出境货物通关单；属出口许可证管理的货物，应提供配额证明、出口许可证等。

海关对报关单据进行审核并查验实际货物后，即依法计税、开具税款缴款书和收费票据，出口企业缴纳税费后海关即予以放行，货物可以装运出口。

九、取得运输单据并发送装运通知

海关对出口货物查验并在相关单据上加盖放行章后，发货人即可凭之要求承运人装载货物，并根据相关内容缮打运输单据交发货人。

由于运输单据是承运人收到货物的依据，有时还是物权凭证，因此发货人应仔细核对，经确认无误后即交承运人或其代理签发。

货物装运取得运输单据后，出口企业还须以电子邮件、传真、电传等快捷方式将装运情况通知买方，以便买方能够掌握运输动态，并做好接货准备，必要时及时办理保险手续。

十、综合审单并交单

出口商在货物装运后，即可整理出口项下的所有单据，汇集起来进行综合审单。

在信用证方式下，由于信用证开证行、保兑行、议付行的付款、承兑及议付等行为都是以单证相符、单单一致为前提的，受益人能否得到货款，关键要看单据与信用证条款、跟单信用证统一惯例以及国际标准银行实务的规定是否一致。因此，出口商在备齐全套出口单据后，必须加强对单据的预审工作，切实提高单据质量，发现问题及时修改，必要时重制单据，这就要求落实下列各条。

1. 综合审单

1) 确保单据名称及份数符合要求

信用证单据条款中所列各种单据的名称及份数，是受益人向银行交单时必须提交的文件，因此，受益人交单时，应对照信用证单据条款及信用证的兑用方式，检查每一种单据及其份数是否齐全。如果提交了非信用证所要求的单据将被不予理会或者退还。如果单据名称与信用证要求的单据名称不同，按照《ISBP》规定，只要该单据的内容在表面上满足所要求单据的功能，即视为符合信用证的要求。另外，凡信用证列明的单据，都应作为单独的单据提交，但是如果某个联合单据同时载明了两种单据的内容，则这两种单据可使用两份正本的联合单据来代替。

2) 确保单据内容与合同或信用证相符

按合同要求，单据的各项内容必须真实有效，而信用证则仅要求单据在表面上是否相符。因此，出口商在确保单据与货物一致的同时，还应注意单据上货物的说明及数据不得与信用证相矛盾，单据上的签字应符合要求。如果单据内容有修正，所做的任何修正或增减都须附有签字，甚至要加上见证。另外，除商业发票之外，其他单据对货物的描述，可以使用与信用证不相矛盾的概括性用语。

3) 确保单单相符

卖方应确保自己整理和集中的各种单据是单单相符的。各单据中所采用的词语说明，如运输标志、数量、重量、运输细目、注释等应是统一的、一般惯用的；各单据的出单日期前后应是合理的；单据与单据之间应该是相互一致、不自相矛盾的。

2. 交单结汇

经过对单据全面和仔细的审核，确保单单、单同、单货、单证相符后，出口商应及早交单，以便及早收汇。

汇款方式下，出口商获取单据后，通过快递公司将单据直接寄交买方。进口商按合同规定，将货款汇入出口商指定的银行账号，它的付款不以单据为条件。

托收方式下，出口商委托银行收款，此时，出口商应出具托收委托书交托收行，托收行接受委托后，即收取托收费用，并根据托收委托制作托收指示书，连同单据、汇票一起交国外代收行代为收款，进口商收到代收行转交的单据副本，审核合格即按交单条件予以付款或承兑，托收行按收款当日的外汇牌价结算后将款项划拨出口商账户。

信用证支付方式下，出口商将单据及信用证一并交信用证指定的银行，要求承付或议付。议付信用证，出口商可以有追索权地将单据交议付行，交单即可收汇；即期付款信用证，出口商交单后并不能立即得到款项，直到开证行或付款行收到单据审核一致后才会付款，银行一旦付款就不能追索。延期付款和承兑信用证，银行只能按规定的付款期付款。在实际业务中，由于主观或客观的原因，以及一些意外变故，单证不符的情况时有发生，对此，受益人应与交单银行密切配合，对单证或者修改或者重制，或者与买方协商要求开证行接受单证，或者对货物进行降价处理等，以保证能够及时、足额地收回款项。

第二节　进口单证工作的程序

改革开放以来，中国一直奉行"出口导向"为主的外贸政策，出口业务受到鼓励和支持，进口则受到多方面限制。直到 2006 年后，随着外汇储备的增加和环境保护意识的进一步增强，我国才开始逐渐鼓励进口贸易，至 2010 年，扩大进口、促进贸易平衡更是成为中国外贸政策的重点。尽管如此，中国经济的增长仍为世界提供了一个新的巨大市场，1978年中国进口总额为187亿美元，2005年增加到6601亿美元，2012年则达到了18178亿美元，中国大量的进口为世界经济的发展做出了巨大贡献。

除法律、行政法规另有规定之外，我国准许货物和技术的自由进出口。但是，基于保护国家安全和社会公共利益、保护人和动植物的健康与安全、保护自然资源和环境、保障国家金融地位和国际收支平衡等方面的需要，国家对某些商品限制或者禁止进口。

对限制进口货物，国家实行配额、许可证等方式进行管理，对部分进口货物，实行关税配额管理。有关限制进口的货物类别，则通过目录的方式每年调整并公布。

关税配额管理即在配额内进口，使用较低的关税税率，超出配额可以进口，但要适用比配额内进口高得多的关税税率。比如，2011年我国对小麦等7种农产品和尿素等3种化肥实施关税配额管理，并对尿素等3种化肥实施1%的暂定配额税率。对关税配额外进口一定数量的棉花实施滑准税。

另外，基于监测货物进口情况的需要，国家对部分货物的进口实行自动进口许可管理。实行自动进口许可管理的货物目录，由商务部会同海关总署等有关部门确定和调整，并由商务部以公告形式在实施前至少21天公布。

企业从事进口业务，在弄清国家对货物进口的有关管理规定后，应依照进口工作程序逐步实施。进口工作程序主要包括以下几个方面。

一、办理进口许可手续

实行配额以及许可证管理的进口商品，进口商在进口前应向相应主管部门申请办理进口许可手续，申领配额以及许可证。

1. 配额的申领

我国进口货物的配额管理工作由商务部、国家发展和改革委员会(以下简称"发改委")共同负责。根据职能分工，商务部负责分配食糖、羊毛、毛条、化肥的进口关税配额；发改委负责分配小麦、玉米、大米、棉花的进口关税配额。

实行进口关税配额管理的进口商品，企业凭"农产品进口关税配额证"和"化肥进口关税配额证"办理进口通关手续。

企业进口配额管理范围内的商品，应当在当年的10月15日至10月30日，填写"农产品进口关税配额申请表"(参见样单10-2)或"化肥进口关税配额申请表"(参见样单10-3)，申请下一年度相应商品的进口配额。商务部受理申请后按照先来先领的原则，于下年1月1日前进行分配并向最终用户发放"农产品进口关税配额证"或"化肥进口关税配额证"。

样单10-2 2013年农产品进口关税配额申请表

申请企业盖章：   企业法人代表签字：

企业名称：						
申请农产品配额名称：		□ 2012年有该农产品一般贸易进口实绩者		□ 2012年有该农产品加工贸易进口实绩者		□ 2012年无该农产品进口实绩者
一般贸易	申请数量：		加工贸易	申请数量：		
	报关口岸：① ②			报关口岸：① ②		
企业注册地址：						
注册资本：		工商注册号：			联系电话：	
企业性质：	□国有 　□股份制　 □民营 　□外商投资					
企业类型：	□生产企业 　□贸易企业					
以下由生产企业填写：						
2012年企业产品及生产能力(注：棉花填纺锭数)		产品名称：		所需进口农产品名称：		
		日产量(吨)：		日需要量(吨)：		
		年产量(吨)：		年需要量(吨)：		
		该产品年销售额(万元)：				
以下由有加工贸易进口实绩的企业填写：						
2011年加工贸易配额	申领到配额量(吨)：			2012年加工贸易配额	已申领到配额量(吨)：	
	实际进口量(吨)：				已完成进口量(吨)：	
以下由有一般贸易进口实绩的企业填写(不包括代理进口)：						
2011年一般贸易配额	分配量(吨)：			2012年一般贸易配额	分配量(吨)：	
	实际进口量(吨)：				已完成进口量(吨)：	
	调整期退回量(吨)：				调整期退回量(吨)：	
以下由具有粮食批发零售资格的企业填写：						
2011年粮食贸易年销售额(万元)：				2011年粮食进出口额(万美元)：		
2012年粮食贸易完成销售额(万元)：				2012年粮食完成进出口额(万美元)：		
是否同意对国外和国内应询提供本企业配额申领数量： 　□是　 □否						
授权机构审核意见：						

填表说明：1. "2012年企业产品及生产能力"：指以申请进口农产品为主要原料生产的产品及生产能力。
2. "日、年产量"及"日、年需原料量"：指企业2012年日、年产量及对进口农产品的日、年需要量。
3. 棉花申请企业在"日需要量"一栏填纺纱设备的锭数。

样单 10-3　化肥进口关税配额申请表

1. 申请进口单位：	2. 申请单位经办人：
地区及企业法人代码：	电话：
申请进口单位地址：	邮政编码：
	年　　月　　日(申请单位签章)
3. 进口使用用户：	4. 对外成交单位：
地区及企业法人代码：	地区及企业法人代码：
5. 贸易方式：	6. 产品用途：
7. 是否国营贸易：	8. 外汇来源：
9. 原产地国(地区)：	10. 报关口岸：
11. 销售国(地区)：	12. 预计到港时间：
13. 商品名称：	14. 商品编码：

规格等级	15. 单位	16. 数量	17. 单价	18. 总值	19. 总值折美元
20. 总计					

21. 备注：	22. 授权机构签章：
	经办人签字：
	23. 受理日期：

中华人民共和国商务部监制

配额证明实行一证多批制，即一次签订合同需要分多批进口的，企业凭关税配额证在一年内可多次办理通关手续，但进口批次最多不得超过 12 次。若当年 12 月 31 日前从始发港出运，需在次年到货的进口关税配额产品，需于 12 月 31 日前持《进口关税配额证》及有关证明单证到原发证授权机构申请延期。原发证授权机构审核情况属实后可予以办理延期，但延期最迟不得超过次年 2 月 15 日。 最终用户在货物办结海关手续后 20 个工作日内，将海关签章的《进口关税配额证》第一联(收货人办理海关手续联)复印件及报关单复印件交原发证授权机构。

2．进口许可证的申领

进口许可证是国家管理货物进口的法律凭证。凡属于进口许可证管理的货物，除国家另有规定外，对外贸易经营者应当在进口前按规定向指定发证机构申领进口许可证，海关凭进口许可证接受申报和验放。

实行进口许可证管理的货物，没有数量限制，进口企业在对外订货之前，凭加盖有单位公章的进口许可证申请表及相应证明文件向发证机关申请进口许可证(属于关税配额管理的进口商品，还应提交配额证明)，经审核符合规定要求的，发证机关在申请表送交后的 3 个工作日内，签发《中华人民共和国进口货物许可证》，一式四联。第一、二联交领证单位，凭以办理对外订货及向海关办理货物进口报关和银行付汇。

许可证局及商务部驻各地特派员办事处和各省、自治区、直辖市、计划单列市以及商务部授权的其他省会城市商务厅(局)、外经贸委(厅、局)为进口许可证的发证机构，在许可证局统一管理下，负责授权范围内的发证工作。

进口许可证的有效期为一年，在有效期内只能报关使用一次。实行"非一批一证"的进口许可证，在有效期内可多次报关使用，但最多不超过 12 次，由海关在许可证背面"海关验放签注"栏内逐批签注核减进口数量。

3．自动进口许可证

属于自动进口许可管理的货物，收货人(包括进口商和进口用户)在向海关办理进口报关手续前，应向所在地或相应的发证机构提交自动进口许可证申请表(参见样单 10-4)，并提供相关材料，取得《自动进口许可证》。海关凭盖有自动进口许可证专用章的《自动进口许可证》办理验放手续，银行则凭之办理售汇和付汇手续。

样单 10-4　中华人民共和国自动进口许可证申请表

1. 进口商：　　代码：	3. 自动进口许可证申请表号： 自动进口许可证号：
2. 进口用户：	4. 申请自动进口许可证有效截止日期： 　　　　年　　月　　日
5. 贸易方式：	8. 贸易国(地区)：
6. 外汇来源：	9. 原产国(地区)：
7. 报关口岸：	10. 商品用途：

11. 商品名称：		商品编码：		设备状态：	
12. 规格、等级	13. 单位	14. 数量	15. 单价(币别)	16. 总值(币别)	17. 总值折美元
18. 总　计					

19. 备注： 联 系 人： 联系电话： 申请日期：	20. 签证机构审批意见：

自动进口许可管理的商品目录，由商务部会同海关总署每年进行调整。根据商务部、海关总署 2012 年第 94 号公告，我国《2013 年自动进口许可管理货物目录》中所涉及的货物，包括非机电类商品和机电类商品两大类。其中，非机电产品有牛肉、猪肉及副产品、羊肉、肉鸡、鲜奶、奶粉、大豆、油菜籽、植物油、豆粕、烟草、二醋酸纤维丝束、铜精矿、煤、废纸、废钢、废铝、铜、铁矿石、铝土矿、原油、成品油、天然气、氧化铝、化肥和钢材等。机电类商品有光盘生产设备、烟草机械、移动通信产品、卫星广播电视设备及关键部件、汽车产品、飞机、船舶、游戏机、汽轮机、发动机(非 87 章车辆用)及关键部件、水轮机及其他动力装置、化工装置、食品机械、工程机械、造纸机械、纺织机械、金属冶炼及加工设备、金属加工机床、电气设备、铁路机车、医疗设备等。

自动进口许可证由商务部及其授权机构签发，进口商可以通过商务部配额许可证事务局网站进行网上申请，也可以书面申请。

以上商品中，废纸、废钢、废铝的自动进口许可证一般实行"一批一证"管理。

二、办理进口付汇备案手续

从事进口业务的单位，应为外汇局公布的"对外付汇进口单位名录"中的企业，否则不得对外付汇，因此，单位初次办理进口付汇前，应向注册所在地的外汇局申请列入"对外付汇进口单位名录"中。

列入"对外付汇进口单位名录"中的企业，在取得进口配额和许可证后，付汇或开立信用证前，还需判断自己是否需要到外汇局办理"进口付汇备案"手续，如需要，应先办理进口付汇备案手续，领取进口付汇备案表，并凭之到外汇指定银行办理开证或购汇手续；如不需要，则可直接到外汇指定银行办理开证或购汇手续。

凡属下列情况之一的，企业须办理进口付汇备案手续：企业未列入外汇局定期公布的"对外付汇进口单位名录"；企业被列入"外汇局审核真实性的进口单位名单"；付汇后 90 天以内(不含 90 天)不能到货报关的。

三、申请开立信用证

进口商办好进口付汇备案手续，取得进口许可证或配额证明后，即可填写"购汇用汇申请书"，向银行申请购买外汇。凡以信用证为支付方式的，进口商应该按合同规定，向银行申请开立信用证，并要求银行在装运期之前最少 1 个月送达国外出口商，合同另有规定者除外。

申请开证，进口商须填写"信用证开证申请书"，并提供进口合同和购汇用汇申请书等文件，必要时应有进口许可证、配额证及某些部门的批文等。

"信用证开证申请书"为一式二份(参见样单 10-5)，进口商按合同规定填写后一份自留，一份交银行，作为开立信用证的依据。"信用证开证申请书"的内容及填制要求如下。

(1) 申请开证的时间(DATE)。按实际日期填写，一般在交货期前一个月至 45 天左右，合同另有规定者除外。

样单 10-5 信用证开证申请书

IRREVOCABLE DOCUMENTARY CREDIT APPLICATION
TO:BANK OF CHINA JIANGSU BRANCH

Beneficiary(full name and address):		Applicant(full name and address):
Partial shipment: (　) allowed (　) not allowed	Transshipment: (　) allowed (　) not allowed	Latest date of shipment: Date of expiry:
Loading on board/dispatch/taking in charge From:_____ To: _____ Price term: _____		Amount (Both in figures and words):

Credit available with (　)_____.
(　) by negotiation / (　) by acceptance with beneficiary's draft for _____% of the invoice value at sight on issuing bank
(　) by sight payment / (　) by deferred payment _____ days against the documents detailed herein

Commodity:　　　　　　　　　　　　　　　　　　　　　　　Shipping mark:

Documents required:
1. (　) Signed commercial invoice in __5__ folds indicating l/c no. and contract no..
2. (　) Full set (3/3) of clean on board ocean bills of lading made out to order and blank endorsed marked "(　)freight prepaid" / (　) to collect" notify the applicant. (　) Air waybill consigned to the applicant notify the applicant marked "freight (　) to collect / (　) prepaid".
3. (　) Insurance policy/certificate in __2__ folds for 110% of the invoice value, showing claims pay in china in the currency of the draft, blank endorsed covering (　) ocean marine transportation / (　) air transportation / (　) overland transportation all risks, war risks as per _____ clause.
4. (　) Packing list/weight list in __3__ folds indicating quantity/gross and net weights.
5. (　) Certificate of origin in 3 folds.
6. (　) Certificate of quantity/weight in 3 folds.
7. (　) Certificate of quality in __3__ folds issued by (　) manufacturer / (　) beneficiary.
8. (　) Beneficiary's certified copy of telex/fax dispatched to the applicant within _____ days/hours after shipment advising goods name,(　) name of vessel / (　) flight no., date, quantity, weight and value of shipment.
9. (　) Beneficiary's certificate certifying that (　) one set of non-negotiable documents /(　)one set of non-negotiable documents (including 1/3 original b/l) has been dispatched to the applicant directly by courier/speed post.
10. Other documents, if any:

Additional instructions:
1. All banking charges outside the issuing bank are for beneficiary's account.
2. Documents must be presented within _____ days after the date of shipment but within the validity of this credit.
3. Both quantity and amount _____% more or less are allowed.
4. All documents must be sent to issuing bank by courier/speed post in one lot.
5. Other terms, if any:

联系人：　　　　　　电话号码：　　　　　　传真号：

(2) 开证(传递)方式(BY)。已经印好，在相应的选项前画"√"或"×"即可。

(3) 信用证性质和号码。"不可撤销"的字样一般已印好，如果是保兑或可转让信用证，则必须写明；号码由开证行填写。

(4) 申请人(APPLICANT)和受益人(BENEFICIARY)。须按合同分别填写其详细名称和地址(包括电话、传真、E-mail 等)。

(5) 通知行(ADVISING BANK)。由开证行确定。

(6) 信用证有效期(DATE OF EXPIRY)和到期地点(PLACE OF EXPIRY)。有效期一般在装运期后 10 天或 15 天，到期地点一般为受益人所在地。

(7) 金额(AMOUNT)。分别用数字和文字两种形式表示。

(8) 汇票条款(DRAFT (S)…)。分别在汇票期限、受票人等选项前画"√"或"×"，并填写空白项目。如："AVAILABLE BY YOUR DRAFT (S) DRAWN [　] AT SIGHT/ [√] 60 DAYS AFTER SIGHT ON[√] US/[　] ADVISING BANK/[　] APPLICANT FOR 100 % OF INVOICE VALUE"。

(9) 单据条款(ACCOMPANIED BY …)。根据需要选择需随汇票提供的单据，并在选项前画"√"或"×"，在其后空白栏中填写或选择所需单据份数、出具单位及(或)单据内容。如："[√]SIGNED COMMERCIAL INVOICE IN 3 COPIES INDICATING CONTRACT NO. 12345"。如需提供上述单据以外的单据，可选"OTHER DOCUMENTS"选项，并在空白处填写所需的其他单据名称、份数以及其他要求。

(10) 货物条款(EVIDENCING SHIPMENT OF…)。填写货物名称、规格，同时按提示分别填写货物的包装、价格、运输标志等。

(11) 附加条款(SPECIAL INSTRUCTIONS)。需要时选填。

(12) 交单期限(DOCUMENTS SHOULD BE PRESENTED WITHIN…)。一般填写 15 天。

(13) 运输条款(SHIPMENT FROM…TO…)。填写装运港、目的港和装运期，并按合同选择是否允许分批及(或)转运。

(14) 其他。包括开户银行及账号(ACCOUNT NO…WITH…)等,这些内容均按实际填写。

开证行收到进口商的开证申请后，立即对开证申请书、合同、开证申请人的资信状况等进行审核，在确信可以接受申请并收保证金及开证手续费后，即依申请开出信用证。

银行收取的开证保证金，取决于银行对进口商提供的授信金额，即贸易融资信用额度，这种额度越高，银行收取的保证金则越低。而开证手续费则较为固定，一般为开证金额的 1.5‰。

信用证开好后，开证行将通过其在受益人所在地的分行或代理行(统称通知行)，将正本信用证通知受益人。

四、修改信用证

受益人收到信用证后可能会提出修改信用证的要求。

修改信用证应当通过开证行进行。进口商应向开证银行提交信用证修改申请，开证行批准后即根据信用证修改申请书的要求做出信用证修改通知书，通过原信用证的通知行通知受益人。

修改信用证不仅会增加进口商的费用负担，也会直接或间接地影响到合同的履行。因此，如果受益人来电要求改证，进口商应仔细研究其改证要求是否合理，若对方提出的改证理由合理而充分，或提出了由其负担相关费用等补偿措施，进口商可以考虑申请改证。

受益人对信用证的修改要求应一次性提出，多次提出的修改要求，进口商可予以拒绝。

五、租船订舱与投保

1. 租船订舱

按 FOB 术语进口货物，应由买方负责安排运输，即办理租船订舱手续。因此，若以 FOB 术语进口，进口商应填写订舱委托书向船公司或其代理租订船只。船公司或其代理收到委托后，根据配载原则安排船只或舱位，并签发装货单，同时派船到装运港接运货物。

租船订舱工作应按合同及信用证规定及时办理，一般在装运期前 30~45 天向运输机构申请。如果合同规定，出口商在备妥货物后，告知进口商预计装运日期。那么进口商在收到国外出口商发来的通知后，应在规定期限内及时将船名、船期等事项通知出口商，并催告其如期装船。同时为了防止出现船货脱节现象，进口商还应随时了解和掌握卖方备货和装运的实际情况。

2. 投保货运险

按 FOB、CFR 术语进口，买方负责办理货物的运输保险。目前我国进口货物运输保险有预约保险和逐笔保险两种做法。

1) 预约保险

为了防止进口货物在国外装运后因信息传递不及时而发生漏保或者来不及办理保险等情况，进口方都事先与保险公司签订进口货物预约保险合同，规定总的保险范围、保险期限、保险种类、总保险限额、航程区域、保险条件、费率、适用条款、赔偿结算支付办法等。对每批进口货物，进口商只要收到国外出口商发来的装运通知，即可视为已办妥保险手续，保险公司就自动地对该批货物负有属于预约保险合同规定的承保范围内的承保责任。

预约保险适用于经常有货物进口的外贸公司或企业。

2) 逐笔保险

当进口商接到卖方发来的装运通知后，立即填写国际货物运输保险投保单并送交保险

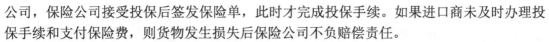

公司，保险公司接受投保后签发保险单，此时才完成投保手续。如果进口商未及时办理投保手续和支付保险费，则货物发生损失后保险公司不负赔偿责任。

当进口商业务量较少时，可办理逐笔保险。

六、审单付汇

支付货款是进口商最重要的合同义务，进口商必须按规定的时间和方式付款。

审单的目的是为了确认出口商是否做到"单单一致"、"单证一致"以及"单同一致"，以便从单据上确定出口商是否履行了合同义务和决定是否应该对其付款。

以汇款方式支付货款，进口商应在合同规定的期限内，或在收到出口商的提单传真件后，填写"境外汇款申请书"向银行申请电汇。

以托收方式支付货款，银行只负责转递单据，没有审单的义务，因此银行一般都不主动审单，但是由于同业间的激烈竞争，银行通常都为进口商提供一定的审单服务，而是否付款，则由进口商做出决定。

以信用证方式支付货款，开证行承担第一性付款责任，因此，只要开证行或付款行确认单证相符，即按付款期对外付款，而不管进口商是否同意，且一旦付款，即无追索权，如果进口商拒收单据，必将使银行处于尴尬境地。

但银行审核单据，也仅仅审核其表面与信用证或托收指示书的规定是否相符，对于任何单据的形式、完整性、准确性、真实性或法律效力，以及单据上所表示的货物描述、数量、重量、质量、包装、价值等内容是否真实概不负责。

1. 审单要点

银行及进口商按照"单单一致、单证一致、单同一致"的原则，审核国外出口商提交的汇票、发票、提单等各种单据。审单的要点主要有以下几个方面。

1) 审核单据的内容是否正确

对单据内容的审核，应以合同、信用证等基础资料为依据，以商业发票为核心，审核各个单据所记载的商品品名、规格、数量、货值、保险金额、保险险别、装运港、目的港、合同号、信用证号等内容是否符合要求，单据的抬头、签署、背书等是否正确和完整，更改是否过多等。

2) 审核单据的种类和份数是否齐全

对照合同或信用证的单据条款，审核所制作的单据种类是否齐全、份数是否齐备，提单、保险单是否需要全套正本，需不需要制作汇票等。

3) 审核单据的出具日期是否合理

对单据出具日期的审核，应以提单的出具日期为基础。首先，提单的出具日期不得超过合同或信用证规定的最迟装运期；其次，在正常的贸易中，发票的出具日期最早，汇票的出具日期最晚，但不得晚于信用证规定的交单期和信用证的有效期；最后，还要看各个单据的出具日期是否协调，一般地，发票、箱单、产地证、保险单等都应早于提单，装运通知、汇票等则应晚于提单，产地证的日期不应早于发票，装运通知的日期应晚于提单 3 个工作日之内。

4) 审核单据与单据之间是否互相矛盾

每种单据所记载的内容应该协调一致，一种单据对另一种单据内容的引用应该正确，不得相互矛盾。这也是审核单据时应注意的内容之一。

2．对单据"不符点"的处理

审单后如发现有不符点，信用证方式下，开证行通常会征求进口商对不符单据的处理意见。进口商可根据具体情况，与银行共同协商，密切配合，考虑"不符"性质并做出适当处理。

1) "不符"性质不太严重

如果卖方提供的单据"不符"性质不太严重，进口商可采取部分付款、部分拒付的办法解决这种问题，也可向卖方提出，货到后如经检验符合要求再接受单据，支付货款，还可以要求卖方或议付行出具货物与合同相符的担保，保留追索权，凭书面担保付款。如"不符"系打印错误，且时间允许，可以在卖方更改单据后付款，也可在卖方修改单据并同意降价后，接受单据并支付货款。

2) "不符"性质严重

如果卖方所提供的单据份数或种类与信用证规定不符，或者单据中的货款金额大于信用证金额，单据中重要项目的内容与信用证规定不符，或者单据之间相同项目的填写不一致等，就属于"不符"性质比较严重的情况。进口商审单后如果发现有上述各种不符点，就可拒绝接受单据并拒付全部货款。

信用证方式下，如果按照指定行事的指定银行、保兑行或开证行决定拒绝承付或议付时，必须给予交单人一份单独的拒付通知，列明所有不符点，并留存单据听候交单人的进一步指示，或作其他处理。

进口商审单后，如没有对单据提出异议，银行即按汇票履行付款或承兑义务，并要求进口商付款赎单。

七、货物的报检与通关

进口商取得全套单据后，应主动与船公司联系货物到货情况，待货物抵达国内港口后，即持正本提单(大提单)至船公司换取"进口货物提货单"(小提单，也称为舱单，参见样单 10-6)准备提货，如果进口商品属法定检验检疫的商品，进口商应先向国家出入境检验检疫机构申请报检，然后向海关报关，经海关查验后才予以放行。

样单 10-6　进口货物提货单

上海中外运船务代理有限公司
CHINA MARINE SHIPPING AGENCY SHANGHAI CO., LTD.
进口集装箱货物提货单　№ 0094965

船呼号: V2AH2				船档号 336023
港区场站				
收货人名称			收货人开户银行与帐号	
船名 TRADE ZALE 易泽	航次 0019W	起运港 LONG BEACH	目的港 SHANGHAI	船舶预计到港日 2004
单号 SNLLSB400387	交付条款 CY/CY	卸货地点 外高桥二期	进库场日期	第一程运输

标记与集装箱号	货名	集装箱数或件数	重量(KGS)	体积(M)
N/M SC 2003-229FREIGHT PREPAID GESU4284882 / 91	1X40 HQ CONTAINER 40'X1 STCSEMICONDUCTOR EQUIPMENTPCVDXIN 954486457-LAPE0050& ON BOARD 05/13/04SHIPPERS LOAD, STOW, COUNTAND SEAL	5OTHERS	2,300.000	

动卫检号码:
149050(5727)

船舶实靠日期请查询 Tel:56444333

船代公司重要提示:
(1) 本提货单中有关船、货内容按照提单的相关显示填制;
(2) 请当场核查本提货单内容错误之处, 否则本公司不承担由此产生的责任和损失。(Error And Omission Excepted)
(3) 本提货单仅为向承运人或承运人委托的雇佣人或替承运人保管货物订立合同的人提货的凭证, 不得买卖转让。(Non-negotiable)
(4) 在本提货单下, 承运人代理人及雇佣人的任何行为, 均被视为代表承运人的行为, 均应享受承运人享有的免责、责任限制和其他任何抗辩理由。(Himalaya Clause)
(5) 货主不按时换单造成的损失, 责任自负。
(6) 本提货单中的中文译文仅供参考。

上海中外运船务代理公司

注意事项:
1. 本提货单需盖有船代放货章和海关放行章后方始有效。凡属法定检验、检疫的进口商品, 必须向检验检疫机构申报。
2. 提货人到码头公司办理提货手续时, 应出示单位证明或经办人身份证明。提货人若非本提货单记名收货人时, 还应当出示提货单记名收货人开具的证明, 以表明其为有权提货的人。
3. 货物超过港存期, 码头公司可以按《上海港口货物疏运管理条例》的有关规定处理。在规定期间无人提取的货物, 按《海关法》和国家有关规定处理。

收货人章	海关章
1	2
检验检疫章	
3	4
5	6

1．进口货物的报检

凡属法定检验检疫的进口商品,收货人在货物到达后必须向卸货口岸或到达站的出入境检验检疫机构报检,检验检疫机构受理并进行检验后,即签发"入境货物通关单",海关凭以验放。

2．进口货物的报关

自载货运输工具申报进境之日起 14 天内,进口货物的收货人或其代理人应向海关办理进口货物的通关申报手续,并填制"中华人民共和国海关进口货物报关单",同时交验海运进口货物提货单或者陆/空运运单、商业发票、装箱单、入境货物通关单甚至合同、定货卡片、产地证明、进口许可证及配额证明等文件向海关申报,海关对单据进行审核后,即查验实际货物,并依法办理征收货物税费的相关手续,同时在提货单上签盖放行章。此时,货物的所有人或其代理人才能提取货物。未经海关放行的货物,任何单位或个人不得提取。

八、进口商提货

实际业务中,进口商凭单取货有三种情况。

(1) 单到货到:即进口商在取得单据的同时,货物也已到达目的港(地),进口商取得提单后即可立即提货。

(2) 单到货未到:即进口商已经付款取得了全套单据,但合同规定的货物尚未到达,此时,进口商应主动跟港口码头联系,予以查询,以便货到后能立即提货。

(3) 货到单未到:即货物已经送达目的港(地),但是由于银行手续周转时间较长,或因制单费时、邮寄耽误等原因,代表货物的单据尚未到达,此种情况常出现在近洋运输中。为避免压港费用,尽快提货投入生产或销售,进口商可申请《无单提货保证书》先行提货,待收到正本提单后再换回此保证书。

进口商申请担保提货应提交申请书、副本发票、副本提单或装船通知。银行在签发提货担保前,应重新落实信用证保证金的情况,开证时未收到或未收足的就补收,以确保来单时支付。

思 考 题

1．简述出口单证的工作程序。
2．简述进口单证的工作程序。

3. 出口审单的关键是什么？

操 作 题

样单 10-7 是我国一公司按国外信用证出口后所制的单据，请你结合信用证进行审单，找出问题并予以更正。

样单 10-7　信用证

FROM: COMMERCIAL BANK OF CEYLON LIMITED
ADDRESS: COMMERCIAL HOUSE, 21 BRISTOL STREET, P.O.BOX853 COLOMBO, SRILANKA
TO: BANK OF CHINA, GUANGZHOU BRANCH
IRREVOCABLE DOCUMENTARY CREDIT NO.: CBCL341520
DATE OF ISSUED: NOV.18, 2013
EXPIRY DATE AND PLACE: JAN.18, 2014, IN COLOMBO
APPLICANT: RAIN DREANS I/E CORP
NO. 80 MOSQUE ROAD GORAKANA, MORATUWA SRILANKA
BENEFICIARY: GUANGDONG FOREIGN TRADE IMPORT & EXPORT CORPORATION
123 TIANHE ROAD, GUANGZHOU, P.R.C
AMOUNT: USD30000.00
AVAILABLE WITH/BY: ANY BANK BY NEGOTIATION OF BENEFICIARY'S DRAFT(S) AT SIGHT 　　DRAWN ON US
PARTIAL SHIPMENT: PERMITTED
TRANSSHIPMENT: PERMITTED
SHIPMENT FROM: GUANGZHOU PORT, CHINA
TO: COLOMBO PORT
NOT LATER THAN: JAN. 3, 2014
DESCRIPTION OF GOODS: ENERGY SAVING LAMP 　　　　　　　　1000 PCS.FCL-22 ELECTRIC ADAPTORS 22W/B22 　　　　　　　　USD8.00　　PER PCS 　　　　　　　　2000 PCS.FCL-32 ELECTRIC ADAPTORS 32W/B22

USD11.00   PER PCS.
ACCORDING TO SALES CONTRACTOR NO.A97-2360.

H.S.CODE: 85.39

CIF COLOMBO

SHIPPING MARKS: RAIN DREANS/A97-2360/COLOMBO

DOCUMENT REQUIRED:

-SINGED COMMERCIAL INVOICE IN 3 COPIES. CONTAIN S/C NO. AND L/C NO.

-PACKING LIST IN 3 COPIES SHOWING THE INDIVIDUAL WEIGHT AND MEASUREMENT OF EACH PACKAGE

-ORIGINAL CERTIFICATE OF ORIGIN IN 3 COPIES ISSUED BY THE CHAMBER OF COMMERCE

-FULL SET OF CLEAN ON BOARD OCEAN BILLS OF LADING SHOWING FREIGHT PREPAID CONSIGNED TO OUR ORDER NOTIFY APPLICANT

-INSURANCE POLICY OR CERTIFICATE FOR 110 PERCENT OF INVOICE VALUE COVERING ALL RISKS AND WAR RISKS AS PER AND SUBJECT TO OCEAN MARINE CARGO CLAUSES AND OCEAN MARINE CARGO WAR RISKS CLAUSES OF THE PEOPLE'S INSURANCE COMPANY OF CHINA DATED 1/1/1981

-BENEFICIARY'S CERTIFICATE CERTIFYING THAT EACH COPY OF SHIPPING DOCUMENTS HAS BEEN FAXED TO THE APPLICANT WITHIN 48 HOURS

PRESENTATION PERIOD:

SHIPMENT DOCUMENTS MUST BE PRESENTED WITHIN 15 DAYS AFTER SHIPMENT, BUT WITHIN VALIDITY OF THE LETTER OF CREDIT.

SPECIAL INSTRUCTIONS:

ALL BANKING CHARGES OUTSIDE SRILANKA ARE FOR ACCOUNT OF BENEFICIARY.

ALL GOODS MUST BE SHIPPED IN ONE 20" CY TO CY CONTAINER AND B/L SHOWING THE SAME.

UPON RECEIPT THE DOCUMENTS COMPLIANCE WITH THE TERMS AND CONDITIONS.

WITH THE L/C, WE WILL REIMBURSE YOU AS PER YOUR INSTRUCTIONS.

THIS CREDIT IS SUBJECT TO THE UNIFORM CUSTOMS AND PRACTICE FOR DOCUMENTARY CREDITS 1993 REVISION BY THE INTERNATIONAL CHAMBER OF COMMERCE PUBLICATION NO. 600.

该公司制单员所制单据如样单 10-8～样单 10-14 所示。

样单 10-8　发票

广东外贸进出口公司
GUANGDONG FOREIGN TRADE IMPORT & EXPORT CORPORATION
123 TIANHE ROAD, GUANGZHOU, P.R.C

COMMERCIAL INVOICE

TO: RAIN DREANS I/E CORP　　　　　　　　　　DATE: DEC. 10, 2013
　　NO. 80 MOSQUE ROAD GORAKANA,　　　　INV NO.: GD-88987
　　MORATUWA　　　　　　　　　　　　　　　S/C NO.: NO.A97-2360
　　SRILANKA

FROM GUANGZHOU PORT　　**TO** COLOMBO PORT　　**BY** SEA

MARKS NO.S	DESCRIPTION OF GOODS	QUANTITY	UNIT PRICE	AMOUNT
RAIN DREANS	ENERGY SAVING LAMP		CIF COLOMBO	
A97-2360	FCL-22 ELECTRIC ADAPTORS			
COLOMBO	22W/B22	1000 PCS.	USD8/PCS.	USD8000
1-30	FCL-32 ELECTRIC ADAPTORS 32W/B22	2000PCS.	USD11/PCS.	USD16000
TOTAL:		**3000PCS**		**USD24000.00**

广东外贸进出口公司
GUANGDONG FOREIGN TRADE IMPORT & EXPORT CORPORATION
张三

样单 10-9 装箱单

广东外贸进出口公司
GUANGDONG FOREIGN TRADE IMPORT & EXPORT CORPORATION
123 TIANHE ROAD, GUANGZHOU, P.R.C

PACKING LIST

TO: RAIN DREANS I/E CORP 　　　　　DATE: DEC. 10, 2013
　　NO. 80 MOSQUE ROAD GORAKANA,　　INV NO.: GD-88987
　　MORATUWA ,　　　　　　　　　　　S/C NO.: NO.A97-2360
　　SRILANKA　　　　　　　　　　　　L/C NO.: CBCL341520

FROM GUANGZHOU PORT　**TO** COLOMBO PORT　**BY** SEA

SHIPPING MARKS:
　RAIN DREANS
　A97-2360
　COLOMBO
　1-30

C/NO.	NO.S AND KIND OF PKS	DESCRIPTION	QUANTITY	GW	NW	MEASUREMENT
		ENERGY SAVING LAMP				
1-10	10CTNS	FCL-22 ELECTRIC ADAPTORS 22W/B22	@1000PCS.	380KGS	350KGS	@ 1.5*1*0.6M
11-30	20CTNS	FCL-32 ELECTRIC ADAPTORS 32W/B22	@2000PCS.	760KGS	700KGS	@ 1.5*1*0.6M

TOTAL: 30CTNS　　　　　　　3000PCS 1140KGS 1050KGS 27M3

广东外贸进出口公司
GUANGDONG FOREIGN TRADE IMPORT & EXPORT CORPORATION
张三

样单 10-10　提单

Shipper GUANGDONG FOREIGN TRADE IMPORT & EXPORT CORPORATION 123 TIANHE ROAD, GUANGZHOU, P.R.C	B/L NO. GFT556
Consignee or order 　TO ORDER OF SHIPPER	中国对外贸易运输总公司 CHINA NATIONAL FOREIGN TRADE TRANSPORTATION CORP.
Notify address RAIN DREANS I/E CORP, NO. 80 MOSQUE ROAD GORAKANA, MORATUWA SRILANKA	直运或转船提单 BILL OF LOADING DIRECT OR WITH TRANSHIPMENT

SHIPPED on board in apparent good order and condition (unless otherwise indicated) the goods or packages specified herein and to be discharged at the mentioned port of discharge or as near thereto as the vessel may safely get and be always afloat.

The weight, measure, marks and numbers, quality, contents and value, being particulars furnished by the shipper, are not checked by the carrier on loading.

The shipper, consignee and the holder of this bill of lading hereby expressly accept and agree to all printed, written or stamped provisions, exceptions and conditions of this Bill of Lading, including those on the back hereof.

IN WITNESS whereof the number of original Bill of Lading stated below have been signed, one of which being accomplished, the other to be void

Pre-carriage by	Place of receipt		
Vessel DONGFENG V.1908K	Port of loading GUANGZHOU PORT		
Port of discharges COLOMBO PORT	Final destination		
Container seal No. or marks and Nos. RAIN DREANS A97-2360 COLOMBO C/NO.1-30	Number and kind of packages Description of goods ENERGY SAVING LAMP, 1X20'(ONE CONTAINER)/30CTNS	Gross weight(kgs.) 1050KGS	Measurement(m^3) 27m^3
	ON　BOARD		

CONTAINER NO. XULU2997542

REGARDING TRANSHIPMENT INFORMATION PLEASE CONTACT	Freight and charges FREIGHT　PREPAID	
Ex. rate	Prepaid at　　Freight payable at	Place and date of issue GUANGZHOU, DEC. 28, 2013
	Total prepaid　Number of original Bs/L　THREE (3)	Signed for or on behalf of the Master 　　　as Agent(略)

(SINOTRANS STANDARD FORM4)
SUBJECT TO THE TERMS AND CONDITIONS ON BACK 95c No.0123450

样单 10-11　产地证

1.Exporter GUANGDONG FOREIGN TRADE IMPORT & EXPORT CORPORATION 123 TIANHE ROAD, GUANGZHOU, P.R.C	Certificate No. **CERTIFICATE OF ORIGIN** **OF** **THE PEOPLE'S REPUBLIC OF CHINA**
2.Consignee RAIN DREANS I/E CORP NO. 80 MOSQUE ROAD GORAKANA, MORATUWA SRI LANKA	
3.Means of transport and route FROM GUANGZHOU PORT TO COLOMBO PORT BY SEA	5.For certifying authority use only
4.Country/region of destination SRI LANKA	

6.Marks and numbers	7. Number and kind of packages; description of goods	8.H.S. code	9.Quantity	10.Number and date of invoices
1	ENERGY SAVING LAMP FCL-22 ELECTRIC ADAPTORS 22W/B22 FCL-32 ELECTRIC ADAPTORS 32W/B22 **30CTNS** SAY THIRTY CARTONS ONLY ********************************		1000PCS. 2000PCS.	NO.: GD-88987 DATE: DEC. 10, 2013

11.Declaration by the exporter 　　The undersigned hereby declares that the above details and statements are correct; that all the goods were produced in china and that they comply with the rules of origin of the people's republic of china. 　　　　广东外贸进出口公司 　　GUANGDONG FOREIGN TRADE IMPORT & EXPORT CORPORATION 　　　　　　李四 　　GUANGZHOU,　　24 DEC., 2013	12.Certification 　　It is hereby certified that the declaration by the exporter is correct. 由广州 CIQ 签发 　　GUANGZHOU,　　25 DEC., 2009
Place and date, signature and stamp of certifying authority	Place and date, signature and stamp of certifying authority

样单 10-12 货物运输保险单

中国平安保险股份有限公司
PING AN INSURANCE COMPANY OF CHINA, LTD.

NO. 1000005959

货物运输保险单
CARGO TRANPORTATION INSURANCE POLICY

被保险人：
Insured GUANGDONG FOREIGN TRADE IMPORT & EXPORT CORPORATION
123 TIANHE ROAD, GUANGZHOU, P.R.C

中国平安保险股份有限公司根据被保险人的要求及其所交付约定的保险费，按照本保险单背面所载条款与下列特款，承保下述货物运输保险，特立本保险单。

This Policy of Insurance witnesses that PING AN INSURANCE COMPANY OF CHINA, LTD., at the request of the Insured and in consideration of the agreed premium paid by the Insured, undertakes to insure the undermentioned goods in transportation subject to the conditions of Policy as per the clauses printed overleaf and other special clauses attached hereon.

保单号 Policy No.	赔款偿付地点 Claim Payable at COLOMBO IN USD
发票或提单号 Invoice No. or B/L No.	INV. NO. : GD-88987
运输工具 per conveyance S.S. AS PER B/L.	查勘代理人 Survey By: PING AN INSURANCE COMPANY OF CHINA, LTD COLOMBO BRANCH
起运日期 Slg. on or abt.	自 From GUANGZHOU PORT
AS PER B/L	至 To COLOMBO PORT

保险金额
Amount Insured USD264000.00(SAY US DOLLARS TWO HUNDRED SIXTY-FOUR THOUSAND ONLY)

保险货物项目、标记、数量及包装： Description, Marks, Quantity & Packing of Goods:	承保条件 Conditions:
ENERGY SAVING LAMP **3000PCS (30CTNS)** RAIN DREANS A97-2360 COLOMBO C/NO. 1-30	COVERING ALL RISKS AND WAR RISKS AS PER AND SUBJECT TO OCEAN MARINE CARGO CLAUSES AND OCEAN MARINE CARGO WAR RISKS CLAUSES OF THE PEOPLE'S INSURANCE COMPANY OF CHINA DATED 1/1/1981.

签单日期
Date: DEC. 20, 2013

For and on behalf of
PING AN INSURANCE COMPANY OF CHINA, LTD.
authorized signature（略）

样单 10-13 受益人证明

广东外贸进出口公司
GUANGDONG FOREIGN TRADE IMPORT & EXPORT CORPORATION
123 TIANHE ROAD, GUANGZHOU, P.R.C

CERTIFICATE

TO WHOM IT MAY CONCERN:　　　　　　　　　　　　JAN. 18, 2014; GUANGZHOU

Re: INVOICE NO. GD-88987　　　L/C NO. :CBCL341520

WE HEREBY CERTIFY THAT EACH COPY OF SHIPPING DOCUMENTS HAS BEEN FAXED TO RAIN DREANS I/E CORP ON DEC. 29, 2013.

广东外贸进出口公司
GUANGDONG FOREIGN TRADE IMPORT & EXPORT CORPORATION
张三

样单 10-14 汇票

DRAWN UNDER COMMERCIAL BANK OF CEYLON LIMITED
L/C NO. CBCL341520 DATED NOV. 18, 2005
PAYABLE WITH INTEREST @ _____%PER ANNUM
NO.: GD-88987 EXCHANGE FOR USD24000.00 GUANGZHOU, CHINA JAN. 31, 2014
AT ***SIGHT OF HIS FIRST OF EXCHANGE (SECOND OF EXCHANGE BEING UNPAID)
PAY TO THE ORDER OF **BANK OF CHINA, GUANGZHOU BRANCH**
THE SUM OF　U S DOLLARS TWENTY FOUR THOUSAND ONLY

TO: COMMERCIAL BANK OF CEYLON LIMITED
　　COMMERCIAL HOUSE, 21 BRISTOL STREET, P.O. BOX853
　　COLOMBO,
　　SRILANKA;

广东外贸进出口公司
GUANGDONG FOREIGN TRADE
IMPORT & EXPORT CORPORATION
张三

第十一章　信用证单证风险及其防范

学习目标

了解信用证单证存在的各种风险，掌握各主要单证的风险及其防范措施。

在跟单信用证业务中，银行处理的是单据而不是货物，在跟单托收业务中，进口方也是根据"凭单付款"的原则做买卖。而在当前我国的对外贸易业务中，有相当大比重商品的出口是以 FOB、CFR、CIF 这三种象征性交货的贸易术语成交的。在象征性交货的情况下，卖方交单也就意味着交货。因此，在国际结算中，单据是买方或银行付款的前提条件，任何单据的瑕疵或不符点都可能成为买方拒付的理由。而由于种种原因，信用证项下的单据，可能会出现这样那样的不符点，这些不符点使受益人轻则损失一部分的资金，或者不能从银行取得融资，重则不能收回货款，给国家带来不可挽回的损失。

因此，单证工作人员要特别关注信用证项下常见的单证不符点及其处理办法，以保证出口合同的顺利履行。

第一节　单证制作上的瑕疵

出口方单证工作人员在制单时，由于对合同或信用证单证条款理解的偏差或不到位，同时不了解国际贸易惯例及有关国家贸易的习惯做法，从而降低了制单水平，使单证在制作上表现出较多的瑕疵，影响了正常收汇。单证制作上的瑕疵主要表现在以下三个方面。

1. 单证中有错漏，内容不符合要求

单证中的错漏，有的是由于对信用证的审核不严、不细造成的，如信用证要求发票、提单、产地证等单据的抬头均做成指定的人，即"MADE OUT IN NAME OF CONSIGNEE"，却被错误地理解成上述单据"以收货人的名义开立"，或者根本就未被引起注意，造成单据与信用证要求不符；又如，信用证将合同的品名打错，虽然有的仅一个字母之差，纯属拼写错误，但若未引起注意，往往也构成买方拒付的理由。

单证中的错漏，有的是由于进口商的特殊要求或进口国的特殊规定造成的，如信用证要求单证手签时，受益人提供的单证却仅有盖章没有签字；信用证要求所有单证都应注明信用证号码或开证行名称时，仅发票或装箱单等单据上有这些内容，而提单、产地证、保险单等单据上则漏注等。

单证中的错漏，还有的是由于单证工作人员的粗心大意造成的，如提交的单据种类和

份数不够、发票与装箱单的总数量及毛净重相互不一致,等等。如信用证规定:"运输行提单不接受",此时在办理托运时就应注意选取合适的船公司出具提单。

2. 单证涂改过多,修改方式不得体

受益人提交的单证,有的是可以进行涂改的,如商业发票、提单、保险单等,而有的则不允许涂改,如汇票、产地证等。一般情况下,单证如果有涂改,则应在修改之处加盖校正章或者进行手签或简签(只写姓名中的姓或名的一部分),而不能单纯使用涂改液或其他方式直接涂改。即使单证允许有涂改,但是如果一份单证的涂改过多,又显得不够真实,有伪造的嫌疑,而且单证也不整洁。因此对单证的涂改,最多只能有三处,超过三处则应重新制单。

3. 出口方出单、交单不及时

按照《UCP500》的规定,受益人应当在运输单据出具日期之后的 21 天之内向银行交单,若信用证另有规定,还应在规定的时间内交单,而出口方若有某一种单据的出具不够及时,就可能影响到所有单据的正常交单。另外,即使出口方有时注意了出具日期和交单日期,但若信用证的到期地点在国外,仍然可能造成交单不及时而被拒付。

对于信用证单证的风险,我们可以通过以下案例,有一个大致的了解。

案例

【案情简介】:

我国某进出口公司 B 对新加坡出口一批货物。2000 年 3 月 5 日由 M 银行开来装船期为 3 月 23 日、效期为 4 月 3 日的信用证,信用证的单据条款规定如下。

1. FULL SET OF CLEAN ON BOARD OCEAN BILL OF LADING AND ONE COPY OF NON-NEGOTIABLE B/L.

2. GENERALIZED SYSTEM OF PREFERENCES CERTIFICATE OF ORIGIN FORM A.

……

ALL DOCUMENTS EXCEPT DRAFT AND INVOICE MUST NOT SHOW THE CREDIT NUMBER AND INVOICE NUMBER.

B 公司收到信用证后即着手备货并制作单证。

当制单人员在装船前缮制 GSP 原产地证书时,才发现 GSP FORM A 证书要求填写"发票号和日期",经与当地商检机构联系,商检机构坚决不同意出具发票号留空不填的 GSP 原产地证书,其理由是联合国贸发会对于填写 GSP 原产地证书格式 A 的有关规定,此栏目不得留空不填。

B 公司立即发传真给新加坡进口商,提出"你信用证要求一切单据除发票和汇票外,不得表示发票号和信用证号,但是你方要求提供 GSP 原产地证书,该证书按照联合国贸

发会规定必须填写发票号，故你信用证与上述规定有抵触，而且我地出证当局也不同意接受此条款。请修改信用证为"ALL DOCUMENTS EXCEPT DRAFT, INVOICE AND GENERALIZED SYSTEM OF PREFERENCES CERTIFICATE OF ORIGIN FORM A MUST NOT SHOW THE CREDIT NUMBER AND INVOICE NUMBER."。

新加坡进口商电复：请立即装船，信用证正在申请办理修改中。

B公司随即安排3月22日装船，装船一周后仍未收到信用证修改书，而信用证也将到期。联系新加坡进口商，进口商却称已经办理信用证修改。4月3日，B公司只好出具保函向银行办理担保议付。

B公司向银行提交的提单中，船名为"INTENDED VESSEL 'FREESEA'"，但是在"已装船"批注中填有经承运人加注的实际已装船的船名和装船日期，并有承运人签章。

单据寄到国外后，开证行提出单证不符："其一，GSP原产地证书格式A第10栏表示了发票号，与我信用证的规定不符；其二，正本提单上承运人加注了实际装船的船名和日期，但是在副本提单上却无此批注，开证申请人不同意接受。"

B公司接到银行送来的开证行拒付通知后感到奇怪：对于GSP原产地证书的发票号一事，早已向新加坡进口商提出，对方不但同意，而且还办理了信用证修改，为何还提出单证不符？于是向开证行提出以下两点

(1) GSP原产地证书表示了发票号系根据联合国贸发会的规定。只要稍有这方面的常识，就不应该提出异议。同时，开证申请人不但同意此不符点，而且已经修改了信用证，为何还存在单证不符？

(2) 对于提单的"预期船名"，我方在提单上已经由承运人批注了实际装船的船名和装船日期，并有承运人签章。根据《UCP500》第二十三条第(一)款第(2)项中规定："……当提单中含有'预期船'字样或类似有关限制船只的词语时，装上具名船只必须由提单上的装船批注来证实。该项装船批注除注明货物已经装船的日期外，还应该包括实际装货的船名，即使实际装船的船只就是'预期船'，也是如此。"故我方所提供的提单已符合《UCP500》规定，构成"已装船"的要求，提单正本是有效文件。至于提单副本，它属于不生效的参考文件，承运人不可能在副本提单上加注和签章。因此，我提供的提单已构成"已装船"提单，已经单证相符。

根据上述情况，你方应该接受单据，按时付款。

开证行收到B公司的申辩后又提出如下反驳意见。

(1) 对于GSP原产地证书不表示发票号的条款问题，我行并未修改信用证，经查对我申请人也未有申请过修改的情况。根据《UCP500》第十三条规定，银行对单据审核的唯一标准就是以单据表面上是否与信用证条款相符，并不考虑什么联合国贸发会的规定。原产地证书上标明了发票号，就是表面上单证不符。

(2) 正本提单上有承运人批注内容，副本也应该有该批注的内容。虽然承运人可以对提单副本不进行签章，但其内容均应与提单正本内容完全一样齐全。正本有，而副本没有，即构成单单不符。

根据上述情况，申请人无法接受该单据。请速告对单据处理意见。

最后，买卖双方经过反复交涉，又由于当时货物价格趋涨，买方才决定付款。付款时间比正常收汇拖延了3个月，B公司损失利息合计14 000美元。

从上述案例不难看出，信用证项下，单证风险无处不在，买方可能会通过各种方法，找出各种问题来推脱责任，延迟付款，受益人稍有不慎，就可能掉进买方设定的陷阱，甚至于钱货两空。因此，出口方的单证工作人员必须本着认真、负责的工作态度，准确把握海关、商检、保险、银行等部门对单据的出具要求，同时与银行等相关人员密切配合，采取严密措施，层层把关，将有关单据的风险降至最低。

第二节　几种主要单据的风险

一、发票

其风险主要表现为：发票名称与规定不符，如信用证要求"DETAILED INVOICE"，而单据名称却为"INVOICE"；漏注信用证号、合同号等信用证要求的内容；出票人、抬头与信用证规定不符，也可能增加或减少部分内容；货名与合同一致但与信用证不符，数量超装或短装，不符合信用证的溢短装规定；签署没有依规定进行手签；证明词机械照抄，如信用证使用"MUST"、"SHOULD"等，发票未根据情境变为"HAVE(HAS)"等。

二、提单

其风险主要表现为：提单不具备法定条件，或没有按规定签署，或签字人身份含糊。比如，班轮提单不显示承运人，信用证明确显示不接受运输行提单，而提单上却显示"HOUSE BILL"或"FORWARDING B/L"字样；提单的签发日期不符合合同或信用证规定的最迟装运期；提单上记载的装运港、目的港和运输路线与信用证规定不符；提单上没有已装船批注，或装船后未批注实际船名，或表明货物的包装破损、货装于舱面等；提交的提单不成套，或提单上没有"正本"字样；提单上的货物描述与发票、箱单不一致；提单抬头不合规定，背书不正确；提单更改过多，超过3处或更改未经过证实等。

三、航空运单

其风险主要表现为：只表明出具日期，未表明实际发运日期。比如，信用证要求表明

"ACTUAL DATE OF DISPATCH(实际发运日)"，则空运单必须批注实际发运日，而不能将出单日混为实际发运日；只表明航班号和航班日期，未表明发运日期；未按规定签署，或未表明承运人；提交的航空运单不是开给发货人或托运人的正本。

四、保险单据

其风险主要表现为：保险单据未表明保险人；以暂保单、保险凭证代替保险单；单据抬头打错，漏背书或背书不正确，如信用证要求空白抬头，而制单时按习惯打成受益人抬头；投保险别、保险金额、赔付货币币种有误等，如信用证规定投保协会货物一切险，而单据表明投保的是中国保险条款一切险；保单的出单日期晚于运输单据；未明确标明正本份数，未按规定提交全套；货物描述与发票、箱单有出入等。

五、汇票

其风险主要表现为：汇票未签署，或签章人不正确；付款人不正确；汇票的付款期限与信用证或合同规定不一致；汇票金额不正确，或超信用证额；汇票大小写金额不相符；汇票所列开证行、信用证号、开证日期等不正确；汇票涂改过多，或者对涂改未签字证实等。

六、其他

除上述单据之外，有时，其他单据也会出现各种风险，如产地证的出具人、抬头与信用证规定不符、各种证明函及收据等的内容与信用证不符且出具日期也不合理等。

第三节 单证风险的防范措施

在实际业务中，单证风险无处不在，出口企业对于各种潜在的单证风险必须认真对待。

(1) 出口方对于因单证人员的疏忽所造成的单证不符，如果能够进行更改的，可以采取临时措施对单据进行更改，尽量赶在装运期及信用证有效期之前将单据交给银行议付；对于无法更改的单据错误，如交单超过了信用证规定的议付日期、货物已经过了装运期才装船等情况，为了减少损失，避免收汇风险，最好的方法是通过与开证申请人联系，请求开证行修改信用证有关条款，表示同意接受不符单证，或者向银行提供担保书，并在银行保留追索权的情况下，请开证行付款。在万不得已的情况下，也可以请求船公司倒签提单，或者请银行将汇票日期早填几天，甚至对出口商品进行降价以使买方同意付款。

(2) 对于单证可能存在的风险，出口方应有防范意识，提早预防，在收到信用证以后，应认真审核，发现有不能接受或不能办到的地方，要通过开证申请人向开证行提出改证。在确认信用证可以接受以后，应抓紧时间备货和安排装运，并制作需要的单据，及早交议付行进行预审，以便给自己留有更多可支配的时间，对发生的错误进行及时更正。否则，可能由于信用证装运期、议付期和有效期的问题而使单据错误无法更改，造成不必要的麻烦。

(3) 出口企业应从长远出发，注重提高企业的经营管理水平，同时要求单证经办人员努力提高自身的业务素质水平和工作责任心，学习并掌握有关的国际贸易惯例及各国的贸易习惯做法，培养仔细、认真的工作态度。

附录　跟单信用证统一惯例

(国际商会第 600 号出版物)
2007 年修订本

第一条　UCP 的适用范围

《跟单信用证统一惯例——2007 年修订本，国际商会第 600 号出版物》(简称"UCP")乃一套规则，适用于所有的其文本中明确表明受本惯例约束的跟单信用证(下称"信用证")(在其可适用的范围内，包括备用信用证)，除非信用证明确修改或排除，本惯例各条文对信用证所有当事人均具有约束力。

第二条　定义

就本惯例而言：
通知行：指应开证行的要求通知信用证的银行。
申请人：指要求开立信用证的一方。
银行工作日：指银行在其履行受本惯例约束的行为的地点通常开业的一天。
受益人：指接受信用证并享受其利益的一方。
相符交单：指与信用证条款、本惯例的相关适用条款以及国际标准银行实务一致的交单。
保兑：指保兑行在开证行承诺之外做出的承付或议付相符交单的确定承诺。
保兑行：指根据开证行的授权或要求对信用证加具保兑的银行。
信用证：指一项不可撤销的安排，无论其名称或描述如何，该项安排构成开证行对相符交单予以交付的确定承诺。
承付：指如果信用证为即期付款信用证，则即期付款；如果信用证为延期付款信用证，则承诺延期付款并在承诺到期日付款；如果信用证为承兑信用证，则承兑受益人开出的汇票并在汇票到期日付款。
开证行：指应申请人要求或者代表自己开出信用证的银行。
议付：指指定银行在相符交单下，在其应获偿付的银行工作日当天或之前向受益人预付或者同意预付款项，从而购买汇票(其付款人为指定银行以外的其他银行)及/或单据的行为。
指定银行：指信用证可在其处兑用的银行，如信用证可在任一银行兑用，则任何银行均为指定银行。
交单：指向开证行或指定银行提交信用证项下单据的行为，或指按此方式提交的单据。

交单人：指实施交单行为的受益人、银行或其他人。

第三条 解释

就本惯例而言：

如情形适用，单数词形包含复数含义，复数词形包含单数含义。

信用证是不可撤销的，即使未如此表明。

单据签字可用手签、摹样签字、穿孔签字、印戳、符合或任何其他机械或电子的证实方法为之。

诸如单据须履行法定手续、签证、证明等类似要求，可由单据上任何看拟满足该要求的签字、标记、戳或标签来满足。

一家银行在不同国家的分支机构被视为不同的银行。

用诸如"第一流的"、"著名的"、"合格的"、"独立的"、"正式的"、"有资格的"或"本地的"等词语描述单据的出单人时，允许除受益人之外的任何人出具该单据。

除非要求在单据中使用，否则诸如"迅速地"、"立刻地"或"尽快地"等词语将被不予理会。

"在或大概在(on or about)"或类似用语将被视为规定事件发生在指定日期的前后5个日历日之间，起讫日期计算在内。"至(to)"、"直至(until、till)"、"从……开始(from)"及"在……之间(between)"等词用于确定发运日期时包含提及的日期，使用"在……之前(before)"及"在……之后(after)"时则不包含提及的日期。

"从……开始(from)"及"在……之后(after)"等词用于确定到期日期时不包含提及的日期。

"前半月"及"后半月"分别指一个月的第一日到第十五日及第十六日到该月的最后一日，起讫日期计算在内。

一个月的"开始(beginning)"、"中间(middle)"及"末尾(end)"分别指第一到第十日、第十一日到第二十日及第二十一日到该月的最后一日，起讫日期计算在内。

第四条 信用证与合同

(1) 就其性质而言，信用证与可能作为其开立基础的销售合同或其他合同是相互独立的交易，即使信用证中含有对此类合同的任何援引，银行也与该合同无关，且不受其约束。因此，银行关于承付、议付或履行信用证项下其他义务的承诺，不受申请人基于与开证行或与受益人之间的关系而产生的任何请求或抗辩的影响。

受益人在任何情况下不得利用银行之间或申请人与开证行之间的合同关系。

(2) 开证行应劝阻申请人试图将基础合同、形式发票等文件作为信用证组成部分的做法。

第五条 单据与货物、服务或履约行为

银行处理的是单据，而不是单据可能涉及的货物、服务或履约行为。

第六条 兑用方式、截止日和交单地点

(1) 信用证必须规定可在其处兑用的银行，或是否可在任一银行兑用。规定在指定银行兑用的信用证同时也可以在开证行兑用。

(2) 信用证必须规定其是以即付款、延期付款，承兑还是议付的方式兑用。

(3) 信用证不得开成凭以申请人为付款人的汇票兑用。

(4) ①信用证必须定一个交单的截止日。规定的承付或议付的截止日将被视为交单的截止日。②可在其处兑用信用证的银行所在地即为交单地点。可在任一银行兑用的信用证其交单地点为任一银行所在地。除规定的交单地点外，开证行所在地也是交单地点。

(5) 除非如第二十九条(1)款规定的情形，否则受益人或者代表受益人的交单应于截止日当天或之前完成。

第七条 开证行责任

(1) 只要规定的单据提交给指定银行或开证方，并且构成相符交单，则开证行必须承付，如果信用证为以下情形之一：

① 信用证规定由开证行即期付款，延期付款或承兑；

② 信用证规定由指定银行即期付款但其未付款；

③ 信用证规定由指定银行延期付款但其未承诺延期付款，或虽已承诺延期付款，但未在到期日付款；

④ 信用证规定由指定银行承兑，但其未承兑以其为付款人的汇票，或虽然承兑了汇票，但未在到期日付款。

⑤ 信用证规定由指定银行议付但其未议付。

(2) 开证行自开立信用证之时起即不可撤销地承担承付责任。

(3) 指定银行承付或议付相符交单并将单据转给开证行之后，开证行即承担偿付该指定银行的责任。对承兑或延期付款信用证下相符交单金额的偿付应在到期日办理，无论指定银行是否在到期日之前预付或购买了单据，开证行偿付指定银行的责任独立于开证行对受益人的责任。

第八条 保兑行责任

(1) 只要规定的单据提交给保兑行，或提交给其他任何指定银行，并且构成相符交单，保兑行必须：

① 承付，如果信用证为以下情形之一：

a. 信用证规定由保兑行即期付款、延期付款或承兑；

b. 信用证规定由另一指定银行延期付款，但其未付款；

c. 信用证规定由另一指定银行延期付款，但其未承诺延期付款，或虽已承诺延期付款但未在到期日付款；

d. 信用证规定由另一指定银行承兑，但其未承兑以其为付款人的汇票，或虽已承兑汇票但未在到期日付款；

e. 信用证规定由另一指定银行议付，但其未议付。

② 无追索权地议付，如果信用证规定由保兑行议付。

(2) 保兑行自对信用证加具保兑之时起即不可撤销地承担承付或议付的责任。

(3) 其他指定银行承付或议付相符交单并将单据转往保兑行之后，保兑行即承担偿付该指定银行的责任。对承兑或延期付款信用证下相符交单金额的偿付应在到期日办理，无论指定银行是否在到期日之前预付或购买了单据。保兑行偿付指定银行的责任独立于保兑行对受益人的责任。

(4) 如果开证行授权或要求一银行对信用证加具保兑，而其并不准备照办，则其必须毫不延误地通知开证行，并可通知此信用证而不加保兑。

第九条　信用证及其修改的通知

(1) 信用证及其任何修改可以经由通知行通知给受益人。非保兑行的通知行通知信用证及修改时不承担承付或议付的责任。

(2) 通知行通知信用证或修改的行为表示其已确信信用证或修改的表面真实性，而且其通知准确地反映了其收到的信用证或修改的条款。

(3) 通知行可以通过另一银行(第二通知行)向受益人通知信用证及修改。第二通知行通知信用证或修改的行为表明其已确信收到的通知的表面真实性，并且其通知准确地反映了收到的信用证或修改的条款。

(4) 经由通知行或第二通知行通知信用证的银行必须经由同一银行通知其后的任何修改。

(5) 如一银行被要求通知信用证或修改但其决定不予通知，则应毫不延误地告知自其处收到信用证、修改或通知的银行。

(6) 如一银行被要求通知信用证或修改但其不能确信信用证、修改或通知的表面真实性，则应毫不延误地通知看似从其处收到指示的银行。如果通知行或第二通知行决定仍然通知信用证或修改，则应告知受益人或第二通知行其不能确信信用证、修改或通知的表面真实性。

第十条　修改

(1) 除第三十八条另有规定外，未经开证行、保兑行(如有的话)及受益人同意，信用证既不得修改，也不得撤销。

(2) 开证行自发出修改之时起,即不可撤销地受其约束。保兑行可将其保兑扩展至修改,并自通知该修改时,即不可撤销地受其约束。但是,保兑行可以选择将修改通知受益人而不对其加具保兑。否则,其必须毫不延误地将此告知开证行,并在其给受益人的通知中告知受益人。

(3) 在受益人告知通知修改的银行其接受该修改之前,原信用证(或含有先前被接受的修改的信用证)的条款对受益人仍然有效。受益人应提供接受或拒绝修改的通知。如果受益人未能给予通知,当交单与信用证以及尚未表示接受的修改的要求一致时,即视为受益人已做出接受修改的通知,并且从此时起,该信用证被修改。

(4) 通知修改的银行应将任何接受或拒绝的通知转告发出修改的银行。

(5) 对同一修改的内容不允许部分接受,部分接受将被视为拒绝修改的通知。

(6) 修改中关于"除非受益人在某一时间内拒绝修改,否则修改生效"的规定应被不予理会。

第十一条 电讯传输的和预先通知的信用证和修改

(1) 以经证实的电讯方式发出的信用证或信用证修改即被视为有效信用证或修改文据,任何后续的邮寄确认书应被不予理会。

如电讯声明"详情后告"(或类似用语)或声明以邮寄确认书为有效信用证或修改,则该电讯不被视为有效信用证或修改。开证行必须随即不迟延地开立有效信用证或修改,其条款不得与该电讯矛盾。

(2) 开证行只有在准备开立有效信用证或做出有效修改时,才可以发出关于开立或修改信用证的初步通知(预先通知)。开证行做出该预先通知,即不可撤销地保证不迟延地开立或修改信用证,且其条款不能与预先通知相矛盾。

第十二条 指定

(1) 除非指定银行为保兑行,对于承付或议付的授权并不赋予指定银行承付或议付的义务,除非该指定银行明确表示同意并且告知受益人。

(2) 开证行指定一银行承兑汇票或做出延期付款承诺,即为授权该指定银行预付或购买其已承兑的汇票或已做出的延期付款承诺。

(3) 非保兑行的指定银行收到或审核并转递单据的行为并不使其承担承付或议付的责任,也不构成其承付或议付的行为。

第十三条 银行之间的偿付安排

(1) 如果信用证规定指定银行("索偿行")向另一方("偿付行")获取偿付时,必须同时规定该偿付是否按信用证开立时有效的 ICC 银行间偿付规则进行。

(2) 如果信用证没有规定偿付遵守 ICC 银行间偿付规则,则应遵守以下规定。

① 开证行必须给予偿付行有关偿付的授权，授权应符合信用证关于兑用方式的规定，且不应设定截止日。

② 开证行不应要求索偿行向偿付行提供与信用证条款相符的证明。

③ 如果偿付行未按信用证条款见索即偿，开证行将承担利息损失以及产生的任何其他费用。

④ 偿付行的费用应由开证行承担。然而，如果此项费用由受益人承担，开证行有责任在信用证及偿付授权中注明。如果偿付行的费用由受益人承担，该费用应在偿付时从付给索偿行的金额中扣取。如果偿付未发生，偿付行的费用仍由开证行负担。

(3) 如果偿付行未能见索即偿，开证行不能免除偿付责任。

第十四条 单据审核标准

(1) 按指定行事的指定银行、保兑行(如果有的话)及开证行须审核交单，并仅基于单据本身确定其是否在表面上构成相符交单。

(2) 按指定行事的指定银行、保兑行(如有的话)及开证行各有从交单次日起至多五个银行工作日用以确定交单是否相符。这一期限不因在交单日当天或之后信用证截止日或最迟交单日截至而受到缩减或影响。

(3) 如果单据中包含一份或多份受第十九、二十、二十一、二十二、二十三、二十四或十二五条规制的正本运输单据，则须由受益人或其他在不迟于本惯例所指的发运日之后的二十一个日历日内交单，但是在任何情况下都不得迟于信用证的截止日。

(4) 单据中的数据，在与信用证、单据本身以及国际标准银行实务参照解读时，无须与该单据本身中的数据、其他要求的单据或信用证中的数据等同一致，但不得矛盾。

(5) 除商业发票外，其他单据中的货物、服务或履约行为的描述，如果有的话，可使用与信用证中的描述不矛盾的概括性用语。

(6) 如果信用证要求提交运输单据、保险单据或者商业发票之外的单据，却未规定出单人或其数据内容，则只要提交的单据内容看似满足所要求单据的功能，且其他方面符合第十四条(4)款，银行将接受该单据。

(7) 提交的非信用证所要求的单据将被不予理会，并可被退还给交单人。

(8) 如果信用证含有一项条件，但未规定用以表明该条件得到满足的单据，银行将视为未作规定并不予理会。

(9) 单据日期可以早于信用证的开立日期，但不得晚于交单日期。

(10) 当受益人和申请人的地址出现在任何规定的单据中时，无须与信用证或其他规定单据中所载相同，但必须与信用证中规定的相应地址同在一国。联络细节(传真、电话、电子邮件及类似细节)作为受益人和申请人地址的一部分时将被不予理会。然而，如果申请人的地址和联络细节为第十九、二十、二十一、二十二、二十三、二十四或二十五条规定的运输单据上的收货人或通知方细节的一部分时，应与信用证规定的相同。

(11) 在任何单据中注明的托运人或发货人无须为信用证的受益人。

(12) 运输单据可以由任何人出具,无须为承运人、船东、船长或租船人,只要其符合第十九、二十、二十一、二十二、二十三或二十四条的要求即可。

第十五条 相符交单

(1) 当开证行确定交单相符时,必须承付。

(2) 当保兑行确定交单相符时,必须承付或者议付,并将单据转递给开证行。

(3) 当指定银行确定交单相符并承付或议付时,必须将单据转递给保兑行或开证行。

第十六条 不符单据、放弃及通知

(1) 当按照指定行事的指定银行、保兑行(如有的话)或者开证行确定交单不符时,可以拒绝承付或议付。

(2) 当开证行确定交单不符时,可以自行决定联系申请人放弃不符点,但这并不能延长第十四条(2)款所指的期限。

(3) 当按照指定行事的指定银行、保兑行(如有的话)或开证行决定拒绝承付或议付时,必须给予交单人一份单独的拒付通知。

该通知必须声明:

① 银行拒绝承付或议付;

② 银行拒绝承付或者议付所依据的每一个不符点;

③ 银行留存单据听候交单人的进一步指示;或者开证行留存单据直到其从申请人处接到放弃不符点的通知,并同意接受该放弃或者其同意接受对不符点的放弃之前从交单人处收到其进一步指示;或者银行将退回单据;或者银行将按之前从交单人处获得的指示处理。

(4) 第十六条(3)款要求的通知必须以电讯方式,如不可能,则以其他快捷方式,在不迟于自交单之翌日起第 5 个银行工作日结束前发出。

(5) 按照指定行事的指定银行、保兑行(如有的话)或开证行在按照第十六条(3)款③项 a 条款发出了通知后,可以在任何时候将单据退还交单人。

(6) 如果开证行或保兑行未能按照本条行事,则无权宣称交单不符。

(7) 当开证行拒绝承付或保兑行拒绝承付或者议付,并且按照本条发出了拒付通知后,有权要求返还已偿付的款项及利息。

第十七条 正本单据及副本

(1) 信用证规定的每一种单据须至少提交一份正本。

(2) 银行应将任何带有看似出单人的原始签名、标记、印戳或标签的单据视为正本单据,除非单据本身表明其非正本。

(3) 除非单据本身另有说明，在以下情况下，银行也将其视为正本单据：

① 单据看似由出单人手写、打字、穿孔或盖章；

② 单据看似使用出单人的原始信纸出具；

③ 单据声明其为正本单据，除非该声明看似不适用于提交的单据。

(4) 如果信用证使用诸如"一式两份(in duplicate)"、"两份(in two fold)"、"两套(in two copies)"等用语要求提交多份单据，则提交至少一份正本，其余使用副本即可满足要求，除非单据本身另有说明。

第十八条　商业发票

(1) 商业发票必须看似由受益人出具(第三十八条规定的情形除外)；必须出具成以申请人为抬头[第三十八条(7)款规定的情形除外]；必须与信用证的货币相同；无须签名。

(2) 按指定行事的指定银行、保兑行(如有的话)或开证行可以接受金额大于信用证允许金额的商业发票，其决定对有关各方均有约束力，只要该银行对超过信用证允许金额的部分未做承付或者议付。

(3) 商业发票上的货物、服务或履约行为的描述应与信用证中的描述一致。

第十九条　涵盖至少两种不同运输方式的运输单据

(1) 涵盖至少两种不同运输方式的运输单据(多式或联合运输单据)，无论名称如何，必须看似：

① 表明承运人名称并由以下人员签署，即承运人或其具名代理人或船长或其具名代理人。承运人、船长或代理人的任何签字，必须标明其承运人、船长或代理人的身份。代理人签字必须表明其系代表承运人还是船长签字。

② 通过以下方式表明货物已经在信用证规定的地点发送、接管或已装船，即事先印就的文字，或者表明货物已经被发送、接管或装船日期的印戳或批注。

运输单据的出具日期将被视为发送、接管或装船的日期，也即发运的日期。然而如单据以印戳或批注的方式表明了发送、接管或装船日期，该日期将被视为发运日期。

③ 表明信用证规定的发送、接管或发运地点，以及最终目的地，即使该运输单据另外还载明了一个不同的发送、接管或发运地点或最终目的地，或者该运输单据载有"预期的"或类似的关于船只、装货港或卸货港的限定语。

④ 为唯一的正本运输单据，或者如果出具为多份正本，则为运输单据中表明的全套单据。

⑤ 载有承运条款和条件，或提示承运条款和条件参见别处(简式/背面空白的运输单据)，银行将不审核承运条款和条件的内容。

⑥ 未表明受租船合同约束。

(2) 就本条而言，转运指在从信用证规定的发送、接管或者发运地点最终目的地的运输过程中从某一运输工具上卸下货物并装上另一运输工具的行为(无论其是否为不同的运输方式)。

(3) 运输单据可以表明货物将要或可能被转运,只要全程运输由同一运输单据涵盖。即使信用证禁止转运,注明将要或者可能发生转运的运输单据仍可接受。

第二十条 提单

(1) 提单,无论名称如何,必须看似:

① 表明承运人名称,并由下列人员签署,即承运人或其具名代理人,或者船长或其具名代理人。承运人、船长或代理人的任何签字必须标明其承运人、船长或代理人的身份。代理人的任何签字必须标明其系代表承运人还是船长签字。

② 通过以下方式表明货物已在信用证规定的装货港装上具名船只,即预先印就的文字,或已装船批注注明货物的装运日期。

提单的出具日期将被视为发运日期,除非提单载有表明发运日期的已装船批注,此时已装船批注中显示的日期将被视为发运日期。

如果提单载有"预期船只"或类似的关于船名的限定语,则需以已装船批注明确发运日期以及实际船名。

③ 表明货物从信用证规定的装货港发运至卸货港。

如果提单没有表明信用证规定的装货港为装货港,或者其载有"预期的"或类似的关于装货港的限定语,则需以已装船批注表明信用证规定的装货港、发运日期以及实际船名。即使提单以事先印就的文字表明了货物已装载或装运于具名船只,本规定仍适用。

④ 为唯一的正本提单,或如果以多份正本出具,为提单表明的全套正本。

⑤ 载有承运条款和条件,或提示承运条款和条件参见别处(简式/背面空白的提单),银行将不审核承运条款和条件的内容。

⑥ 未表明受租船合同约束。

(2) 就本条而言,转运系指在信用证规定的装货港到卸货港之间的运输过程中,将货物从船上卸下并再装上另一船的行为。

(3) 提单可以表明货物将要或可能被转运,只要全程运输由同一提单涵盖。即使信用证禁止转运,注明将要或可能发生转运的提单仍可接受,只要其表明货物由集装箱、拖车或子船运输。

(4) 提单中声明承运人保留转运权利的条款将被不予理会。

第二十一条 不可转让的海运单

(1) 不可转让的海运单,无论名称如何,必须看似:

① 表明承运人名称并由下列人员签署,即承运人或其具名代理人,或者船长或其具名代理人。

承运人、船长或代理人的任何签字必须标明其承运人、船长或代理人的身份。代理签字必须标明其系代表承运人还是船长签订。

② 通过以下方式表明货物已在信用证规定的装货上具名船只，即预先印就的文字，或者已装船批注表明货物的装运日期。

不可转让海运单的出具日期将被视为发运日期，除非其上带有已装船批注注明发运日期，此注明的已装船批注日期将被视为发运日期。

如果不可转让海运单载有"预期船只"或类似的关于船名的限定语，则需要以已装船批注表明发运日期和实际船只。

③ 表明货物从信用证规定的装货港发运至卸货港。

如果不可转让海运单未以信用证规定的装货港为装货港，或者如果其载有"预期的"或类似的关于装货港的限定语，则需要以已装船批注表明信用证规定的装货港、发运日期和船只。即使不可转让海运单以预先印就的文字表明货物已由具名船只装载或装运，本规定也适用。

④ 为唯一的正本不可转让海运单，或如果以多份正本出具，为海运单上注明的全套正本。

⑤ 载有承运条款的条件，或提示承运条款和条件参见别处(简式/背面空白的海运单)，银行将不审核承运条款和条件的内容。

⑥ 未注明受租船合同约束。

(2) 就本条而言，转运指在信用证规定的装货港到卸货之间的运输过程中，将货物从船上卸下并装上另一船的行为。

(3) 不可转让海运单可以注明货物将要或可能被转运，只要全程运输由同一海运单涵盖。即使信用证禁止转运，注明转运将要或可能发生的不可转让的海运单仍可接受，只要其表明货物装于集装箱，拖船或子船中运输。

d. 不可转让的海运单中声明承运人保留转运权利条款将被不予理会。

第二十二条 租船合同提单

(1) 表明其受租船合同约束的提单(租船合同提单)，无论名称如何，必须看似：

① 由以下人员签署：船长或其具名代理人；船东或其具有名代理人；租船人或其具有名代理人。

船长、船东、租船人或代理人的任何签字必须标明其船长、船东、租船人或代理人的身份。代理人签字必须表明其系代表船长，船东不是租船人签字。代理人代表船东或租船人签字时必须注明船东或租船人的名称。

② 通过以下方式表明货物已在信用证规定的装货港装上具名船只，即预先印就的文字，或者已装船批注注明货物的装运日期。

租船合同提单的出具日期将被视为发运日期，除非租船合同提单载有已装船批注注明发运日期，此时已装船批注上注明的日期将被视为发运日期。

③ 表明货物从信用证规定的装货港台发运至卸货港。卸货港也可显示为信用证规定的港口范围或地理区域。

④ 为唯一的正本租船合同提单，或如以多份正本出具，为租船合同提单注明的全套正本。

(2) 银行将不审核租船合同，即使信用证要求提交租船合同。

第二十三条　空运单据

(1) 空运单据，无论名称如何，必须看似：

① 表明承运人名称，并由承运人或承运人的具名代理人签署。承运人或其代理人的任何签字必须标明其承运人或代理人的身份。代理人或其代理人的任何签字必须标明其承运人或代理人的身份。代理人签字必须表明其系代表承运人签字。

② 表明货物已被收妥待运。

③ 表明出具日期。该日期将被视为发运日期，除非空运单据载有专门批注注明实际发运日期，此时批注中的日期将被视为发运日期。

空运单据中其他与航班号和航班日期相关的信息将不被用来确定发运日期。

④ 表明信用证规定的起飞机场和目的地机场。

⑤ 为开给发货人或托运人的正本，即使信用证规定提交全套正本。

⑥ 载有承运条款和条件，或提示条款和条件参见别处，银行将不审核承运条款和条件的内容。

(2) 就本条而言，转运是指在信用证规定的起飞机场到目的地机场的运输过程中，将货物从一飞机卸下再装上另一飞机的行为。

(3) 空运单据可以注明货物将要或可能转运，只要全程运输由同一空运单据涵盖。即使信用证禁止转运，注明将要或可能发生转运的空运单据仍可接受。

第二十四条　公路、铁路或内陆水运单据

(1) 公路、铁路或内陆水运单据，无论名称如何，必须看似：

① 标明承运人名称，并且由承运人或其具名代理人签署，或者由承运人或其具名代理人以签字、印戳或批注标明货物收讫。

承运人或其具名代理人的收货签字、印戳或批注必须标明其承运人或代理人的身份。代理人的收货签字、印戳或批注必须标明代理人系代理承运人签字或行事。如果铁路运输单据没有指明承运人，可以接受铁路运输公司的任何签字或印戳作为承运人签署单据的证据。

② 标明货物的信用规定地点的发运日期，或者收讫待运或待发送的日期。运输单据的出具日期将被视为发运日期，除非运输单据上盖有带日期的收货印戳，或注明了收货日

期或发运日期。

③ 表明信用证规定的发运地及目的地。

(2) 公路运输单据必须看似为开给发货人或托运人的正本，或没有任何标记表明单据开给何人；注明"第二联"的铁路运输单据将被作为正本接受；无论是否注明正本字样，铁路或内陆水运单据都被作为正本接受。

(3) 如运输单据上未注明出具的正本数量，提交的份数即视为全套正本。

(4) 就本条而言，转运是指在信用证规定的发运、发送或运送的地点到目的地之间的运输过程中，在同一运输方式中从一运输工具卸下再装上另一运输工具的行为。

(5) 只要全程运输由同一运输单据涵盖，公路、铁路或内陆水运单据可以注明货物将要或可能被转运。即使信用证禁止转运，注明将要或可能发生转运的公路、铁路或内陆水运单据仍可接受。

第二十五条　快递收据、邮政收据或投邮证明

(1) 证明货物收讫待运的快递收据，无论名称如何，必须看似：

① 表明快递机构的名称，并在信用证规定的货物发运地点由该具名快递机构盖章或签字；

② 表明取件或收件的日期或类似词语，该日期将被视为发运日期。

(2) 如果要求显示快递费用付讫或预付，快递机构出具的表明快递费由收货人以外的一方支付的运输单据可以满足该项要求。

(3) 证明货物收讫待运的邮政收据或投邮证明，无论名称如何，必须看似在信用证规定的货物发运地点盖章或签署并注明日期。该日期将被视为发运日期。

第二十六条　"货装舱面"、"托运人装载和计数"、"内容据托运人报称"及运费之外的费用

(1) 运输单据不得表明货物装于或者装于舱面。声明可能被装于舱面的运输单据条款可以接受。

(2) 载有诸如"托运人装载和计数"或"内容据托运人报称"条款的运输单据可以接受。

(3) 运输单据上可以以印戳或其他方法提及运费之外的费用。

第二十七条　清洁运输单据

银行只接受清洁运输单据，清洁运输单据指未载有明确宣称货物或包装有缺陷的条款或批注的运输单据。"清洁"一词并不需要在运输单据上出现，即使信用证要求运输单据为"清洁已装船"的。

第二十八条 保险单据及保险范围

(1) 保险单据,如保险单或预约保险项下的保险证明书或者声明书,必须看似由保险公司或承保人或其代理人或代表出具并签署。

(2) 如果保险单据表明其以多份正本出具,所有正本均须提交。

(3) 暂保单将不被接受。

(4) 可以接受保险单代预约保险项下的保险证明书或声明书。

(5) 保险单据日期不得晚于发运日期,除非保险单据表明保险责任不迟于发运日生效。

(6) 保险单据必须表明投保金额并以与信用证相同的货币表示。

信用证对于投保金额为货物价值,发票金额或类似金额的某一比例的要求,将被视为对最低保额的要求。如果信用证对投保金额未作规定,投保金额或类似金额的某一比例的要求,将被视为对最低保额要求。如果信用证对投保金额未作规定,投保金额须至少为货物的 CIF 或 CIP 价格的 110%。如果从单据中不能确定 CIF 或者 CIP 价格,投保金额必须基于要求承付或议付的金额,或者基于发票上显示的货物总值来计算,两者之中取金额较高者。

保险单据须表明承保的风险区间至少涵盖从信用证规定的货物接管地或发运地开始到卸货地或最终目的地为止。

(7) 信用证应规定所需投保的险别及附加险(如有的话)。如果信用证使用诸如"通常风险"或"惯常风险"等含义不确切的用语,则无论是否有漏保之风险,保险单据将被照样接受。

(8) 当信用证规定投保"一切险"时,如保险单据载有任何"一切险"批注或条款,无论是否有"一切险"标题,均将被接受,即使其声明任何风险除外。

(9) 保险单据可以援引任何除外条款。

(10) 保险单据可以注明受免赔率或免赔额(减除除额)约束。

第二十九条 截止日或最迟交单日的顺延

(1) 如果信用证的截止日或最迟交单日适逢接受交单的银行非因第三十六条所述原因而歇业,则截止日或最迟交单日,视何者适用,将顺延至其重新开业的第一个银行工作日。

(2) 如果在顺延后的第一个银行工作日交单,指定银行必须在其致开证行或保兑行的面函中声明交单是在根据第二十九条(2)款顺延的期限内提交的。

(3) 最迟发运日不因第二十九条(1)款规定的原因而顺延。

第三十条　信用证金额、数量与单价的伸缩度

(1) "约"或"大约"用于信用证金额或信用证规定的数量或单价时，应解释为允许有关金额或数量或单价有不超过10%的增减幅度。

(2) 在信用证未以包装单位件数或货物自身件数的方式规定货物数量时，货物数量允许有5%的增减幅度，只要总支取金额不超过信用证金额。

(3) 如果信用证规定了货物数量，而该数量已全部发运，及如果信用证规定了单价，而该单价又未降低，或当第三十条(2)款不适用时，则即使不允许部分装运，也允许支取的金额有 5%的减幅。若信用证规定有特定的增减幅度或使用第三十条(1)款提到的用语限定数量，则该减幅不适用。

第三十一条　部分支款或部分发运

(1) 允许部分支款或部分发运。

(2) 表明使用同一运输工具并经由同次航程运输的数套运输单据在同一次提交时，只要显示相同目的地，将不视为部分发运，即使运输单据上表明的发运日期不同或装货港、接管地或发运地点不同。如果交单由数套运输单据构成，其中最晚的一个发运日将被视为发运日。

含有一套或数套运输单据的交单，如果表明在同一种运输方式下经由数件运输工具运输，即使运输工具在同一天出发运往同一目的地，仍将被视为部分发运。

(3) 含有一份以上快递收据、邮政收据或投邮证明的交单，如果单据看似由同一快递或邮政机构在同一地点和日期加盖印戳或签字并且表明同一目的地，将不视为部分发运。

第三十二条　分期支款或分期发运

如信用证规定在指定的时间段内分期支款或分期发运，任何一期未按信用证规定期限支取或发运时，信用证对该期及以后各期均告失效。

第三十三条　交单时间

银行在其营业时间外无接受交单的义务。

第三十四条　关于单据有效性的免责

银行对任何单据的形式、充分性、准确性、内容真实性、虚假性或法律效力，或对单据中规定或添加的一般或特殊条件，概不负责；银行对任何单据所代表的货物、服务或其他履约行为的描述、数量、重量、品质、状况、包装、交付、价值或其存在与否，或对发货人、承运人、货运代理人、收货人、货物的保险人或其他任何人的诚信与否、作为或不作为，清偿能力、履约或资信状况，也概不负责。

第三十五条 关于信息传递和翻译的免责

当报文、信件或单据按照信用证的要求传输或发送时，或当信用证未作指示，银行自行选择传送服务时，银行对报文传输或信件或单据的递送过程中发生的延误、中途遗失、残缺或其他错误产生的后量，概不负责。

如果指定银行确定交单相符并将单据发往开证行或保兑行，无论指定银行是否已经承付或议付，开证或保兑行必须承付或议付，或偿付指定银行，即使单据在指定银行送往开证行或保兑行的途中，或保兑行发往开证行的途中丢失。

银行对技术语的翻译或解释上的错误，不负责任，并可不加翻译地传送信用证条款。

第三十六条 不可抗力

银行对由于天灾、暴动、骚乱、叛乱、战争、恐怖主义行为或任何罢工、停工或其无法控制的任何其他原因导致的营业中断的后果，概不负责。

银行恢复营业时，对于在营业中断期间已逾期的信用证，不再进行承付或议付。

第三十七条 关于被指示方行为的免责

(1) 为了执行申请人的指示，银行利用其他银行的服务，其费用和风险由申请人承担。

(2) 即使银行自行选择了其他银行，如果发出的指示未被执行，开证行或通知行对此亦不负责。

(3) 指示另一银行提供服务的银行有责任负担被指示方因执行指示而发生的任何佣金、手续费、成本或开支(费用)。

如果信用证规定费用由受益人负担，而该费用未能收取或从信用证款项中扣除，开证行依然承担支付此费用的责任。

信用证或其修改不应规定向受益人的通知以通知行或第二通知行收到其费用为条件。

(4) 外国法律和惯例加诸于银行的一切义务和责任，申请人应受其约束，并就此对银行负补偿之责。

第三十八条 可转让信用证

(1) 银行无办理信用证转让的义务，除非其明确同意。

(2) 就本条而言：

① 可转让信用证系指特别注明"可转让(transferable)"字样的信用证。可转让信用证可应受益人(第一受益人)的要求转为全部或部分由另一受益人(第二受益人)兑用。

② 转让行系指办理信用证转让的指定银行，或当信用证规定可在任何银行兑用时，指开证行特别如此授权并实际办理转让的银行。开证行也可担任转让行。

③ 已转让信用证指已由转让行转为可由第二受益人兑用的信用证。

(3) 除非转让时另有约定，有关转让的所有费用(如佣金、手续费，成本或开支)须由第一受益人支付。

(4) 只要信用证允许部分支款或部分发运，信用证可以部分转让给数名第二受益人。

已转让信用证不得应第二受益人的要求转让给任何其后受益人。第一受益人不视为其后受益人。

(5) 任何转让要求须说明是否允许及在何种条件下允许将修改通知第二受益人。已转让信用证须明确说明该项条件。

(6) 如果信用证转让给数名第二受益人，其中一名或多名第二受益人对信用证修改并不影响其他第二受益人接受修改。对接受者而言该已转让信用证即被相应修改，而对拒绝修改的第二受益人而言，该信用证未被修改。

(7) 已转让信用证须准确转载原证条款，包括保兑(如果有的话)，但下列项目除外：信用证金额；规定的任何单价；截止日；交单期限，或最迟发运日或发运期间。以上任何一项或全部均可减少或缩短。

必须投保的保险比例可以增加，以达到原信用证或本惯例规定的保险金额。

可用第一受益人的名称替换原证中的开证申请人名称。

如果原证特别要求开证申请人名称应在除发票以外的任何单据出现时，已转让信用证必须反映该项要求。

(8) 受益人有权以自己的发票和汇票(如有的话)替换第二受益人的发票的汇票，其金额不得超过原信用证的金额。经过替换后，第一受益人可在原信用证项下支取自己发票与第二受益人发票间的差价(如有的话)。

(9) 第一受益人应提交其自己的发票和汇票(如有的话)，但未能在第一次要求时照办，或第一受益人提交的发票导致了第二受益人的交单中本不存在的不符点，而其未能在第一次要求时修正，转让行有权将从第二受益人处收到的单据照交开证行，并不再对第一受益人承担责任。

(10) 转让时，第一受益人可以要求在信用证转让后的兑用地点，在原信用证的截止日之前(包括截止日)，对第二受益人承付或议付。该规定并不得损害第一受益人在第三十八条(8)款下的权利。

(11) 第二受益人或代表第二受益人的交单必须交给转让行。

第三十九条　款项让渡

信用证未注明可转让，并不影响受益人根据所适用的法律规定，将该信用证项下其可能有权或可能将成为有权获得的款项让渡给他人的权利。本条只涉及款项的让渡，而不涉及在信用证项下进行履行行为的权利让渡。

参 考 文 献

[1] 李元旭,吴国新. 国际贸易单证实务[M]. 北京:清华大学出版社,2005.
[2] 俞涔,朱春兰. 外贸单证实务[M]. 杭州:浙江大学出版社,2004.
[3] 全国国际商务单证培训认证考试办公室. 国际商务单证理论与实务[M]. 北京:中国商务出版社,2005.
[4] 庄乐梅. 国际结算实务精要[M]. 北京:中国纺织出版社,2004.
[5] 陈同仇,张锡嘏. 国际贸易[M]. 北京:对外经济贸易大学出版社,2002.
[6] 余世明,丛凤英. 国际商务单证[M]. 广州:暨南大学出版社,2001.
[7] 海关总署教材编审委员会. 2005年报关员资格全国统一考试教材[M]. 北京:中国海关出版社,2005.
[8] 爱德华·G. 辛克尔曼. 国际贸易单证[M]. 董俊英,译 北京:经济科学出版社,2003.
[9] 张东祥. 国际结算[M]. 武汉:武汉大学出版社,2004.
[10] 许荣星. 中国银行:国际贸易单证格式与操作实务
[11] 国际商会中国国家委员会组织翻译. 关于审核跟单信用证项下单据的国际标准银行实务(ISBP)[M]. 北京:中国民主法制出版社,2005.
[12] 国际商会中国国家委员会组织翻译. ICC 跟单信用证统一惯例(2007年修订本)[M]. 北京:中国民主法制出版社,2006.
[13] 中华人民共和国商务部网站(http://www.mofcom.gov.cn/)
[14] 中华人民共和国国家发展和改革委员会网站(http://www.sdpc.gov.cn/)
[15] 中华人民共和国海关总署网站(http://www.customs.gov.cn/)